Rudolf Steiner Taschenbücher
aus dem Gesamtwerk

ZU DIESER AUSGABE

«Nach dem Ende des Weltkrieges hielt Rudolf Steiner ... auch in Stuttgart seine umfassenden Vorträge über die Dreigliederung des sozialen Organismus, welche den Inhalt seines Buches ‹Die Kernpunkte der sozialen Frage› bilden. Die darin gegebenen Anregungen ließen damals bei Kommerzienrat Emil Molt den Entschluß reifen, eine Schule zu gründen, die eine Art Keimzelle eines freien Geisteslebens darstellen sollte. Auf seine Bitte übernahm Rudolf Steiner die geistige Leitung dieser Schule und war um ihr Gedeihen unermüdlich besorgt.

Der Eröffnung der Freien Waldorfschule ging ein pädagogischer Kursus voraus, den Rudolf Steiner durch drei Wochen im August und September des Jahres 1919 den ersten Lehrern der Waldorfschule und einer Reihe von Persönlichkeiten, die im Sinne seiner Pädagogik wirken wollten, hielt.

Dieser Kursus umfaßte drei Veranstaltungen. Zunächst wurden vierzehn Vorträge über anthroposophische Menschenkunde als Grundlage einer unserer Zeit und der nächsten Zukunft entsprechenden Pädagogik gehalten.* ...

Es schlossen sich Vorträge an, welche die Wirksamkeit der anthroposophischen Menschenkunde in der Handhabung von Methodik und Didaktik in Unterricht und Erziehung offenbarten.** ...

Den Vortragsveranstaltungen folgten Besprechungen in seminaristischer Form***, in denen Rudolf Steiner mit den Lehrern die praktische Ausarbeitung bestimmter Unterrichtsgebiete und die Wege zu einer Lösung erzieherischer Probleme erörterte.» (Aus dem Vorwort zur ersten Buchausgabe der Vorträge über «Allgemeine Menschenkunde».)

Die Vorträge wurden frei gesprochen. Eine Durchsicht der Vortragsnachschriften konnte Rudolf Steiner aus zeitlichen Gründen nicht vornehmen. Obwohl die Texte als weitgehend wörtlich anzusehen sind, können Hör- und Übertragungsfehler nicht vollständig ausgeschlossen werden.

* Enthalten in vorliegender Ausgabe.

** Rudolf Steiner: «Erziehungskunst. Methodisch-Didaktisches». Bibl.-Nr. 294. Taschenbuchausgabe tb 618.

*** Rudolf Steiner: «Erziehungskunst. Seminarbesprechungen und Lehrplanvorträge». Bibl.-Nr. 295. Taschenbuchausgabe tb 639.

Rudolf Steiner

Allgemeine Menschenkunde als Grundlage der Pädagogik

Ein Vortragskurs, gehalten in Stuttgart
vom 21. August bis 5. September 1919
bei der Begründung der Freien Waldorfschule
(Erster Teil)

RUDOLF STEINER VERLAG
DORNACH/SCHWEIZ

Nach einer vom Autor nicht durchgesehenen Vortragsnachschrift
herausgegeben von der Rudolf Steiner-Nachlaßverwaltung

Die Herausgabe besorgte H. R. Niederhäuser

Ungekürzte Ausgabe nach dem gleichnamigen Band
der Rudolf Steiner Gesamtausgabe
(Bibliographie-Nr. 293, ISBN 3-7274-2930-5)
8. Auflage, Dornach 1980

Taschenbuchausgabe

1.–10. Tsd. Dornach 1975
11.–20. Tsd. Dornach 1979
21.–35. Tsd. Dornach 1982
36.–50. Tsd. Dornach 1986

Bestell-Nr. tb 6170

Zeichen auf dem Umschlag und Titelblatt von Rudolf Steiner

Printed in Germany by Clausen & Bosse, Leck

ISBN 3-7274-6170-5

INHALT

Anhang

ZUR EINFÜHRUNG

Aus der Ansprache zur Eröffnungsfeier der Freien Waldorfschule mit Geleitworten von Marie Steiner

«Allgemeine Menschenkunde», diesen Titel wählte Rudolf Steiner für den ersten pädagogischen Vortragszyklus, den er den Lehrern der neu zu begründenden Freien Waldorfschule hielt. Denn auf die allseitige Kenntnis des Menschenwesens, nicht nur des irdischen, sondern auch des verborgenen seelischen und geistigen Menschen baut er seine Erziehungskunst auf. Und für die Welt der nach Urbildern gestalteten physischen Erscheinungsformen will er wache Bewußtseinsbildung erzielen durch diese Erziehungsmethode, die mit dem lebendigen ewigen Wesenskern im Menschen rechnet und mit dem Wandel der Erscheinungen im natürlichen und geschichtlichen Werden.

«Diese neue Schule», so sagte er in seiner Ansprache zur Eröffnungsfeier, «soll wirklich hineingestellt werden in dasjenige, was gerade in unserer Gegenwart und für die nächste Zukunft von der Entwickelung der Menschheit gefordert wird. Und wahrhaftig, alles dasjenige, was zuletzt aus solchen Voraussetzungen heraus einläuft in das Erziehungs- und Unterrichtswesen, es stellt sich dar als eine dreifache heilige Pflicht.»

Und er fährt fort: «Was wäre schließlich alles Sich-Fühlen und Erkennen und Wirken in der Menschengemeinschaft, wenn es sich nicht zusammenschließen könnte in der heiligen Verpflichtung, die sich gerade der Lehrer, der Erzieher auferlegt, indem er in seiner besonderen sozialen Gemeinschaft mit dem werdenden, dem aufwachsenden Menschen, mit dem kindlichen Menschen einen im allerhöchsten Sinne so zu nennenden Gemeinschaftsdienst einrichtete!

Alles dasjenige, was wir schließlich vom Menschen und von der Welt wissen können, recht fruchtbar wird es erst, wenn wir es lebendig überführen können in diejenigen, die die soziale Welt gestalten werden, wenn wir nicht mehr mit unserer physischen Arbeit dabei sein können.

Alles das, was wir künstlerisch vollbringen können, es wird doch erst ein Höchstes, wenn wir es einlaufen lassen können in die größte Kunst, in der uns nicht totes Kunstmaterial, wie Ton und Farbe, übergeben ist, in der uns unvollendet der lebendige Mensch übergeben ist, den wir bis zu einem gewissen Grade künstlerisch, erzieherisch, zum vollendeten Menschen machen sollen. Und ist es nicht schließlich eine höchste, heilige, religiöse Verpflichtung, das Göttlich-Geistige, das ja in jedem Menschen, der geboren wird, neu erscheint und sich offenbart, in der Erziehung zu pflegen? Ist dieser Erziehungsdienst nicht religiöser Kult im höchsten Sinne des Wortes? Müssen nicht alle unsere heiligsten, gerade dem religiösen Fühlen gewidmeten Menschheitsregungen zusammenfließen in dem Altardienst, den wir verrichten, indem wir heranzubilden versuchen im werdenden Kinde das sich als veranlagt offenbarende Göttlich-Geistige des Menschen!

Lebendig werdende Wissenschaft!
Lebendig werdende Kunst!
Lebendig werdende Religion!

das ist schließlich Erziehung, das ist schließlich Unterricht. – Wenn man das Unterrichten und das Erziehen in diesem Sinne auffaßt, dann ist man nicht geneigt, leichtfertig Kritik zu üben an dem, was von anderer Seite her als Prinzipien, als Absichten und Grundsätze für die Erziehungskunst aufgestellt wird. Allein mir scheint nicht, daß jemand in richtiger Art gerade dasjenige durchschauen kann, was die Gegenwartskultur der Unterrichtskunst auferlegt, der nicht gewahr werden kann, wie notwendig in unserer Zeit eine vollständige geistige Erneuerung ist, der nicht durchdringend erkennen kann, wie in der Zukunft einfließen muß in das, was wir als Lehrer und Erzieher tun, ein ganz anderes, als was gedeihen kann in der Sphäre dessen, was man heute ‹wissenschaftliche Erziehung› nennt. Wird doch heute der Lehrer, der zukünftig den Menschen bilden soll, eingeführt in die Gesinnung, in die Denkweise der gegenwärtigen Wissenschaft! Nie ist es mir eingefallen, diese gegenwärtige Wissenschaft in abfälliger Weise abzukanzeln. Ich bin von voller Schätzung durchdrungen für alles, was diese gegenwärtige Wissenschaft mit ihrer gerade auf Naturerkenntnis gegründeten Wissenschaftsgesinnung und Wissenschaftsmethode an Triumphen für die Menschheitsentwickelung erreicht hat und was sie in der Zukunft noch erreichen wird. Aber gerade deshalb – so scheint es mir – wird das, was aus der gegenwärtigen Wissenschafts- und Geistesgesinnung herausfließt, nicht fruchtbar übergehen können in die Erziehungs- und Unterrichtskunst, weil die Größe der gegenwärtigen Wissenschafts- und Geistesgesinnung in etwas anderem liegt als in der Menschenbehandlung und in Einsicht in das menschliche Herz, in das menschliche Gemüt. Man kann mit dem, was aus der gegenwärtigen Geistesgesinnung herausquillt, großartige technische Fortschritte machen. Man kann damit auch in sozialer Beziehung eine freie Menschheitsgesinnung entwickeln, aber man kann nicht, so grotesk das heute noch der Mehrzahl der Menschen klingen mag, mit einer Wissenschaftsgesinnung, die auf der einen Seite allmählich zur Überzeugung gekommen ist, das menschliche Herz sei eine Pumpe, der menschliche physische Leib sei ein mechanischer Betrieb –, man kann nicht mit den Gefühlen und Empfindungen, die aus dieser Wissenschaft herausfließen, sich selber so beleben, daß man künstlerischer Erzieher des werdenden Menschen sein kann. Unmöglich ist es, gerade aus dem heraus, was unsere Zeit so groß macht in der Beherrschung der toten Technik, die lebendige Kunst des Erziehens zu entwickeln. Da muß ein neuer Geist in die Menschheitsentwickelung eingreifen, der Geist eben, den wir durch unsere Geisteswissenschaft suchen. Der Geist, der davon hinwegführt, in dem lebendigen Menschen den Träger von Pump- und Sauginstrumenten, einen Mechanismus zu sehen, der nur nach naturwissenschaftlichen Methoden begriffen werden kann. Es muß in die Geistesgesinnung der Menschheit die Überzeugung einziehen, daß Geist in allem Naturdasein lebt, und daß man diesen Geist erkennen kann.

Und so haben wir versucht in dem Kursus, der vorangegangen ist unserer Waldorf-Unternehmung, und der für die Lehrer bestimmt war, eine Anthropologie, eine Erziehungswissenschaft zu begründen, die eine Erziehungskunst, eine Menschheitskunde werden kann, welche aus dem Toten das Lebendige im Menschen wiedererweckt. Das Tote – und das ist das Geheimnis unserer gegenwärtigen absterbenden Kultur –, das Tote, es macht den Menschen wissend, es macht den Menschen einsichtig, wenn er es aufnimmt als Naturgesetze; aber es schwächt sein Gemüt, aus dem die Begeisterung hervorgehen soll, gerade im Erziehen. Es schwächt den Willen. Es stellt den Menschen nicht harmonisch in das ganze, gesamte soziale Dasein hinein. Nach einer Wissenschaft suchen wir, die nicht bloß Wissenschaft ist, die Leben und Empfindung selber ist, und die in dem Augenblick, wo sie als Wissen in die Menschenseele einströmt, zu gleicher Zeit die Kraft entwickelt, als Liebe in ihr zu leben, um als werktätiges Wollen, als in Seelenwärme getauchte Arbeit auszuströmen, als Arbeit, die insbesondere übergeht auf das Lebendige, auf den werdenden Menschen. Wir brauchen eine neue Wissenschaftsgesinnung. Wir brauchen einen neuen Geist in erster Linie für alle Erziehungs-, für alle Unterrichtskunst . . .

Die Überzeugung, daß der Ruf, der aus der Entwickelung der Menschheit heraustönt, für unsere gegenwärtige Zeit einen neuen Geist fordert, und daß wir diesen neuen Geist vor allen Dingen in das Erziehungswesen hineintragen müssen, diese Überzeugung ist es, die den Bestrebungen der Waldorfschule, die nach dieser Richtung hin ein Musterbeispiel sein sollte, zugrunde liegt. Und versucht ist worden zu hören, was unbewußt in den Forderungen gerade der Besten liegt, die in der jüngsten Vergangenheit sich abgemüht haben, für eine Gesundung, für eine Regenerierung der Erziehungs-, der Unterrichtskunst zu wirken . . .

Da frägt sich der einsichtige Pädagogiklehrer: Können wir auch verstehen, was für Kräfte spielen in der Menschennatur, die fast mit jedem Monat, jedenfalls aber mit jedem Jahr uns ein anderes geistig-seelisch-leibliches Antlitz zuwendet? Solange wir keine wirkliche Geschichtswissenschaft haben – so sagen diese Pädagogen –, so lange können wir auch nicht wissen, wie der einzelne Mensch sich entwickelt. Denn der einzelne Mensch stellt in sich konzentriert dasjenige dar, was die ganze Menschheit im Laufe ihres geschichtlichen Werdens darstellt.

Solche Leute fühlen, daß im Grunde genommen die gegenwärtige Wissenschaft versagt, wenn sie etwas sagen soll über jene großen Gesetze, die durch die Geschichte walten, und wenn man im gegenwärtigen Zeitpunkt ergreifen sollte dasjenige, was für uns herausquillt aus diesen großen, umfassenden geschichtlichen Gesetzen der Menschheitsentwickelung. Würde man den einzelnen Menschen verstehen wollen aus der Beschaffenheit der Nahrungsmittel, die er aufnimmt vom ersten Atemzuge an bis zum Tode hin, so würde man etwas höchst Törichtes anstreben; aber in der Geschichte, in dem Begreifen der ganzen Menschheitsentwickelung verhält man sich heute im Grunde so.

Beim Menschen muß man wissen, wie zum Beispiel solch ein physiologischer Vorgang eingreift in die Entwickelung, wie es der Zahnwechsel ist. Man muß wissen, was da alles leiblich an Geheimnisvollem vorgeht aus einer ganz neuen Physiologie, die die gegenwärtige Wissenschaft noch nicht hat. Man muß aber auch wissen, was seelisch diesen Umschwung begleitet. Man muß die Metamorphosen der Menschennatur kennen. Da, beim einzelnen Menschen, wird man wenigstens nicht leugnen, wenn man auch ohnmächtig ist, es zu erkennen, daß der Mensch aus seinem innersten Wesen heraus Metamorphosen, Umschwünge erlebt. Im geschichtlichen Werden der ganzen Menschheit gibt man so etwas nicht zu. Dieselben Methoden werden angewendet für das Altertum, für das Mittelalter, für die neuere Zeit. Darauf läßt man sich nicht ein, daß große Sprünge in der geschichtlichen Entwickelung der Menschheit vor sich gehen. Indem wir zurückblicken in das geschichtliche Werden, finden wir einen letzten Sprung im 15. Jahrhundert. Alles das, was in der neueren Zeit Empfinden, Vorstellen, Wollen der Menschheit geworden ist, so wie wir es jetzt kennen, hat erst seinen intimen Charakter in der zivilisierten Menschheit seit dem 15. Jahrhundert angenommen. Und diese zivilisierte Menschheit unterscheidet sich von der des 10. oder 8. Jahrhunderts etwa so, wie sich das Kind als zwölfjähriges unterscheidet von dem Kinde. das noch nicht das siebente Jahr erreicht hat. Und das, was als ein Umschwung sich vollzogen hat im 15. Jahrhundert: aus dem Innersten des Menschheitswesens ging es hervor, wie hervorgeht aus der innersten Menschennatur die gesetzmäßige Entwickelung des Zahnwechsels. Und alles das, in dem wir heute leben im 20. Jahrhundert – jenes Streben nach Individualität, das Streben nach sozialer Gestaltung, das Streben nach Ausgestaltung der Persönlichkeit –, es ist nur eine Folge desjenigen, was die inneren Kräfte der Geschichte heraufgetragen haben seit dem angedeuteten Zeitpunkt.

Wir können nur verstehen, wie der Mensch sich hineinstellen will in die Gegenwart, wenn wir verstehen den Gang, den die Menschheitsentwickelung in der gekennzeichneten Art genommen hat . . .

Wer die werdende Generation durchschaut, der bekommt ein deutliches Gefühl davon: Die Menschen sind mit dem, was sie arbeiten, mit dem, was sie denken und empfinden, mit dem auch, was sie für die Zukunft anstreben als Erwachsene, aus dem Schoße der Geschichte aufgestiegen. Und das, was heute Berufe sind, was heute Staatsgefüge ist, wohin sich heute die Menschen stellen können: das ist ja aus diesen Menschen selbst entsprungen! Das hängt ja nicht als eine Äußerlichkeit diesen Menschen an! Man kann gar nicht fragen: Soll man den Menschen mehr für das Menschenwesen erziehen oder mehr für den äußeren Beruf? Denn richtig angesehen, ist schließlich doch beides ein und dasselbe!

Können wir heute ein lebendiges Verständnis entwickeln von dem, was draußen die Berufe, die Menschen sind, dann entwickeln wir auch das Verständnis für das, was die vorhergehenden Generationen, die heute noch leben und Berufe haben, heraufgetragen haben aus dem Mutterschoße der Menschheit bis in die Gegenwart herein.

Mit der Trennung von Erziehung zum Menschen und Erziehung zum Beruf reichen wir nicht aus, wenn wir als Lehrer, als Erzieher empfinden sollen. Da muß in uns etwas leben, was äußerlich nicht sichtbar ist, nicht in einem Beruf, nicht in einem Staatsgefüge, nirgends im Äußeren. Da muß in uns dasjenige leben, was erst die nachfolgenden Generationen auf den äußeren Plan des Lebens bringen werden. Da muß in uns ein prophetisch wirkendes Zusammengewachsensein leben mit der kommenden Entwickelung der Menschheit. Mit diesem Zusammengewachsensein steht und fällt das erzieherisch-künstlerische Fühlen und Denken und Wollen einer Lehrerwelt. Daß fließen kann in die Lehrerwelt dasjenige, was man über den werdenden Menschen wissen kann, wie ein seelisch-geistiges Lebensblut, das, ohne erst Wissen zu sein, Kunst wird, dahin muß eine lebendige Pädagogik und Didaktik der Gegenwart streben. Und von dieser lebendigen Didaktik kann allein dasjenige ausgehen, was in das kindliche Herz, in das kindliche Gemüt, in den kindlichen Intellekt eingehen soll . . .

Uns liegt gar nichts daran, unsere ‹Dogmen›, unsere Prinzipien, den Inhalt unserer Weltanschauung dem werdenden Menschen beizubringen. Wir streben nicht danach, eine dogmatische Erziehung zu bewirken. Wir streben danach, daß dasjenige, was wir durch die Geisteswissenschaft haben gewinnen können, *lebendige Erziehungstat* werde. Wir streben an, in unserer Methodik, in unserer Didaktik das zu haben, was aus der lebendigen Geisteswissenschaft als seelische Menschenbehandlung hervorgehen kann. Aus der toten Wissenschaft kann nur Wissen kommen, aus der lebendigen Geisteswissenschaft wird Methodik, wird Didaktik, wird Handgriffliches im geistig-seelischen Sinne hervorgehen. Daß wir lehren, daß wir erziehen können, das streben wir an! . . .

Aber ehrlich werden wir es einhalten, was wir gelobt haben: daß die verschiedenen religiösen Bekenntnisgesellschaften, die von sich aus den Religionsunterricht erteilen sollen, ihre Weltanschauungsprinzipien in unsere Schule hineintragen können. Wir wollen nur abwarten, ob ebensowenig, wie wir im geringsten stören werden dasjenige, was so als Weltanschauung hineingetragen werden soll in unsere Schule, dasjenige gestört wird, was wir, in bescheidenster Weise vorläufig nur, als eine Kunst hineintragen wollen. Denn wir wissen: Früher wird die Menschheit verstehen müssen, daß aus einer geistigen Weltanschauung heraus Erziehungskunst im pädagogischen, methodischen, didaktischen Sinne entstehen kann, bevor sie eine richtige Einsicht in Weltanschauungsfragen und ihre gegenseitigen Beziehungen haben wird. Also eine Weltanschauungsschule werden wir nicht begründen. Eine erziehungs-künstlerische Schule werden wir uns bemühen, mit der Waldorfschule zu schaffen.»

Den Vorträgen über allgemeine Menschenkunde folgten diejenigen über Methodik und Didaktik des Erziehens und anschließend daran ein in freier Aussprache ablaufendes Seminar*. Mit diesen drei Serien wäre die Grundlage der Erziehungskunst Rudolf Steiners unserer in seelischer und materieller Not versinkenden Menschheit als rettendes Heilmittel übergeben.

* Siehe: «Erziehungskunst. Methodisch-Didaktisches» und «Erziehungskunst. Seminarbesprechungen und Lehrplanvorträge». Rudolf Steiner Gesamtausgabe, Bibl.-Nrn. 294 und 295.

ERSTER VORTRAG

Meine lieben Freunde, wir kommen mit unserer Aufgabe nur zurecht, wenn wir sie nicht bloß betrachten als eine intellektuell-gemütliche, sondern als eine im höchsten Sinne moralisch-geistige; und daher werden Sie es begreiflich finden, daß wir, indem wir heute diese Arbeit beginnen, uns zunächst besinnen auf den Zusammenhang, den wir gerade durch diese unsere Tätigkeit gleich im Anfang herstellen wollen mit den geistigen Welten. Wir müssen uns bewußt sein bei einer solchen Aufgabe, daß wir nicht arbeiten bloß als hier auf dem physischen Plan lebende Menschen; diese Art, sich Aufgaben zu stellen, hat ja gerade in den letzten Jahrhunderten besonders an Ausdehnung gewonnen, hat fast einzig und allein die Menschen erfüllt. Unter dieser Auffassung der Aufgaben ist dasjenige aus Unterricht und Erziehung geworden, was eben gerade verbessert werden soll durch die Aufgabe, die wir uns stellen. Daher wollen wir uns im Beginne dieser unserer vorbereitenden Tätigkeit zunächst darauf besinnen, wie wir im einzelnen die Verbindung mit den geistigen Mächten, in deren Auftrag und deren Mandat jeder einzelne von uns gewissermaßen wird arbeiten müssen, herstellen. Ich bitte Sie daher, diese einleitenden Worte aufzufassen als eine Art Gebet zu denjenigen Mächten, die imaginierend, inspirierend, intuitierend hinter uns stehen sollen, indem wir diese Aufgabe übernehmen.

Meine lieben Freunde! Es obliegt uns, die Wichtigkeit unserer Aufgabe zu empfinden. Wir werden dies, wenn wir diese Schule als mit einer besonderen Aufgabe ausgerüstet wissen. Und da wollen wir unsere Gedanken wirklich konkretisieren, wir wollen unsere Gedanken wirklich so gestalten, daß wir das Bewußtsein haben können, daß etwas Besonderes mit dieser Schule ausgeführt wird. Wir werden das nur, wenn wir gewissermaßen nicht in das Alltägliche versetzen dasjenige, was mit dieser Schulbegründung getan worden ist, sondern wenn wir es als einen Festesakt der Weltenordnung betrachten. In diesem Sinne möchte ich als erstes geschehen lassen, daß ich hier im Namen des guten Geistes, der führen soll die Menschheit aus der Not und dem Elend heraus, im Namen dieses guten Geistes, der die Menschheit führen soll zu der höheren Stufe der Entwickelung in Unterricht und Erziehung, den allerherzlichsten Dank ausspreche denjenigen guten Geistern gegenüber, die unserem lieben Herrn Molt den guten Gedanken eingegeben haben, in dieser Richtung und an diesem Platze für die Weiterentwickelung der Menschheit dasjenige zu tun, was er mit der Waldorfschule getan hat. Ich weiß, er ist sich bewußt, daß man dasjenige, was man für diese Aufgabe tun kann, heute doch nur mit schwachen Kräften tun kann. Er sieht die Sache so an; aber er wird gerade dadurch, daß wir mit ihm vereint die Größe der Aufgabe und den Moment, in dem sie begonnen wird, als einen feierlichen in die Weltenordnung hineingestellt empfinden, er wird gerade dadurch mit der rechten Kraft innerhalb unserer Mitte wirken können. Von diesem Gesichtspunkte aus, meine lieben Freunde, wollen wir unsere Tätigkeit beginnen. Wir wollen uns selbst alle betrachten als Menschenwesenheiten, welche das Karma an den Platz gestellt hat, von dem aus nicht etwas Gewöhnliches, sondern etwas geschehen soll, was bei den Mittuenden die Empfindung eines feierlichen Weltenaugenblickes in sich schließt.

Meine lieben Freunde, das erste, womit wir beginnen wollen, müssen Auseinandersetzungen sein über unsere pädagogische Aufgabe, Auseinandersetzungen, zu denen ich heute eine Art von Einleitung zu Ihnen sprechen möchte. Unsere pädagogische Aufgabe wird sich ja unterscheiden müssen von den pädagogischen Aufgaben, die sich die Menschheit bisher gestellt hat. Nicht aus dem Grunde wird sie sich unterscheiden sollen, weil wir in eitlem Hochmut glauben, daß wir gerade von uns aus gewissermaßen eine neue pädagogische Weltenordnung beginnen sollen, sondern weil wir aus anthroposophisch orientierter Geisteswissenschaft heraus uns klar darüber sind, daß die aufeinanderfolgenden Entwickelungsepochen der Menschheit dieser Menschheit immer andere Aufgaben stellen werden. Eine andere Aufgabe hatte die Menschheit in der ersten, eine andere in der zweiten bis herein in unsere fünfte nachatlantische Entwickelungsepoche. Und es ist nun einmal so, daß dasjenige, was in einer Entwickelungsepoche der Menschheit getan werden soll, dieser Menschheit erst zum Bewußtsein kommt, einige Zeit nachdem diese Entwickelungsepoche begonnen hat.

Die Entwickelungsepoche, in der wir heute stehen, hat in der Mitte des 15. Jahrhunderts begonnen. Heute kommt gewissermaßen aus den geistigen Untergründen heraus erst die Erkenntnis, was gerade in bezug auf die Erziehungsaufgabe innerhalb dieser unserer Epoche getan werden soll. Die Menschen haben bisher, selbst wenn sie mit dem allerbesten Willen pädagogisch gearbeitet haben, noch im Sinne der alten Erziehung gearbeitet, noch im Sinne derjenigen der vierten nachatlantischen Entwickelungsepoche. Vieles wird davon abhängen, daß wir von vornherein uns einzustellen wissen für unsere Aufgabe, daß wir verstehen lernen, daß wir uns für unsere Zeit eine ganz bestimmte Richtung zu geben haben; eine Richtung, die nicht deshalb wichtig ist, weil sie absolut für die ganze Menschheit in ihrer Entwickelung gelten soll, sondern weil sie gelten soll gerade für unsere Zeit. Der Materialismus hat außer dem anderen noch das hervorgebracht, daß die Menschen kein Bewußtsein haben von den besonderen Aufgaben einer besonderen Zeit. Als allererstes aber, bitte, nehmen Sie das in sich auf, daß besondere Zeiten ihre besonderen Aufgaben haben.

Sie werden zur Erziehung und zum Unterricht Kinder zu übernehmen haben, allerdings Kinder schon eines bestimmten Alters, und Sie werden ja dabei bedenken müssen, daß Sie diese Kinder übernehmen, nachdem sie schon in der allerersten Epoche ihres Lebens die Erziehung, vielleicht oftmals die Mißerziehung der Eltern durchgemacht haben. Vollständig erfüllt wird dasjenige, was wir wollen, doch erst werden, wenn wir einmal so weit sind als Menschheit, daß auch die Eltern verstehen werden, daß schon in der ersten Epoche der Erziehung besondere Aufgaben der heutigen Menschheit gestellt sind. Wir werden manches, was verfehlt worden ist in der ersten Lebensepoche, doch noch ausbessern können, wenn wir die Kinder zur Schule bekommen.

Wir müssen uns aber ganz stark durchdringen von dem Bewußtsein, aus dem heraus wir, jeder einzelne, unseren Unterricht und unsere Erziehung auffassen.

Vergessen Sie nicht, indem Sie sich Ihrer Aufgabe widmen, daß die ganze heutige Kultur, bis in die Sphäre des Geistigen hinein, gestellt ist auf den Egoismus der Menschheit. Betrachten Sie unbefangen das geistigste Gebiet, dem sich der Mensch heute hingibt, betrachten Sie das religiöse Gebiet und fragen Sie sich, ob nicht unsere heutige Kultur gerade auf dem religiösen Gebiet hingeordnet ist auf den Egoismus der Menschen. Typisch ist es gerade für das Predigtwesen in unserer Zeit, daß der Prediger den Menschen angreifen will im Egoismus. Nehmen Sie gleich dasjenige, was den Menschen am tiefsten erfassen soll: die Unsterblichkeitsfrage, und bedenken Sie, daß heute fast alles, selbst im Predigtwesen, darauf hingeordnet ist, den Menschen so zu erfassen, daß sein Egoismus für das Übersinnliche ins Auge gefaßt wird. Durch den Egoismus hat der Mensch den Trieb, nicht wesenlos durch die Pforte des Todes hindurchzugehen, sondern sein Ich zu erhalten. Dies ist ein, wenn auch noch so verfeinerter, Egoismus. An diesen Egoismus appelliert heute in weitestem Umfange auch jedes religiöse Bekenntnis, wenn es sich um die Unsterblichkeitsfrage handelt. Daher spricht vor allen Dingen das religiöse Bekenntnis so zu den Menschen, daß es meistens das eine Ende unseres irdischen Daseins vergißt und nur Rücksicht nimmt auf das andere Ende dieses Daseins, daß der Tod vor allen Dingen ins Auge gefaßt wird, daß die Geburt vergessen wird.

Wenn auch die Dinge nicht so deutlich ausgesprochen werden, so liegen sie doch zugrunde. Wir leben in der Zeit, in der dieser Appell an den menschlichen Egoismus in allen Sphären bekämpft werden muß, wenn die Menschen nicht auf dem absteigenden Wege der Kultur, auf dem sie heute gehen, immer mehr und mehr abwärts gehen sollen. Wir werden uns immer mehr und mehr bewußt werden müssen des anderen Endes der menschlichen Entwickelung innerhalb des Erdendaseins: der

Geburt. Wir werden in unser Bewußtsein die Tatsache aufnehmen müssen, daß der Mensch sich entwickelt eine lange Zeit zwischen dem Tod und einer neuen Geburt, daß er innerhalb dieser Entwickelung an einen Punkt gelangt ist, wo er für die geistige Welt gewissermaßen stirbt, wo er unter solchen Bedingungen in der geistigen Welt lebt, daß er dort nicht mehr weiterleben kann, ohne in eine andere Daseinsform überzugehen. Diese andere Daseinsform bekommt er dadurch, daß er sich umkleiden läßt mit dem physischen und Ätherleib. Dasjenige, was er bekommen soll durch die Umkleidung des physischen und Ätherleibes, könnte er nicht bekommen, wenn er sich in gerader Linie in der geistigen Welt nur weiterentwickeln würde. Indem wir daher das Kind von seiner Geburt an nur mit physischen Augen anblicken dürfen, wollen wir uns dabei bewußt sein: auch das ist eine Fortsetzung. Und wir wollen nicht nur sehen auf das, was das Menschendasein erfährt nach dem Tode, also auf die geistige Fortsetzung des Physischen; wir wollen uns bewußt werden, daß das physische Dasein hier eine Fortsetzung des Geistigen ist, daß wir durch Erziehung fortzusetzen haben dasjenige, was ohne unser Zutun besorgt worden ist von höheren Wesen. Das wird unserem Erziehungs- und Unterrichtswesen allein die richtige Stimmung geben, wenn wir uns bewußt werden: Hier in diesem Menschenwesen hast du mit deinem Tun eine Fortsetzung zu leisten für dasjenige, was höhere Wesen vor der Geburt getan haben.

Man wird heute, wo die Menschen in ihren Gedanken und Empfindungen den Zusammenhang verloren haben mit den geistigen Welten, oftmals in abstrakter Art um etwas gefragt, was eigentlich als Frage einer geistigen Weltauffassung gegenüber keinen rechten Sinn hat. Man wird gefragt, wie man die sogenannte vorgeburtliche Erziehung leiten soll. Es gibt viele Menschen, die nehmen heute die Dinge abstrakt; wenn man die Dinge konkret nimmt, kann man das Fragen in gewissen Gebieten nicht in beliebiger Weise weitertreiben. Ich habe einmal das Beispiel erwähnt: Man sieht auf einer Straße Furchen. Da kann man fragen: Woher sind sie? – Weil ein Wagen gefahren ist. – Warum ist der Wagen gefahren? – Weil die, die darin sitzen, einen bestimmten Ort erreichen wollten. – Warum wollten sie einen bestimmten Ort erreichen? – Einmal hört in der Wirklichkeit die Fragestellung auf. Bleibt man im Abstrakten, so kann man immer weiter fragen: warum? Man kann das Rad des Fragens immerfort weiter drehen. Das konkrete Denken findet immer ein Ende, das abstrakte Denken läuft mit dem Gedanken immer endlos wie ein Rad herum. So ist es auch mit den Fragen, die über nicht so naheliegende Gebiete gestellt werden. Die Menschen denken über Erziehung nach und fragen über die vorgeburtliche Erziehung. Aber, meine lieben Freunde, vor der Geburt ist das Menschenwesen noch in der Hut über dem Physischen stehender Wesenheiten. Denen müssen wir die unmittelbare einzelne Beziehung überlassen zwischen der Welt und dem einzelnen Wesen. Daher hat die vorgeburtliche Erziehung noch keine Aufgabe für das Kind selbst. Die vorgeburtliche Erziehung kann nur eine unbewußte Folge desjenigen sein, was die Eltern, insbesondere die Mutter, leisten. Verhält sich die Mutter bis zu der Geburt so, daß sie in sich selbst zum Ausdruck bringt dasjenige, was im rechten Sinn moralisch und intellektuell das Richtige ist, so wird ganz von selbst das, was sie in fortgesetzter Selbsterziehung vollbringt, übergehen auf das Kind. Je weniger man daran denkt, das Kind, schon bevor es das Licht der Welt erblickt, zu erziehen, und je mehr man daran denkt, selbst ein entsprechend rechtes Leben zu führen, desto besser wird es für das Kind sein. Die Erziehung kann erst angehen, wenn das Kind wirklich eingegliedert ist in die Weltenordnung des physischen Planes, und das ist dann, wenn das Kind beginnt die äußere Luft zu atmen.

Wenn nun das Kind auf den physischen Plan herausgetreten ist, dann müssen wir uns bewußt sein, was eigentlich für das Kind geschehen ist im Übergang von einem geistigen zu einem physischen Plan. Sehen Sie, da müssen wir vor allen Dingen uns bewußt werden, daß sich das Menschenwesen wirklich aus zwei Gliedern zusammensetzt. Bevor das Menschenwesen die physische Erde betritt, wird eine Verbindung eingegangen zwischen dem Geist und der Seele; dem Geist, insofern wir darunter verstehen dasjenige, was in der physischen Welt heute noch ganz verborgen ist und was wir anthroposophisch-geisteswissenschaftlich nennen: der Geistesmensch, der Lebensgeist, das Geistselbst. Mit diesen drei Wesensgliedern des Menschen ist es ja so, daß sie gewissermaßen in der übersinnlichen Sphäre vorhanden sind, zu der wir uns nun hindurcharbeiten müssen, und wir stehen zwischen dem Tod und einer neuen Geburt schon in einer gewissen Beziehung zu Geistesmensch, Lebensgeist und Geistselbst. Die Kraft, die von dieser Dreiheit ausgeht, die durchdringt das Seelische des Menschen: Bewußtseinsseele, Verstandes- oder Gemütsseele und Empfindungsseele.

Und wenn Sie betrachten würden das Menschenwesen, das sich anschickt, nachdem es durchgegangen ist durch das Dasein zwischen Tod und neuer Geburt, in die physische Welt hinunterzusteigen, dann würden Sie das eben charakterisierte Geistige zusammengebunden finden mit dem Seelischen. Der Mensch steigt gewissermaßen als Geistseele oder Seelengeist aus einer höheren Sphäre in das irdische Dasein. Mit dem irdischen Dasein umkleidet er sich. Wir können ebenso dieses andere Wesensglied, das sich mit dem eben gekennzeichneten verbindet, charakterisieren, wir können sagen: Da unten auf der Erde wird der Geistseele entgegengebracht dasjenige, was entsteht durch die Vorgänge der physischen Vererbung. Nun wird an den Seelengeist oder die Geistseele der Körperleib oder der Leibeskörper so herangebracht, daß wiederum zwei Dreiheiten verbunden sind. Bei der Geistseele sind verbunden Geistesmensch, Lebensgeist und Geistselbst mit dem Seelischen, das besteht aus Bewußtseinsseele, Verstandes- oder Gemütsseele und Empfindungsseele. Die sind miteinander verbunden und sollen sich verbinden beim Herabsteigen in die physische Welt mit Empfindungsleib oder Astralleib, Ätherleib, physischen Leib. Aber diese sind ihrerseits wiederum verbunden zuerst im Leibe der Mutter, dann in der physischen Welt mit den drei Reichen der physischen Welt, dem mineralischen, dem Pflanzen- und dem Tierreich, so daß auch hier zwei Dreiheiten miteinander verbunden sind.

Betrachten Sie das Kind, das hereingewachsen ist in die Welt, mit der genügenden Unbefangenheit, so werden Sie richtig wahrnehmen: Hier in dem Kind ist noch unverbunden Seelengeist oder Geistseele mit Leibeskörper oder Körperleib. Die Aufgabe der Erziehung, im geistigen Sinn erfaßt, bedeutet das In-Einklang-Versetzen des Seelengeistes mit dem Körperleib oder dem Leibeskörper. Die müssen miteinander in Harmonie kommen, müssen aufeinander gestimmt werden, denn die passen gewissermaßen, indem das Kind hereingeboren wird in die physische Welt, noch nicht zusammen. Die Aufgabe des Erziehers und auch des Unterrichters ist das Zusammenstimmen dieser zwei Glieder.

Nun, fassen wir diese Aufgabe etwas mehr im Konkreten. Unter all diesen Beziehungen, welche der Mensch zur Außenwelt hat, ist die allerwichtigste das Atmen. Aber das Atmen beginnen wir ja gerade, indem wir die physische Welt betreten. Das Atmen im Mutterleib ist noch sozusagen ein vorbereitendes Atmen, es bringt den Menschen noch nicht in vollkommenen Zusammenhang mit der Außenwelt. Dasjenige, was im rechten Sinn Atmen genannt werden soll, beginnt der Mensch erst, wenn er den Mutterleib verlassen hat. Dieses Atmen bedeutet sehr, sehr viel für die menschliche Wesenheit, denn in diesem Atmen liegt ja schon das ganze dreigliedrige System des physischen Menschen.

Wir rechnen zu den Gliedern des dreigliedrigen physischen Menschensystems zunächst den Stoffwechsel. Aber der Stoffwechsel hängt an dem einen Ende mit dem Atmen innig zusammen; der Atmungsprozeß hängt stoffwechselmäßig mit der Blutzirkulation zusammen. Die Blutzirkulation nimmt die auf anderem Wege eingeführten Stoffe der äußeren Welt auf in den menschlichen Körper, so daß gewissermaßen auf der einen Seite das Atmen mit dem ganzen Stoffwechselsystem zusammenhängt. Das Atmen hat also seine eigenen Funktionen, aber es hängt doch auf der einen Seite mit dem Stoffwechselsystem zusammen.

Auf der anderen Seite hängt dieses Atmen auch zusammen mit dem Nerven-Sinnesleben des Menschen. Indem wir einatmen, pressen wir fortwährend das Gehirnwasser in das Gehirn hinein; indem wir ausatmen, prellen wir es zurück in den Körper. Dadurch verpflanzen wir den Atmungsrhythmus auf das Gehirn. Und wie das Atmen zusammenhängt auf der einen Seite mit dem Stoffwechsel, so hängt es auf der anderen Seite zusammen mit dem Nerven-Sinnesleben. Wir können sagen: Das Atmen ist der wichtigste Vermittler des die physische Welt betretenden Menschen mit der physischen Außenwelt. Aber wir müssen uns auch bewußt sein, daß dieses Atmen durchaus noch nicht so verläuft, wie es zum Unterhalt des physischen Lebens beim Menschen voll verlaufen muß, namentlich nach der einen Seite nicht: es ist beim Menschen, der das physische Dasein betritt, noch nicht die richtige Harmonie, der rechte Zusammenhang hergestellt zwischen dem Atmungsprozeß und dem Nerven-Sinnesprozeß.

Betrachten wir das Kind, so müssen wir in bezug auf sein Wesen sagen: Das Kind hat noch nicht so atmen gelernt, daß das Atmen in der richtigen Weise den Nerven-Sinnesprozeß unterhält. Da liegt wiederum die feinere Charakteristik desjenigen, was mit dem Kind zu tun ist. Wir müssen zunächst die Menschenwesenheit anthropologisch-anthroposophisch verstehen. Die wichtigsten Maßnahmen in der Erziehung werden daher liegen in der Beobachtung alles desjenigen, was in der rechten Weise den Atmungsprozeß hineinorganisiert in den Nerven-Sinnesprozeß. Im höheren Sinne muß das Kind lernen, in seinen Geist aufzunehmen dasjenige, was ihm geschenkt werden kann dadurch, daß es geboren wird zum Atmen. Sie sehen, dieser Teil der Erziehung wird hinneigen zu dem Geistig-Seelischen: dadurch, daß wir harmonisieren das Atmen mit dem Nerven-Sinnesprozeß, ziehen wir das Geistig-Seelische in das physische Leben des Kindes herein. Grob ausgedrückt, können wir sagen: Das Kind kann noch nicht innerlich richtig atmen, und die Erziehung wird darin bestehen müssen, richtig atmen zu lehren.

Aber das Kind kann noch etwas anderes nicht richtig, und dieses andere muß in Angriff genommen werden, damit ein Einklang geschaffen werde zwischen den zwei Wesensgliedern, zwischen dem Körperleib und zwischen der Geistseele. Was das Kind nicht richtig kann im Anfang seines Daseins – es wird Ihnen auffallen, daß gewöhnlich das, was wir geistig betonen müssen, der äußeren Weltenordnung zu widersprechen scheint –, was das Kind nicht richtig kann, das ist, den Wechsel zwischen Schlafen und Wachen in einer dem Menschenwesen entsprechenden Weise zu vollziehen. Man kann freilich sagen, äußerlich betrachtet: Das Kind kann ja ganz gut schlafen; es schläft ja viel mehr als der Mensch im späteren Lebensalter, es schläft sogar in das Leben herein. – Aber das, was innerlich dem Schlafen und Wachen zugrunde liegt, das kann es noch nicht. Das Kind erlebt allerlei auf dem physischen Plan. Es gebraucht seine Glieder, es ißt, trinkt und atmet. Aber indem es so allerlei macht auf dem physischen Plan, indem es abwechselt zwischen Schlafen und Wachen, kann es nicht alles dasjenige, was es auf dem physischen Plan erfährt – was es mit den Augen sieht, den Ohren hört, den Händchen vollbringt, wie es mit den Beinchen strampelt –, es kann nicht das, was es auf dem physischen Plan erlebt, hineintragen in die geistige Welt und dort verarbeiten und das Ergebnis der Arbeit wieder zurücktragen auf den physischen Plan. Sein Schlaf ist gerade dadurch charakterisiert, daß er ein anderer Schlaf ist als der Schlaf der Erwachsenen. Im Schlafe des Erwachsenen wird vorzugsweise das verarbeitet, was der Mensch erfährt zwischen dem Aufwachen und dem Einschlafen. Das Kind kann das noch nicht in den Schlaf hineintragen, was es erfährt zwischen Aufwachen und Einschlafen, und es lebt sich daher noch so in die allgemeine Weltenordnung mit dem Schlafen hinein, daß es nicht mitbringt in diese Weltenordnung während des Schlafes dasjenige, was es äußerlich in der physischen Welt erfahren hat. Dahin muß es gebracht werden durch die richtiggehende Erziehung, daß das, was der Mensch auf dem physischen Plan erfährt, hineingetragen wird in dasjenige, was der Seelengeist oder die Geistseele tut vom Einschlafen bis zum Aufwachen. Wir können als Unterrichter und Erzieher dem Kinde gar nichts von der höheren Welt beibringen. Denn dasjenige, was in den Menschen von der höheren Welt hineinkommt, das kommt hinein in der Zeit vom Einschlafen bis zum Aufwachen. Wir können nur die Zeit, die der Mensch auf dem physischen Plan verbringt, so ausnützen, daß er gerade das, was wir mit ihm tun, allmählich hineintragen kann in die geistige Welt und daß durch dieses Hineintragen wiederum in die physische Welt zurückfließen kann die Kraft, die er mitnehmen kann aus der geistigen Welt, um dann im physischen Dasein ein rechter Mensch zu sein.

So wird zunächst alle Unterrichts- und Erziehungstätigkeit gelenkt auf ein recht hohes Gebiet, auf das Lehren des richtigen Atmens und auf das Lehren des richtigen Rhythmus im Abwechseln zwischen Schlafen und Wachen. Wir werden selbstverständlich solche Verhaltungsmaßregeln beim Erziehen und Unterrichten kennenlernen, die nicht etwa auf eine Dressur des Atmens hinauslaufen oder auf eine Dressur von Schlafen und Wachen. Das wird alles nur im Hintergrund stehen. Das, was wir kennenlernen werden, werden konkrete Maßregeln sein. Aber wir müssen uns bis in die Fundamente hinein bewußt sein dessen, was wir tun. So werden wir uns bewußt werden müssen, wenn wir einem Kinde diesen oder jenen Lehrgegenstand beibringen, daß wir dann in der einen Richtung wirken auf das mehr in den physischen Leib Hineinbringen der Geistseele und in der anderen Richtung mehr auf das Hereinbringen der Körperleiblichkeit in die Geistseele.

Unterschätzen wir nicht, daß das wichtig ist, was jetzt gesagt ist, denn Sie werden nicht gute Erzieher und Unterrichter werden, wenn Sie bloß auf dasjenige sehen werden, was Sie tun, wenn Sie nicht auf dasjenige sehen werden, was Sie sind. Wir haben ja die anthroposophisch orientierte Geisteswissenschaft eigentlich aus dem Grunde, um die Bedeutsamkeit dieser Tatsache einzusehen, daß der Mensch in der Welt wirkt nicht nur durch dasjenige, was er tut, sondern vor allem durch dasjenige, was er ist. Es ist einmal ein großer Unterschied, meine lieben Freunde, ob der eine Lehrer in die Schule durch die Klassentür zu einer kleineren oder größeren Anzahl von Schülern hineingeht oder der andere Lehrer. Es ist ein großer Unterschied, und der liegt nicht bloß darin, daß der eine Lehrer geschickter ist, die äußerlichen pädagogischen Handgriffe so oder so zu machen, als der andere; sondern der hauptsächlichste Unterschied, der wirksam ist beim Unterricht, rührt her von dem, was der Lehrer in der ganzen Zeit seines Daseins an Gedankenrichtung hat, die er durch die Klassentür hereinträgt. Ein Lehrer, der sich beschäftigt mit Gedanken vom werdenden Menschen, wirkt ganz anders auf die Schüler als ein Lehrer, der von alledem nichts weiß, der niemals seine Gedanken dahin lenkt. Denn was geschieht in dem Augenblick, wo Sie über solche Gedanken nachdenken, das heißt, wo Sie anfangen zu wissen, welche kosmische Bedeutung der Atmungsprozeß und seine Umwandlung in der Erziehung hat, welche kosmische Bedeutung der Rhythmusprozeß zwischen Schlafen und Wachen hat? In dem Augenblick, wo Sie solche Gedanken haben, bekämpft etwas in Ihnen alles das, was bloßer Persönlichkeitsgeist ist. In diesem Augenblick werden abgedämpft alle Instanzen, welche dem Persönlichkeitsgeist zugrunde liegen; es wird etwas von dem ausgelöscht, was gerade am meisten vorhanden ist im Menschen dadurch, daß er ein physischer Mensch ist.

Und indem Sie in diesem Ausgelöschtsein leben und hineingehen in das Klassenzimmer, kommt es durch innere Kräfte, daß sich ein Verhältnis herstellt zwischen den Schülern und Ihnen. Da kann es sein, daß die äußeren Tatsachen dem anfangs widersprechen. Sie gehen in die Schule hinein, und vielleicht haben Sie Rangen und Ranginnen vor sich, die Sie auslachen. Sie müssen so gestärkt sein durch solche Gedanken, wie wir sie hier pflegen wollen, daß Sie gar nicht achten dieses Auslachens, daß Sie es hinnehmen wie eine äußere Tatsache, ich will sagen wie die Tatsache, daß es, während Sie ohne Regenschirm ausgegangen sind, plötzlich beginnt zu regnen. Gewiß, das ist eine unangenehme Überraschung. Aber gewöhnlich macht der Mensch selbst einen Unterschied zwischen dem Ausgelachtwerden und dem Überraschtwerden durch den Regen, wenn man keinen Schirm hat. Es darf kein Unterschied gemacht werden. Wir müssen so starke Gedanken entwickeln, daß dieser Unterschied nicht gemacht wird, daß wir dieses Ausgelachtwerden wie einen Regenguß hinnehmen. Wenn wir durchdrungen sind von diesen Gedanken, und namentlich den rechten Glauben an sie haben, dann wird das über uns kommen, was vielleicht erst nach acht Tagen, vielleicht erst nach vierzehn Tagen, vielleicht nach noch längerer Zeit eintritt – wenn wir noch so sehr ausgelacht werden von den Kindern: daß wir ein Verhältnis zu den Kindern herstellen, das wir für das Wünschenswerte halten. Wir müssen dieses Verhältnis auch gegen Widerstand herstellen durch das, was wir aus uns selbst machen. Und wir müssen uns vor allen Dingen der ersten pädagogischen Aufgabe bewußt werden, daß wir erst selbst aus uns etwas machen müssen, daß eine gedankliche, daß eine innere spirituelle Beziehung herrscht zwischen dem Lehrer und den Kindern, und daß wir in das Klassenzimmer eintreten in dem Bewußtsein: Diese spirituelle Beziehung ist da, nicht bloß die Worte, die Ermahnungen, die ich die Kinder erfahren lasse, die Geschicklichkeit im Unterrichten wird da sein. Das alles sind Äußerlichkeiten, die wir gewiß pflegen müssen; aber wir werden sie nicht richtig pflegen, wenn wir nicht als Grundtatsache herstellen das ganze Verhältnis zwischen den Gedanken, die uns selbst erfüllen, und den Tatsachen, die während des Unterrichts an Leib und Seele der Kinder vor sich gehen sollen. Unsere ganze Haltung im Unterrichten würde nicht vollständig sein, wenn wir nicht das Bewußtsein in uns tragen würden: der Mensch wurde geboren; dadurch wurde ihm die Möglichkeit gegeben, dasjenige zu tun, was er nicht konnte in der geistigen Welt. Wir müssen erziehen und unterrichten, der Atmung erst die richtige Harmonie geben zur geistigen Welt. Der Mensch konnte nicht in derselben Weise den rhythmischen Wechsel vollziehen zwischen Wachen und Schlafen in der geistigen Welt wie in der physischen Welt. Wir müssen diesen Rhythmus so regeln durch Erziehung und Unterricht, daß in der rechten Weise im Menschen eingegliedert werde Körperleib oder Leibeskörper in Seelengeist oder Geistseele. Das ist etwas, was wir selbstverständlich nicht so wie eine Abstraktion vor uns haben und als solche unmittelbar im Unterricht verwenden sollen, aber als Gedanke von der menschlichen Wesenheit muß es uns beherrschen.

Das wollte ich Ihnen in dieser Einleitung sagen, und wir wollen morgen mit der eigentlichen Pädagogik beginnen.

ZWEITER VORTRAG

Jeder Unterricht in der Zukunft wird gebaut werden müssen auf eine wirkliche Psychologie, welche herausgeholt ist aus anthroposophischer Welterkenntnis. Daß der Unterricht und das Erziehungswesen überhaupt auf Psychologie gebaut werden müsse, erkannte man selbstverständlich an den verschiedensten Orten, und Sie wissen ja wohl, daß zum Beispiel die in der Vergangenheit in sehr weiten Kreisen wirkende Herbartsche Pädagogik ihre Erziehungsmaßnahmen auf die Herbartsche Psychologie aufgebaut hat. Nun liegt heute und auch in der Vergangenheit der letzten Jahrhunderte eine gewisse Tatsache vor, welche eigentlich eine wirkliche, eine brauchbare Psychologie gar nicht aufkommen ließ. Das muß darauf zurückgeführt werden, daß in dem Zeitalter, in welchem wir jetzt sind, in dem Bewußtseinsseelenzeitalter, bisher noch nicht eine solche geistige Vertiefung erreicht worden ist, daß man wirklich zu einer tatsächlichen Erfassung der menschlichen Seele hätte kommen können. Diejenigen Begriffe aber, die man sich früher auf psychologischem Gebiete, auf dem Gebiete der Seelenkunde gebildet hatte aus dem alten Wissen noch des vierten nachatlantischen Zeitraumes heraus, diese Begriffe sind eigentlich heute mehr oder weniger inhaltleer, sind zur Phrase geworden. Wer heute irgendeine Psychologie oder auch nur irgend etwas in die Hand nimmt, das mit Psychologiebegriffen zu tun hat, der wird finden, daß ein wirklicher Inhalt heute in solchen Schriftwerken nicht mehr drinnen ist. Man hat das Gefühl, daß die Psychologen nur mit Begriffen spielen. Wer entwickelt heute zum Beispiel einen richtigen deutlichen Begriff von dem, was Vorstellung, was Wille ist? Sie können heute Definition nach Definition aus Psychologien und Pädagogiken nehmen über Vorstellung, über Wille: eine eigentliche Vorstellung über die Vorstellung, eine eigentliche Vorstellung vom Willen werden Ihnen diese Definitionen nicht geben können. Man hat eben vollständig versäumt – natürlich aus einer äußeren geschichtlichen Notwendigkeit heraus –, den einzelnen Menschen anzuschließen auch seelisch an das ganze Weltenall. Man war nicht imstande zu begreifen, wie das Seelische des Menschen in Zusammenhang steht mit dem ganzen Weltenall. Erst dann, wenn man den Zusammenhang des einzelnen Menschen mit dem ganzen Weltenall ins Auge fassen kann, ergibt sich ja eine Idee von der Wesenheit Mensch als solcher.

Sehen wir einmal auf das, was man gewöhnlich die Vorstellung nennt. Wir müssen ja Vorstellen, Fühlen und Wollen bei den Kindern entwickeln. Also wir müssen zunächst für uns einen deutlichen Begriff gewinnen von dem, was Vorstellung ist. Wer wirklich unbefangen das anschaut, was als Vorstellung im Menschen lebt, dem wird wohl sogleich der Bildcharakter der Vorstellung auffallen: Vorstellung hat einen Bildcharakter. Und wer einen Seins-Charakter in der Vorstellung sucht, wer eine wirkliche Existenz in der Vorstellung sucht, der gibt sich einer großen Illusion hin. Was sollte für uns aber auch Vorstellung sein, wenn sie ein Sein wäre? Wir haben zweifellos auch Seins-Elemente in uns. Nehmen Sie nur unsere leiblichen Seins-Elemente, nehmen Sie nur das, was ich jetzt sage, ganz grob: zum Beispiel Ihre Augen, die Seins-Elemente sind, Ihre Nase, die ein Seins-Element ist, oder auch Ihren Magen, der ein Seins-Element ist. Sie werden sich sagen, in diesen Seins-Elementen leben Sie zwar, aber Sie können mit ihnen nicht vorstellen. Sie fließen mit Ihrem eigenen Wesen in die Seins-Elemente aus, Sie identifizieren sich mit den Seins-Elementen. Gerade das ergibt die Möglichkeit, daß wir mit den Vorstellungen etwas ergreifen, etwas erfassen können, daß sie Bildcharakter haben, daß sie nicht so mit uns zusammenfließen, daß wir in ihnen sind. Sie sind also eigentlich nicht, sie sind bloße Bilder. Es ist der große Fehler gerade im Ausgange der letzten Entwickelungsepoche der Menschheit in den letzten Jahrhunderten gemacht worden, das Sein mit dem Denken als solchem zu identifizieren. «Cogito, ergo sum» ist der größte Irrtum, der an die Spitze der neueren Weltanschauung gestellt worden ist; denn in dem ganzen Umfange des «cogito» liegt nicht das «sum», sondern das «non sum». Das heißt, soweit meine Erkenntnis reicht, bin ich nicht, sondern ist nur Bild.

Nun müssen Sie, wenn Sie den Bildcharakter des Vorstellens ins Auge fassen, ihn vor allem qualitativ ins Auge fassen. Sie müssen auf die Beweglichkeit des Vorstellens sehen, müssen sich gewissermaßen einen nicht ganz zutreffenden Begriff vom Tätigsein machen, was ja anklingen würde an das Sein. Aber wir müssen uns vorstellen, daß wir auch im gedanklichen Tätigsein nur eine bildhafte Tätigkeit haben. Also alles, was auch nur Bewegung ist im Vorstellen, ist Bewegung von Bildern. Aber Bilder müssen Bilder von etwas sein, können nicht Bilder bloß an sich sein. Wenn Sie reflektieren auf den Vergleich mit den Spiegelbildern, so können Sie sich sagen: Aus dem Spiegel heraus erscheinen zwar die Spiegelbilder, aber alles, was in den Spiegelbildern liegt, ist nicht hinter dem Spiegel, sondern ganz unabhängig von ihm irgend woanders vorhanden, und es ist für den Spiegel ziemlich gleichgültig, was sich in ihm spiegelt; es kann sich alles mögliche in ihm spiegeln. – Wenn wir genau in diesem Sinne von der vorstellenden Tätigkeit wissen, daß sie bildhaft ist, so handelt es sich darum, zu fragen: Wovon ist das Vorstellen Bild? Darüber gibt natürlich keine äußere Wissenschaft Auskunft; darüber kann nur anthroposophisch orientierte Wissenschaft Auskunft geben. Vorstellen ist Bild von all den Erlebnissen, die vorgeburtlich beziehungsweise vor der Empfängnis von uns erlebt sind. Sie kommen nicht anders zu einem wirklichen Begreifen des Vorstellens, als wenn Sie sich darüber klar sind, daß Sie ein Leben vor der Geburt, vor der Empfängnis durchlebt haben. Und so wie die gewöhnlichen Spiegelbilder räumlich als Spiegelbilder

entstehen, so spiegelt sich Ihr Leben zwischen Tod und neuer Geburt in dem jetzigen Leben drinnen, und diese Spiegelung ist das Vorstellen. Also Sie müssen sich geradezu vorstellen – wenn Sie es sich bildhaft vorstellen –, Ihren Lebensgang verlaufend zwischen den beiden horizontalen Linien, begrenzt rechts und links durch Geburt und Tod. Sie müssen sich dann weiter vorstellen, daß fortwährend von jenseits der Geburt das Vorstellen hereinspielt und durch die menschliche Wesenheit selber zurückgeworfen wird. Und auf diese Weise, indem die Tätigkeit, die Sie vor der Geburt beziehungsweise der Empfängnis ausgeführt haben in der geistigen Welt, zurückgeworfen wird durch Ihre Leiblichkeit, dadurch erfahren Sie das Vorstellen. Für wirklich Erkennende ist einfach das Vorstellen selbst ein Beweis des vorgeburtlichen Daseins, weil es Bild dieses vorgeburtlichen Daseins ist.

Ich wollte dies zunächst als Idee hinstellen – wir kommen auf die eigentlichen Erläuterungen der Dinge noch zurück –, um Sie darauf aufmerksam zu machen, daß wir auf diese Weise aus den bloßen Worterklärungen, die Sie in den Psychologien und Pädagogiken finden, herauskommen und daß wir zu einem wirklichen Ergreifen dessen, was vorstellende Tätigkeit ist, kommen, indem wir wissen lernen, daß wir im Vorstellen die Tätigkeit gespiegelt haben, die vor der Geburt oder Empfängnis von der Seele in der rein geistigen Welt ausgeübt worden ist. Alles übrige Definieren des Vorstellens nützt gar nichts, weil man keine wirkliche Idee von dem bekommt, was das Vorstellen in uns ist.

Nun wollen wir uns in derselben Art nach dem Willen fragen. Der Wille ist eigentlich für das gewöhnliche Bewußtsein etwas außerordentlich Rätselhaftes; er ist eine Crux der Psychologen, einfach aus dem Grunde, weil dem Psychologen der Wille entgegentritt als etwas sehr Reales, aber im Grunde genommen doch keinen rechten Inhalt hat. Denn wenn Sie bei den Psychologen nachsehen, welchen Inhalt sie dem Willen verleihen, dann werden Sie immer finden: solcher Inhalt rührt vom Vorstellen her. Für sich selber hat der Wille zunächst einen eigentlichen Inhalt nicht. Nun ist es wiederum so, daß keine Definitionen da sind für den Willen; diese Definitionen sind beim Willen um so schwieriger, weil er keinen rechten Inhalt hat. Was ist er aber eigentlich? Er ist nichts anderes, als schon der Keim in uns für das, was nach dem Tode in uns geistig-seelische Realität sein wird. Also wenn Sie sich vorstellen, was nach dem Tode geistig-seelische Realität von uns wird, und wenn Sie es sich keimhaft in uns vorstellen, dann bekommen Sie den Willen. In unserer Zeichnung endet der Lebenslauf auf der Seite des Todes, und der Wille geht darüber hinaus.

Wir haben uns also vorzustellen: Vorstellung auf der einen Seite, die wir als Bild aufzufassen haben vom vorgeburtlichen Leben; Willen auf der anderen Seite, den wir als Keim aufzufassen haben für späteres. Ich bitte, den Unterschied zwischen Keim und Bild recht ins Auge zu fassen. Denn ein Keim ist etwas Überreales, ein Bild ist etwas Unterreales; ein Keim wird später erst zu einem Realen, trägt also der Anlage nach das spätere Reale in sich, so daß der Wille in der Tat sehr geistiger Natur ist. Das hat *Schopenhauer* geahnt; aber er konnte natürlich nicht bis zu der Erkenntnis vordringen, daß der Wille der Keim des Geistig-Seelischen ist, wie dieses Geistig-Seelische sich nach dem Tode in der geistigen Welt entfaltet.

Nun haben Sie in einer gewissen Weise das menschliche Seelenleben in zwei Gebiete zerteilt: in das bildhafte Vorstellen und in den keimhaften Willen; und zwischen Bild und Keim liegt eine Grenze. Diese Grenze ist das ganze Ausleben des physischen Menschen selbst, der das Vorgeburtliche zurückwirft, dadurch die Bilder der Vorstellung erzeugt, und der den Willen nicht sich ausleben läßt und dadurch ihn fortwährend als Keim erhält, bloß Keim sein läßt. Durch welche Kräfte, so müssen wir fragen, geschieht denn das eigentlich?

Wir müssen uns klar sein, daß im Menschen gewisse Kräfte vorhanden sein müssen, durch welche die Zurückwerfung der vorgeburtlichen Realität und das Im-Keime-Behalten der nachtodlichen Realität bewirkt wird; und hier kommen wir auf die wichtigsten psychologischen Begriffe von den Tatsachen, die Spiegelung desjenigen sind, was Sie aus dem Buche «Theosophie» schon kennen: Spiegelungen von Antipathie und Sympathie. Wir werden – und jetzt knüpfen wir an das im ersten Vortrage Gesagte an –, weil wir nicht mehr in der geistigen

Welt bleiben können, heruntervorsetzt in die physische Welt. Wir entwickeln, indem wir in diese heruntervorsetzt werden, gegen alles, was geistig ist, Antipathie, so daß wir die geistige vorgeburtliche Realität zurückstrahlen in einer uns unbewußten Antipathie. Wir tragen die Kraft der Antipathie in uns und verwandeln durch sie das vorgeburtliche Element in ein bloßes Vorstellungsbild. Und mit demjenigen, was als Willensrealität nach dem Tode hinausstrahlt zu unserem Dasein, verbinden wir uns in Sympathie. Dieser zwei, der Sympathie und der Antipathie, werden wir uns nicht unmittelbar bewußt, aber sie leben in uns unbewußt und sie bedeuten unser Fühlen, das fortwährend aus einem Rhythmus, aus einem Wechselspiel zwischen Sympathie und Antipathie sich zusammensetzt.

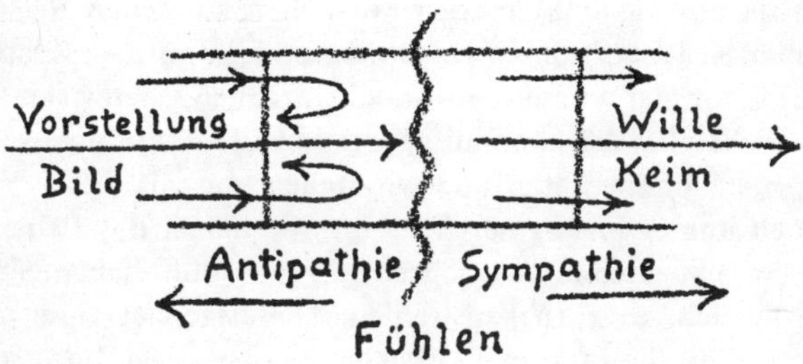

Wir entwickeln in uns die Gefühlswelt, die ein fortwährendes Wechselspiel – Systole, Diastole – zwischen Sympathie und Antipathie ist. Dieses Wechselspiel ist fortwährend in uns. Die Antipathie, die nach der einen Seite geht, verwandelt fortwährend unser Seelenleben in ein vorstellendes; die Sympathie, die nach der anderen Seite geht, verwandelt uns das Seelenleben in das, was wir als unseren Tatwillen kennen, in das Keimhafthalten dessen, was nach dem Tode geistige Realität ist. Hier kommen Sie zum realen Verstehen des geistig-seelischen Lebens: wir schaffen den Keim des seelischen Lebens als einen Rhythmus von Sympathie und Antipathie.

Was strahlen Sie nun in der Antipathie zurück? Sie strahlen das ganze Leben, das Sie durchlebt, die ganze Welt, die Sie vor der Geburt beziehungsweise vor der Empfängnis durchlebt haben, zurück. Das hat im wesentlichen einen erkennenden Charakter. Also Ihre Erkenntnis verdanken Sie eigentlich dem Hereinschauen, dem Hereinstrahlen Ihres vorgeburtlichen Lebens. Und dieses Erkennen, das in weit höherem Maße vorhanden ist, als Realität vorhanden ist vor der Geburt oder der Empfängnis, wird abgeschwächt zum Bilde durch die Antipathie. Daher können wir sagen: Dieses Erkennen begegnet der Antipathie und wird dadurch abgeschwächt zum Vorstellungsbild.

Wenn die Antipathie nun genügend stark wird, dann tritt etwas ganz Besonderes ein. Denn wir könnten auch im gewöhnlichen Leben nach der Geburt nicht vorstellen, wenn wir es nicht doch auch mit derselben Kraft in gewissem Sinn täten, die uns geblieben ist aus der Zeit vor der Geburt. Wenn Sie heute als physische Menschen vorstellen, so stellen Sie nicht mit einer Kraft vor, die in Ihnen ist, sondern mit der Kraft aus der Zeit vor der Geburt, die noch in Ihnen nachwirkt. Man meint vielleicht, die habe aufgehört mit der Empfängnis, aber sie ist noch immer tätig, und wir stellen vor mit dieser Kraft, die noch immer in uns hereinstrahlt. Sie haben das Lebendige vom Vorgeburtlichen fortwährend in sich, nur haben Sie die Kraft in sich, es zurückzustrahlen. Die begegnet Ihrer Antipathie. Wenn Sie nun jetzt vorstellen, so begegnet jedes solche Vorstellen der Antipathie, und wird die Antipathie genügend stark, so entsteht das Erinnerungsbild, das Gedächtnis, so daß das Gedächtnis nichts anderes ist als ein Ergebnis der in uns waltenden Antipathie. Hier haben Sie den Zusammenhang zwischen dem rein Gefühlsmäßigen noch der Antipathie, die unbestimmt noch zurückstrahlt, und dem bestimmten Zurückstrahlen, dem Zurückstrahlen der jetzt noch bildhaft ausgeübten Wahrnehmungstätigkeit im Gedächtnis. Das Gedächtnis ist nur gesteigerte Antipathie. Sie könnten kein Gedächtnis haben, wenn Sie zu Ihren Vorstellungen so große Sympathie hätten, daß Sie sie «verschlucken» würden; Sie haben Gedächtnis nur dadurch, daß Sie eine Art Ekel haben vor den Vorstellungen, sie zurückwerfen – und dadurch sie präsent machen. Das ist ihre Realität.

Wenn Sie diese ganze Prozedur durchgemacht haben, wenn Sie bildhaft vorgestellt haben, dies zurückgeworfen haben im Gedächtnis und das Bildhafte festhalten, dann entsteht der Begriff. Auf diese Weise haben Sie die eine Seite der Seelentätigkeit, die Antipathie, die zusammenhängt mit unserem vorgeburtlichen Leben.

Jetzt nehmen wir die andere Seite, die des Wollens, was Keimhaftes, Nachtodliches in uns ist. Das Wollen lebt in uns, weil wir mit ihm Sympathie haben, weil wir mit diesem Keim, der nach dem Tode sich erst entwickelt, Sympathie haben. Ebenso wie das Vorstellen auf Antipathie beruht, so beruht das Wollen auf Sympathie. Wird nun die Sympathie genügend stark – wie es bei der Vorstellung war, die durch Antipathie zum Gedächtnis wird –, dann entsteht aus Sympathie die Phantasie. Genau ebenso wie aus der Antipathie das Gedächtnis entsteht, so entsteht aus Sympathie die Phantasie. Und bekommen Sie die Phantasie genügend stark, was beim gewöhnlichen Leben nur unbewußt geschieht, wird sie so stark, daß sie wieder Ihren ganzen Menschen durchdringt bis in die Sinne, dann bekommen Sie die gewöhnlichen Imaginationen, durch die Sie die äußeren Dinge vorstellen. Wie der Begriff aus dem Gedächtnis, so geht aus der Phantasie die Imagination hervor, welche die sinnlichen Anschauungen liefert. Die gehen aus dem Willen hervor.

Es ist der große Irrtum, dem sich die Menschen hingeben, daß sie fortwährend in der Psychologie erzählen: Wir schauen die Dinge an, dann abstrahieren wir und bekommen so die Vorstellung. Das ist nicht der Fall. Daß wir zum Beispiel die Kreide weiß empfinden, das ist hervorgegangen aus der Anwendung des Willens, der über die Sympathie und Phantasie zur Imagination wird. Wenn wir uns dagegen einen Begriff bilden, so hat dieser einen ganz anderen Ursprung, denn der Begriff geht aus dem Gedächtnis hervor.

Damit habe ich Ihnen das Seelische geschildert. Sie können unmöglich das Menschenwesen erfassen, wenn Sie nicht den Unterschied ergreifen zwischen dem sympathischen und antipathischen Element im Menschen. Diese, das sympathische und das antipathische Element, kommen zum Ausdruck an sich – wie ich es geschildert habe – in der Seelenwelt nach dem Tode. Dort herrscht unverhüllt Sympathie und Antipathie.

Ich habe Ihnen den seelischen Menschen geschildert. Der ist verbunden auf dem physischen Plan mit dem leiblichen Menschen. Alles Seelische drückt sich aus, offenbart sich im Leiblichen, so daß sich auf der einen Seite alles das im Leiblichen offenbart, was sich ausdrückt in Antipathie, Gedächtnis und Begriff. Das ist gebunden an die Leibesorganisation der Nerven. Indem die Nervenorganisationen gebildet werden im Leibe, wirkt darin für den menschlichen Leib alles Vorgeburtlichc. Das seelisch Vorgeburtliche wirkt durch Antipathie, Gedächtnis und Begriff herein in den menschlichen Leih und schafft sich die Nerven. Das ist der richtige Begriff der Nerven. Alles Reden von einer Unteischeidung der Nerven in sensitive und motorische ist, wie ich Ihnen schon öfter auseinandergesetzt habe, nur ein Unsinn.

			Blut
Erkennen	↓	Wollen	↑
Antipathie		Sympathie	
Gedächtnis		Phantasie	
Begriff		Imagination	
	Nerv		

Und ebenso wirkt Wollen, Sympathie, Phantasie und Imagination in gewisser Beziehung wieder aus dem Menschen heraus. Das ist an das Keimhafte gebunden, das muß im Keimhaften bleiben, darf daher eigentlich nie zu einem wirklichen Abschluß kommen, sondern muß im Entstehen schon wieder vergehen. Es muß im Keime bleiben, es darf der Keim in der Entwickelung nicht zu weit gehen; daher muß es im Entstehen vergehen. Hier kommen wir zu etwas sehr Wichtigem im Menschen. Sie müssen den ganzen Menschen verstehen lernen: geistig, seelisch und leiblich. Nun wird im Menschen fortwährend etwas gebildet, das immer die Tendenz hat, geistig zu werden. Aber weil man es in großer Liebe, allerdings in egoistischer Liebe, im

Leibe festhalten will, kann es nie geistig werden; es zerrinnt in seiner Leiblichkeit. Wir haben etwas in uns, was materiell ist, aber aus dem materiellen Zustand fortwährend in einen geistigen Zustand übergehen will. Wir lassen es nicht geistig werden; daher vernichten wir es in dem Moment, wo es geistig werden will. Es ist das Blut – das Gegenteil der Nerven.

Das Blut ist wirklich ein «ganz besonderer Saft». Denn es ist derjenige Saft, welcher, wenn wir ihn aus dem menschlichen Leibe entfernen könnten – was innerhalb der irdischen Bedingungen nicht geht –, so daß er noch Blut bliebe und durch die anderen physischen Agenzien nicht vernichtet würde, dann als Geist aufwirbeln würde. Damit nicht das Blut als Geist aufwirbele, damit wir es so lange, als wir auf der Erde sind, bis zum Tode in uns behalten können, deshalb muß es vernichtet werden. Daher haben wir immerwährend in uns: Bildung des Blutes – Vernichtung des Blutes, Bildung des Blutes – Vernichtung des Blutes und so weiter durch Einatmung und Ausatmung.

Wir haben einen polarischen Prozeß in uns. Wir haben diejenigen Prozesse in uns, die längs des Blutes, der Blutbahnen laufen, die fortwährend die Tendenz haben, unser Dasein ins Geistige hinauszuleiten. Von motorischen Nerven so zu reden, wie dies üblich geworden ist, ist ein Unsinn, weil die motorischen Nerven eigentlich die Blutbahnen wären. Im Gegensatz zum Blut sind alle Nerven so veranlagt, daß sie fortwährend im Absterben, im Materiellwerden begriffen sind. Was längs der Nervenbahnen liegt, das ist eigentlich ausgeschiedene Materie; der Nerv ist eigentlich abgesonderte Materie. Das Blut will immer geistiger werden, der Nerv immer materieller; darin besteht der polarische Gegensatz.

Wir werden in den späteren Vorträgen diese hiermit gegebenen Grundprinzipien weiter verfolgen und werden sehen, wie ihre Verfolgung uns wirklich das geben kann, was uns auch in bezug auf die hygienische Gestaltung des Unterrichtes dienlich sein wird, damit wir das Kind zur seelischen und leiblichen Gesundheit heranerziehen und nicht zur geistigen und seelischen Dekadenz. Es wird deshalb so viel mißerzogen, weil so vieles nicht erkannt wird. So sehr die Physiologie glaubt, etwas zu haben, indem sie von sensitiven und motorischen Nerven spricht, so hat sie darin doch nur ein Spiel mit Worten. Von motorischen Nerven wird gesprochen, weil die Tatsache besteht, daß der Mensch nicht gehen kann, wenn gewisse Nerven beschädigt sind, zum Beispiel die, welche nach den Beinen gehen. Man sagt, er könne das nicht, weil er die Nerven gelähmt hat, die als «motorische» die Beine in Bewegung setzen. In Wahrheit ist es so, daß man in einem solchen Fall nicht gehen kann, weil man die eigenen Beine nicht wahrnehmen kann. Dieses Zeitalter, in dem wir leben, hat sich eben notwendigerweise in eine Summe von Irrtümern verstricken müssen, damit wir wieder die Möglichkeit haben, uns aus diesen Irrtümern herauszuwinden, selbständig als Menschen zu werden.

Nun merken Sie schon an dem, was ich jetzt hier entwickelt habe, daß eigentlich das Menschenwesen nur begriffen werden kann im Zusammenhange mit dem Kosmischen. Denn indem wir vorstellen, haben wir das Kosmische in uns. Wir waren im Kosmischen, ehe wir geboren wurden, und unser damaliges Erleben spiegelt sich jetzt in uns; und wir werden wieder im Kosmischen sein, wenn wir die Todespforte durchschritten haben werden, und unser künftiges Leben drückt sich keimhaft aus in dem, was in unserem Willen waltet. Was in uns unbewußt waltet, das waltet sehr bewußt für das höhere Erkennen im Kosmos.

Wir haben allerdings selbst in der leiblichen Offenbarung einen dreifachen Ausdruck dieser Sympathie und Antipathie. Gewissermaßen drei Herde haben wir, wo Sympathie und Antipathie ineinanderspielen. Zunächst haben wir in unserem Kopf einen solchen Herd, im Zusammenwirken von Blut und Nerven, wodurch das Gedächtnis entsteht. Überall, wo die Nerventätigkeit unterbrochen ist, überall, wo ein Sprung ist, da ist ein solcher Herd, wo Sympathie und Antipathie ineinanderspielen. Ein weiterer solcher Sprung findet sich im Rückenmark, zum Beispiel wenn ein Nerv nach dem hinteren Stachel des Rückenwirbels hingeht, ein anderer Nerv von dem vorderen Stachel ausgeht. Dann ist wieder ein solcher Sprung in den Ganglienhäufchen, die in die sympathischen Nerven eingebettet sind. Wir sind gar nicht so unkomplizierte Wesen, wie es scheinen mag. An drei Stellen unseres Organismus, im Kopf, in der Brust und im Unterleib spielt das hinein, da sind Grenzen, an denen Antipathie und Sympathie sich begegnen. Es ist mit Wahrnehmen und Wollen nicht so, daß sich etwas umleitet von einem sensitiven Nerven zu einem motorischen, sondern ein gerader Strom springt über von einem Nerven auf den anderen, und dadurch wird in uns das Seelische berührt: in Gehirn und Rükkenmark. An diesen Stellen, wo die Nerven unterbrochen sind, sind wir eingeschaltet mit unserer Sympathie und Antipathie in das Leibliche; und dann sind wir wieder eingeschaltet, wo die Ganglienhäufchen sich entwickeln im sympathischen Nervensystem.

Wir sind mit unserem Erleben in den Kosmos eingeschaltet. Ebenso wie wir Tätigkeiten entwickeln, die im Kosmos weiter zu verfolgen sind, so entwickelt wieder mit uns der Kosmos fortwährend Tätigkeiten, denn er entwickelt fortwährend die Tätigkeit von Antipathie und Sympathie. Wenn wir uns als Menschen betrachten, so sind wir wieder selbst ein Ergebnis von Sympathien und Antipathien des Kosmos. Wir entwickeln Antipathie von uns aus: der Kosmos entwickelt mit uns Antipathie; wir entwickeln Sympathie: der Kosmos entwickelt mit uns Sympathie.

Nun sind wir ja als Menschen, indem wir uns äußerlich offenbaren, deutlich gegliedert in das Kopfsystem, in das Brustsystem und in das eigentliche Leibessystem mit den Gliedmaßen. Nun bitte ich aber zu berücksichtigen, daß diese Einteilung in gegliederte Systeme sehr leicht angefochten werden kann, weil die Menschen, wenn sie heute systematisieren, die einzelnen Glieder hübsch nebeneinander haben wollen. Wenn man also sagt: Man unterscheidet am Menschen ein Kopfsystem, ein Brustsystem und ein Unterleibssystem mit den Gliedmaßen, dann muß nach Ansicht der Menschen jedes System eine strenge Grenze haben. Die Menschen wollen Linien ziehen, wenn sie einteilen, und das kann man nicht, wenn man von Realitäten spricht. Wir sind im Kopf hauptsächlich

Kopf, aber der ganze Mensch ist Kopf, nur ist das andere nicht hauptsächlich Kopf. Denn wie wir im Kopfe die eigentlichen Sinneswerkzeuge haben, so haben wir über den ganzen Leib ausgebildet zum Beispiel den Tastsinn und den Wärmesinn; indem wir daher Wärme empfinden, sind wir ganz Kopf. Wir sind nur im Kopfe hauptsächlich Kopf, sonst sind wir «nebenbei» Kopf. So gehen also die Teile ineinander, und wir haben es nicht so bequem mit den Gliedern, wie es die Pedanten haben möchten. Der Kopf setzt sich also fort; er ist nur im Kopfe besonders ausgebildet. Ebenso ist es mit der Brust. Brust ist die eigentliche Brust, aber nur hauptsächlich, denn der ganze Mensch ist wiederum Brust. Also auch der Kopf ist etwas Brust und auch der Unterleib mit den Gliedmaßen. Die Glieder gehen also ineinander über. Und ebenso ist es mit dem Unterleib. Daß der Kopf Unterleib ist, haben einige Physiologen bemerkt, denn die sehr feine Ausbildung des Kopf-Nervensystems liegt eigentlich nicht in dem, was unser Stolz ist, im Gehirn, in der äußeren Hirnrinde, sondern die liegt unter der äußeren Hirnrinde. Ja, der kunstvollere Bau, die äußere Hirnrinde, ist gewissermaßen schon eine Rückbildung; da ist der komplizierte Bau schon in Rückbildung begriffen; es ist vielmehr schon ein Ernährungssystem im Gehirnmantel vorliegend. So daß der Mensch, wenn man das so vergleichsweise ausdrücken will, sich auf seinen Gehirnmantel gar nichts Besonderes einzubilden braucht; der ist ein Zurückgehen des komplizierteren Gehirns in ein mehr ernährendes Gehirn. Wir haben den Gehirnmantel mit dazu, daß die Nerven, die mit dem Erkennen zusammenhängen, ordentlich mit Nahrung versorgt werden. Und daß wir das über das tierische Gehirn hinausgehende bessere Gehirn haben, das ist nur aus dem Grunde, weil wir die Gehirnnerven besser ernähren. Nur dadurch haben wir die Möglichkeit, unser höheres Erkennen zu entfalten, daß wir die Gehirnnerven besser ernähren, als die Tiere es können. Aber mit dem eigentlichen Erkennen hat das Gehirn und das Nervensystem überhaupt nichts zu tun, sondern nur mit dem Ausdruck des Erkennens im physischen Organismus.

Nun fragt es sich: Warum haben wir den Gegensatz zwischen

Kopfsystem – lassen wir zunächst das mittlere System unberücksichtigt – und dem polarischen Gliedmaßensystem mit dem Unterleibssystem? Wir haben ihn, weil das Kopfsystem in einem bestimmten Zeitpunkte «ausgeatmet» wird durch den Kosmos. Der Mensch hat durch die Antipathie des Kosmos seine Hauptesbildung. Wenn dem Kosmos sozusagen gegenüber dem, was der Mensch in sich trägt, so stark «ekelt», daß er es ausstößt, so entsteht dieses Abbild. Im Kopfe trägt wirklich der Mensch das Abbild des Kosmos in sich. Das rund geformte menschliche Haupt ist ein solches Abbild. Durch eine Antipathie des Kosmos schafft der Kosmos ein Abbild von sich außerhalb seiner. Das ist unser Haupt. Wir können uns unseres Hauptes als eines Organs zu unserer Freiheit deshalb bedienen, weil der Kosmos dieses Haupt zuerst von sich ausgestoßen hat. Wir betrachten das Haupt nicht richtig, wenn wir es etwa in demselben Sinne intensiv eingegliedert denken in den Kosmos wie unser Gliedmaßensystem, mit dem die Sexualsphäre ja zusammengehört. Unser Gliedmaßensystem ist in den Kosmos eingegliedert, und der Kosmos zieht es an, hat mit ihm Sympathie, wie er dem Haupt gegenüber Antipathie hat. Im Haupte begegnet unsere Antipathie der Antipathie des Kosmos, die stoßen dort zusammen. Da, in dem Aufeinanderprallen unserer Antipathien mit denen des Kosmos, entstehen unsere Wahrnehmungen. Alles Innenleben, das auf der anderen Seite des Menschen entsteht, rührt her von dem liebevollen sympathischen Umschlingen unseres Gliedmaßensystems durch den Kosmos.

So drückt sich in der menschlichen Leibesgestalt aus, wie der Mensch auch seelisch aus dem Kosmos heraus gebildet ist und was er in seiner Trennung wiederum aufnimmt aus dem Kosmos heraus. Sie werden daher auf Grundlage solcher Betrachtungen leichter einsehen, daß ein großer Unterschied ist zwischen der Willensbildung und der Vorstellungsbildung. Wirken Sie besonders auf die Vorstellungsbildung, wirken Sie einseitig auf die Vorstellungsbildung, so weisen Sie eigentlich den ganzen Menschen auf das Vorgeburtliche zurück, und Sie werden ihm schaden, wenn Sie ihn rationalistisch erziehen, weil

Sie dann seinen Willen einspannen in das, was er eigentlich schon absolviert hat: in das Vorgeburtliche. Sie dürfen nicht zuviel abstrakte Begriffe in das einmischen, was Sie in der Erziehung an das Kind heranbringen. Sie müssen mehr Bilder darin einmischen. Warum? Das können Sie an unserer Zusammenstellung ablesen. Bilder sind Imaginationen, gehen durch die Phantasie und Sympathie. Begriffe, abstrakte Begriffe, sind Abstraktionen, gehen durch das Gedächtnis und durch die Antipathie, kommen vom vorgeburtlichen Leben. Wenn Sie also beim Kinde viele Abstraktionen anwenden, werden Sie fördern, daß das Kind sich besonders intensiv verlegen muß auf den Prozeß des Kohlensäurewerdens, Kohlensäurebildens im Blute, auf den Prozeß der Leibesverhärtung, des Absterbens. Wenn Sie dem Kinde möglichst viele Imaginationen beibringen, wenn Sie es möglichst so ausbilden, daß Sie in Bildern zu ihm sprechen, dann legen Sie in das Kind den Keim zum fortwährenden Sauerstoffbewahren, zum fortwährenden Werden, weil Sie es auf die Zukunft, auf das Nachtodliche hinweisen. Wir nehmen gewissermaßen, indem wir erziehen, die Tätigkeiten, die vor der Geburt mit uns Menschen ausgeübt werden, wieder auf. Wir müssen uns heute gestehen: Vorstellen ist eine Bildtätigkeit, die herrührt von dem, was wir vor der Geburt oder Empfängnis erlebt haben. Da ist mit uns von den geistigen Mächten so verfahren worden, daß Bildtätigkeit in uns gelegt wurde, die in uns nachwirkt noch nach der Geburt. Indem wir den Kindern Bilder überliefern, fangen wir im Erziehen damit an, diese kosmische Tätigkeit wieder aufzunehmen. Wir verpflanzen in sie Bilder, die zu Keimen werden können, weil wir sie hineinlegen in eine Leibestätigkeit. Wir müssen daher, indem wir uns als Pädagogen die Fähigkeit aneignen, in Bildern zu wirken, das fortwährende Gefühl haben: du wirkst auf den ganzen Menschen, eine Resonanz des ganzen Menschen ist da, wenn du in Bildern wirkst.

Dieses in das eigene Gefühl aufnehmen, daß man in aller Erziehung eine Art Fortsetzung der vorgeburtlichen übersinnlichen Tätigkeit bewirkt, dies gibt allem Erziehen die nötige Weihe, und ohne diese Weihe kann man überhaupt nicht erziehen.

So haben wir uns zwei Begriffssysteme angeeignet: Erkennen, Antipathie, Gedächtnis, Begriff – Wollen, Sympathie, Phantasie, Imagination; zwei Systeme, die uns dann im speziellen Anwenden für alles dienen können, was wir praktisch auszuüben haben in unserer pädagogischen Tätigkeit. Davon wollen wir dann morgen weitersprechen.

DRITTER VORTRAG

Der gegenwärtige Lehrer müßte im Hintergrunde von allem, was er schulmäßig unternimmt, eine umfassende Anschauung über die Gesetze des Weltenalls haben. Es ist ja selbstverständlich, daß gerade der Unterricht in den unteren Klassen, in den unteren Stufen der Schule, einen Zusammenhang der Seele des Lehrenden mit den höchsten Ideen der Menschheit fordert. Ein Krebsschaden der bisherigen Schulkonstitution besteht wohl darin, daß man den Lehrer der unteren Schulstufen in einer gewissen, ich möchte sagen, Abhängigkeit gehalten hat, namentlich daß man ihn in einer Sphäre gehalten hat, wodurch seine Existenz minderwertiger schien als die Existenz der Lehrer der höheren Schulstufen. Es obliegt mir hier natürlich nicht, über diese allgemeine Frage des geistigen Gliedes des sozialen Organismus zu sprechen. Aber darauf muß doch aufmerksam gemacht werden, daß in der Zukunft alles, was zur Lehrerschaft gehört, einander ebenbürtig sein muß, und daß man ein starkes Gefühl in der Öffentlichkeit dafür wird haben müssen, daß der Lehrer der unteren Schulstufen durchaus gleichwertig ist, auch in bezug auf seine geistige Konstitution, dem Lehrer höherer Schulstufen. Daher wird es Sie nicht verwundern, wenn wir heute gerade darauf hinweisen, wie im Hintergrunde alles Unterrichtens – auch auf den untersten Schulstufen – dasjenige stehen muß, was man natürlich unmittelbar den Kindern gegenüber nicht verwenden kann, was man aber als Lehrer unbedingt wissen muß, denn sonst würde der Unterricht nicht ersprießlich sein können.

Wir bringen im Unterricht an das Kind heran auf der einen Seite die Naturwelt, auf der anderen Seite die geistige Welt. Wir sind als Menschen durchaus auf der einen Seite verwandt der Naturwelt, auf der anderen Seite verwandt der geistigen Welt, insofern wir eben Menschen hier auf der Erde, auf dem physischen Plane sind und unser Dasein zwischen Geburt und Tod vollenden.

Nun ist eben die Psychologie-Erkenntnis durchaus etwas, was in unserer Zeit außerordentlich schwach ausgebildet ist.

Namentlich leidet die psychologische Erkenntnis unter der Nachwirkung jener kirchlichen dogmatischen Feststellung, die im Jahre 869 gefallen ist und in der eine ältere, auf einer instinktiven Erkenntnis beruhende Einsicht verdunkelt worden ist: die Einsicht, daß der Mensch gegliedert ist in Leib, Seele und Geist. Sie können ja fast überall, wo Sie heute von Psychologie reden hören, von einer bloßen Zweigliederung des Menschenwesens reden hören. Sie können davon reden hören, der Mensch bestehe aus Leib und Seele oder aus Körper und Geist, wie man es dann nennen will; man betrachtet dann Körper und Leib und ebenso auch Geist und Seele als ziemlich gleichbedeutend. Fast alle Psychologien sind auf diesem Irrtum der Zweigliederung des menschlichen Wesens aufgebaut. Man kann gar nicht zu einer wirklichen Einsicht in die menschliche Wesenheit kommen, wenn man sich nur dieser Zweigliederung als einem durchgreifend Gültigen zuwendet. Daher ist im Grunde genommen fast alles, was heute als Psychologie auftaucht, durchaus dilettantisch, manchmal auch nur ein Spiel mit Worten.

Das aber beruht ja im allgemeinen auf jenem großen Irrtum, der erst in der zweiten Hälfte des 19. Jahrhunderts so groß geworden ist, weil mißkannt worden ist eine eigentlich große Errungenschaft, welche die physikalische Wissenschaft zu verzeichnen hatte. Sie wissen ja, daß die braven Heilbronner dem Manne inmitten ihrer Stadt ein Denkmal aufgerichtet haben, den sie zur Zeit seines Lebens ins Irrenhaus gesperrt haben: *Julius Robert Mayer*. Und Sie wissen, daß diese Persönlichkeit, auf die heute selbstverständlich die Heilbronner sehr stolz sind, verknüpft ist mit dem sogenannten Gesetz von der Erhaltung der Energie oder der Kraft. Dieses Gesetz besagt ja, daß die Summe aller im Weltenall vorhandenen Energien oder Kräfte eine konstante ist, daß sich diese Kräfte nur umwandeln, so daß etwa eine Kraft einmal als Wärme, ein andermal als mechanische Kraft erscheint und dergleichen. In diese Form kleidet man aber das Gesetz von Julius Robert Mayer nur dann, wenn man ihn gründlich mißversteht! Denn ihm war es zu tun um die Aufdeckung der Metamorphose der Kräfte, nicht aber um die Aufstellung eines so abstrakten Gesetzes, wie es das von der Erhaltung der Energie ist.

Was ist, in einem großen Zusammenhange angesehen, kulturgeschichtlich dieses Gesetz von der Erhaltung der Energie oder der Kraft? Es ist das große Hindernis, den Menschen überhaupt zu verstehen. Sobald man nämlich meint, daß niemals Kräfte wirklich neu gebildet werden, wird man nicht zu einer Erkenntnis des wahren Wesens des Menschen gelangen können. Denn dieses wahre Wesen des Menschen beruht gerade darin, daß fortwährend durch ihn neue Kräfte gebildet werden. Allerdings in dem Zusammenhange, in dem wir in der Welt leben, ist der Mensch das einzige Wesen, in welchem neue Kräfte und – wie wir später noch hören werden – sogar neue Stoffe gebildet werden. Aber da die heutige Weltanschauung überhaupt nicht solche Elemente in sich aufnehmen will, durch welche auch der Mensch voll erkannt werden kann, so kommt sie dann mit diesem Gesetz von der Erhaltung der Kraft, das ja in einem gewissen Sinne nicht stört, wenn man nur die anderen Reiche der Natur – das Mineralreich, das Pflanzenreich und das Tierreich – ins Auge faßt, das aber sofort alles von wirklicher Erkenntnis auslöscht, wenn man an den Menschen herankommen will.

Sie werden als Lehrer die Notwendigkeit haben, auf der einen Seite Ihren Schülern die Natur verständlich zu machen, auf der anderen Seite sie hinzuführen zu einer gewissen Auffassung des geistigen Lebens. Ohne mit der Natur bekannt zu sein, wenigstens in einem gewissen Grade, und ohne ein Verhältnis zum geistigen Leben zu haben, kann sich heute der Mensch auch nicht in das soziale Leben hineinstellen. Wenden wir daher zunächst einmal unseren Blick der äußeren Natur zu.

Die äußere Natur wendet sich an uns so, daß gegenübersteht dieser äußeren Natur auf der einen Seite unser Vorstellungs-, Gedankenleben, das, wie Sie wissen, bildhafter Natur ist, das eine Art Spiegelung des vorgeburtlichen Lebens ist, und daß auf der anderen Seite sich der Natur zuwendet alles dasjenige, was willensartiger Natur ist, was als Keim hinweist auf unser nachtodliches Leben. In dieser Weise sind wir immer auf die

Natur hingelenkt. Das scheint ja allerdings zunächst eine Hinordnung auf die Natur in zwei Gliedern zu sein, und sie hat auch hervorgerufen den Irrtum von der Zweigliederung des Menschen. Wir werden auf diese Sache noch zurückkommen.

Wenn wir der Natur so gegenüberstehen, daß wir ihr unsere Denkseite, unsere Vorstellungsseite zuwenden, dann fassen wir eigentlich von der Natur nur das auf, was in der Natur fortwährendes Sterben ist. Es ist dies ein außerordentlich gewichtiges Gesetz. Seien Sie sich ganz klar darüber: Wenn Sie noch so schöne Naturgesetze erfahren, die mit Hilfe des Verstandes, mit Hilfe der vorstellenden Kräfte gefunden sind, so beziehen sich diese Naturgesetze immer auf das, was in der Natur abstirbt.

Etwas ganz anderes als diese Naturgesetze, die sich auf das Tote beziehen, erfährt der lebendige Wille, der keimhaft vorhanden ist, wenn er sich auf die Natur richtet. Hier werden Sie, weil Sie ja wohl noch angefüllt sind mit mancherlei Vorstellungen, die aus der Gegenwart und den Irrtümern ihrer Wissenschaft entstammen, eine ziemliche Schwierigkeit Ihres Verständnisses finden. – Was uns zunächst in den Sinnen, ganz im Umfange der zwölf Sinne, in Beziehung bringt zur Außenwelt, das ist nicht erkenntnismäßiger, sondern willensmäßiger Natur. Dem Menschen der Gegenwart ist davon eigentlich die Einsicht ganz geschwunden. Daher betrachtet er es als etwas Kindliches, wenn er bei *Plato* liest, daß das Sehen eigentlich darauf beruhe, daß eine Art von Fangarmen aus den Augen ausgestreckt werde zu den Dingen hin. Diese Fangarme sind allerdings mit sinnlichen Mitteln nicht zu erkennen; aber daß Plato sich ihrer bewußt war, das beweist eben, daß er in die übersinnliche Welt eingedrungen war. Es ist in der Tat, indem wir die Dinge ansehen, nichts anderes als nur in feinerer Weise ein Vorgang vorhanden ähnlich demjenigen, der sich abspielt, wenn wir die Dinge angreifen. Wenn Sie zum Beispiel ein Stück Kreide anfassen, so ist dies ein physischer Vorgang ganz ähnlich dem geistigen Vorgange, der sich abspielt, indem Sie die Ätherkräfte aus Ihrem Auge senden, um den Gegenstand im

Sehen zu erfassen. Wenn die Menschen überhaupt in der Gegenwart beobachten könnten, so würden sie aus den Naturbeobachtungen diese Tatsachen entnehmen können. Wenn Sie sich zum Beispiel die nach auswärts gestellten Pferdeaugen ansehen, dann werden Sie das Gefühl bekommen, daß einfach durch die Stellung seiner Augen das Pferd zu seiner Umgebung in eine andere Lage versetzt ist als der Mensch. Was da zugrunde liegt, kann ich Ihnen am besten dadurch klar machen, daß ich folgendes hypothetisch aufstelle. Denken Sie sich, Ihre beiden Arme wären so gestaltet, daß Sie in die Unmöglichkeit versetzt wären, die Arme nach vorn zusammenzubringen, so daß sie sich niemals übergreifen könnten. Sie müßten eurythmisch immer bei A stehenbleiben, könnten nie zum O kommen, es würde durch eine Widerstandskraft Ihnen unmöglich gemacht, durch die Vorwärtsrichtung der Arme diese vorne zusammenzubringen. Das Pferd ist nun in bezug auf die übersinnlichen Fangarme seiner Augen in dieser Lage: es kann niemals den Fangarm des linken Auges berühren lassen von dem Fangarm des rechten Auges. Der Mensch ist durch seine Augenstellung eben in der Lage, fortwährend diese zwei übersinnlichen Fangarme seiner Augen miteinander sich berühren zu lassen. Darauf beruht die Empfindung – die übersinnlicher Natur ist – von dem Ich. Würden wir überhaupt niemals in die Lage kommen, rechts und links miteinander in Berührung zu bringen, oder würde die Berührung von rechts und links eine so geringe Bedeutung haben, wie es bei den Tieren der Fall ist, die niemals so ganz richtig die Vorderpfoten, sagen wir, zum Gebet oder zu irgendeinem ähnlichen Geistigen verwenden, dann würden wir auch nicht zu einer vergeistigten Empfindung unseres Selbstes gelangen.

Was für die Sinnesempfindungen am Auge und Ohr überall wichtig ist, das ist nicht so sehr das Passive; es ist das Aktive, das, was wir willentlich den Dingen entgegenbringen. Die neuere Philosophie hat ja manchmal Ahnungen gehabt von etwas Richtigem und hat dann allerlei Worte erfunden, die aber in der Regel beweisen, wie weit man von der Erfassung der Sache entfernt ist. So sind in den Lokalzeichen der Lotzeschen

Philosophie solche Ahnungen von Erkenntnis der Aktivität des Willens-Sinneslebens vorhanden. Aber unser Sinnesorganismus, der ja ganz deutlich in dem Tastsinn, Geschmackssinn, Geruchssinn sein Verbundensein mit dem Stoffwechsel zeigt, ist bis in die höheren Sinne mit dem Stoffwechsel verbunden, und der ist willensartiger Natur.

Daher können Sie sich sagen: Der Mensch steht, indem er der Natur gegenübersteht, durch sein Verstandesmäßiges der Natur gegenüber und faßt dadurch alles das von ihr auf, was in ihr tot ist und eignet sich von diesem Toten Gesetze an. Was aber in der Natur aus dem Schoße des Toten sich erhebt, um zur Zukunft der Welt zu werden, das faßt der Mensch auf durch seinen ihm so unbestimmt erscheinenden Willen, der sich bis in die Sinne hinein erstreckt.

Denken Sie sich, wie lebendig Ihnen Ihr Verhältnis zur Natur wird, wenn Sie das eben Gesagte ordentlich ins Auge fassen. Sie werden sich dann sagen: Wenn ich in die Natur hinausgehe, so glänzt mir entgegen Licht und Farbe; indem ich das Licht und seine Farben aufnehme, vereinige ich mit mir das von der Natur, was sie in die Zukunft hinübersendet, und indem ich dann in meine Stube zurückkehre und nachdenke über die Natur, Gesetze über sie ausspinne, da beschäftige ich mich mit dem, was in der Natur fortwährend stirbt. In der Natur ist fortwährendes Sterben und Werden miteinander verbunden. Daß wir das Sterben auffassen, rührt davon her, daß wir in uns tragen das Spiegelbild unseres vorgeburtlichen Lebens, die Verstandeswelt, die Denkwelt, wodurch wir das der Natur zugrunde liegende Tote ins Auge fassen können. Und daß wir dasjenige, was in der Zukunft von der Natur da sein wird, ins Auge fassen können, rührt davon her, daß wir nicht nur unseren Verstand, unser Denkleben der Natur entgegenstellen, sondern daß wir ihr dasjenige entgegenstellen können, was in uns selbst willensartiger Natur ist.

Wenn der Mensch nicht etwas, was fortwährend ihm bleibt, retten könnte aus seinem vorgeburtlichen Leben durch sein Erdenleben hindurch, wenn er nicht etwas retten könnte von dem, was zuletzt während seines vorgeburtlichen Lebens zum bloßen Gedankenleben geworden ist, dann würde er niemals zur Freiheit kommen können. Denn der Mensch würde verbunden sein mit dem Toten, und er würde in dem Augenblick, wo er das, was in ihm selbst mit der toten Natur verwandt ist, zur Freiheit aufrufen wollte, ein Sterbendes zur Freiheit aufrufen wollen. Er würde, wenn er desjenigen sich bedienen wollte, was ihn als Willenswesen mit der Natur verbindet, betäubt werden; denn in dem, was ihn als Willenswesen mit der Natur verbindet, ist alles noch keimhaft. Er würde ein Naturwesen sein, aber kein freies Wesen.

Über diesen zwei Elementen – der Erfassung des Toten durch den Verstand und der Erfassung des Lebendigen, des Werdenden durch den Willen – steht im Menschen etwas, was nur er, kein anderes irdisches Wesen, von der Geburt bis zum Tode in sich trägt: das ist das reine Denken, dasjenige Denken, das sich nicht auf die äußere Natur bezieht, sondern das sich nur auf dasjenige Übersinnliche bezieht, was im Menschen selber ist, was den Menschen zum autonomen Wesen macht, zu etwas, was noch über demjenigen ist, was im Untertoten und im Überlebendigen ist. Will man daher von der menschlichen Freiheit reden, so muß man auf dieses Autonome im Menschen sehen, auf das reine sinnlichkeitsfreie Denken, in dem immer auch der Wille lebt.

Wenn Sie aber von diesem Gesichtspunkte aus die Natur selbst betrachten, werden Sie sich sagen: Ich blicke hin auf die Natur, der Strom des Sterbens ist in mir und auch der Strom des Neuwerdens: sterben – wiederum geboren werden. Von diesem Zusammenhang versteht die neuere Wissenschaft sehr wenig; denn ihr ist die Natur gewissermaßen eine Einheit, und sie puddelt fortwährend durcheinander das Sterbende und das Werdende, so daß alles, was heute vielfach ausgesagt wird über die Natur und ihr Wesen, etwas ganz Konfuses ist, weil Sterben und Werden fortwährend durcheinandergemischt werden. Will man reinlich diese beiden Strömungen in der Natur auseinanderhalten, so muß man sich schon fragen: Wie stünde es denn mit der Natur, wenn der Mensch nicht in dieser Natur wäre?

Gegenüber dieser Frage ist im Grunde genommen die neuere Naturwissenschaft mit ihrer Philosophie in einer großen Verlegenheit. Denn denken Sie einmal, Sie stellten einem richtigen neueren Naturforscher die Frage: Was wäre es mit der Natur und ihrem Wesen, wenn der Mensch nicht darin wäre? Er würde natürlich zunächst etwas schockiert sein, weil ihm die Frage sonderbar vorkommen würde. Aber er würde sich dann besinnen, welche Unterlagen zur Beantwortung dieser Frage ihm seine Wissenschaft gibt und würde sagen: Dann wären auf der Erde Mineralien, Pflanzen und Tiere, nur der Mensch wäre nicht da, und der Erdenverlauf würde von dem Anfange an, wo die Erde noch im Kant-Laplaceschen Nebelzustande war, sich so vollzogen haben, daß alles so fortgegangen wäre, wie es gegangen ist; nur der Mensch wäre in diesem Fortgange nicht drinnen. – Eine andere Antwort könnte im Grunde genommen nicht herauskommen. Er könnte vielleicht noch hinzufügen: Der Mensch gräbt als Ackerbauer den Erdboden um und verändert so die Erdoberfläche, oder er konstruiert Maschinen und bringt dadurch Veränderungen hervor; aber das ist nicht so erheblich gegenüber den anderen Verwandlungen, welche durch die Natur selbst geschehen. Immer also würde der Naturforscher sagen: Es würden Mineralien, Pflanzen und Tiere sich entwickeln, ohne daß der Mensch dabei wäre.

Das ist nicht richtig. Wäre der Mensch nämlich nicht in der Erdenevolution vorhanden, dann wären die Tiere zum großen Teile nicht da; denn ein großer Teil, namentlich die höheren Tiere, ist nur dadurch in der Erdenevolution entstanden, daß der Mensch genötigt war – ich spreche jetzt natürlich bildlich –, seine Ellenbogen zu verwenden. Er mußte auf einer bestimmten Stufe seiner Erdenentwickelung aus seinem eigenen Wesen, in dem damals noch ganz anderes war, als jetzt in ihm ist, die höheren Tiere heraussondern, mußte sie abwerfen, damit er weiterkommen konnte. Ich möchte dies Abwerfen damit vergleichen, daß ich sage: Stellen Sie sich ein Gemisch vor, worin etwas aufgelöst ist, und stellen Sie sich vor, daß dann diese aufgelöste Substanz sich aussondert und zu Boden setzt. So war der Mensch in seinen früheren Entwickelungszuständen mit der Tierwelt zusammen und hat dann später die Tierwelt wie einen Bodensatz ausgeschieden. Die Tiere wären nicht in der Erdenentwickelung diese heutigen Tiere geworden, wenn der Mensch nicht hätte so werden sollen, wie er jetzt ist. Ohne den Menschen in der Erdenentwickelung würden also die Tierformen und die Erde ganz anders ausschauen, als es heute der Fall ist.

Aber gehen wir nun über zur mineralischen und pflanzlichen Welt. Da sollten wir uns darüber klar sein, daß nicht nur die niederen Tierformen, sondern auch die pflanzliche und die mineralische Welt längst erstarrt wären, nicht mehr im Werden wären, wenn der Mensch nicht auf der Erde wäre. Wiederum ist es notwendig für die heutige, auf einer einseitigen Naturanschauung fußenden Weltanschauung, zu sagen: Gut, die Menschen sterben, und ihre Körper werden verbrannt oder begraben und damit der Erde übergeben; aber das hat für die Erdenentwickelung keine Bedeutung; denn wenn die Erdenentwickelung nicht Menschenkörper aufnehmen würde, könnte sie gerade so verlaufen wie jetzt, da sie Menschenkörper aufnimmt. – Das heißt aber, man ist sich gar nicht bewußt, daß das fortwährende Übergehen menschlicher Leichname in die Erde, gleichgültig ob es durch Verbrennen oder durch Begraben geschieht, ein realer Prozeß ist, der fortwirkt.

Die Bäuerinnen auf dem Lande sind sich noch klarer, als es die Frauen in der Stadt sind, darüber, daß die Hefe für das Brotbacken eine gewisse Bedeutung hat, trotzdem nur wenig dem Brote zugesetzt wird; sie wissen, daß das Brot nicht gedeihen könnte, wenn nicht Hefe dem Teig zugesetzt würde. Ebenso aber wäre die Erdenentwickelung längst in ihren Endzustand hineingekommen, wenn ihr nicht fortwährend die Kräfte des menschlichen Leichnams, der mit dem Tode von dem Geistig-Seelischen abgesondert ist, zugeführt würden. Durch diese Kräfte, welche die Erdenentwickelung durch die Zuführung der menschlichen Leichname fortwährend bekommt, beziehungsweise der Kräfte, die in den Leichnamen sind, dadurch wird die Evolution der Erde unterhalten. Dadurch werden Mineralien dazu veranlaßt, ihre Kristallisationskräfte noch heute zu entfalten, die sie längst nicht mehr entfalten würden ohne diese Kräfte; sie wären längst zerbröckelt, hätten sich aufgelöst. Dadurch werden Pflanzen, die längst nicht mehr wachsen würden, veranlaßt, heute noch zu wachsen. Und auch mit Bezug auf die niederen Tierformen ist es so. Der Mensch übergibt der Erde in seinem Leibe das Ferment, gleichsam die Hefe für die Weiterentwickelung.

Daher ist es nicht bedeutungslos, ob der Menscch auf der Erde lebt oder nicht. Es ist einfach nicht wahr, daß die Erdenentwickelung in bezug auf das Mineralreich, Pflanzenreich und Tierreich auch dann vorwärtsgehen würde, wenn der Mensch nicht dabei wäre! Der Naturprozeß ist ein einheitlicher, ein geschlossener, zu dem der Mensch dazugehört. Der Mensch wird nur richtig vorgestellt, wenn er selbst noch mit seinem Tode als drinnenstehend in dem kosmischen Prozeß gedacht wird.

Wenn Sie dies bedenken, dann werden Sie sich kaum mehr wundern, wenn ich auch noch das Folgende sage: Der Mensch bekommt, indem er aus der geistigen Welt heruntersteigt in die physische, die Umkleidung seines physischen Leibes. Aber natürlich ist der physische Leib anders, wenn man ihn als Kind bekommt, als wenn man ihn in irgendeinem Lebensalter durch den Tod ablegt. Da ist etwas geschehen mit dem physischen Leibe. Was da mit ihm geschehen ist, das kann nur dadurch geschehen, daß dieser Leib durchdrungen ist von den geistig-seelischen Kräften des Menschen. Nicht wahr, schließlich essen wir alle dasselbe, was die Tiere auch essen, das heißt, wir verwandeln die äußeren Stoffe so, wie die Tiere sie verwandeln, aber wir verwandeln sie unter der Mittätigkeit von etwas, was die Tiere nicht haben, von etwas, was aus der geistigen Welt heruntersteigt, um sich mit dem physischen Menschenleib zu vereinigen. Wir machen dadurch mit den Stoffen etwas anderes, als die Tiere oder Pflanzen mit ihnen machen. Und die Stoffe, welche im menschlichen Leichnam der Erde übergeben werden, sind verwandelte Stoffe, sind etwas anderes, als was der Mensch empfangen hat, als er geboren worden ist. Daher können wir sagen: Die Stoffe, welche der Mensch empfängt, und auch die Kräfte, welche er mit der Geburt empfängt, die erneuert er während seines Lebens und gibt sie in verwandelter Form an den Erdenprozeß ab. Es sind nicht dieselben Stoffe und Kräfte, die er bei seinem Tode an den Erdenprozeß abgibt, als diejenigen waren, die er bei seiner Geburt empfangen hat. Er übergibt damit also dem Erdenprozeß etwas, was durch ihn fortwährend aus der übersinnlichen Welt in den physisch-sinnlichen Erdenprozeß einfließt. Er trägt bei seiner Geburt aus der übersinnlichen Welt etwas herunter; das bekommt dann, indem er es einverleibt hat den Stoffen und Kräften, die während seines Lebens seinen Leib zusammensetzen, mit seinem Tode die Erde. Dadurch vermittelt der Mensch fortwährend das Herunterträufeln von Übersinnlichem an Sinnliches, an Physisches. Sie können sich vorstellen, daß gleichsam fortwährend etwas herunterregnet aus dem Übersinnlichen ins Sinnliche, daß aber diese Tropfen ganz unfruchtbar blieben für die Erde, wenn der Mensch sie nicht aufnehmen würde und sie durch sich der Erde vermitteln würde. Diese Tropfen, die der Mensch aufnimmt bei der Geburt, die er abgibt bei seinem Tode, die sind ein fortwährendes Befruchten der Erde durch übersinnliche Kräfte, und durch diese befruchtenden, übersinnlichen Kräfte wird der Evolutionsprozeß der Erde erhalten. Ohne menschliche Leichname wäre daher die Erde längst tot.

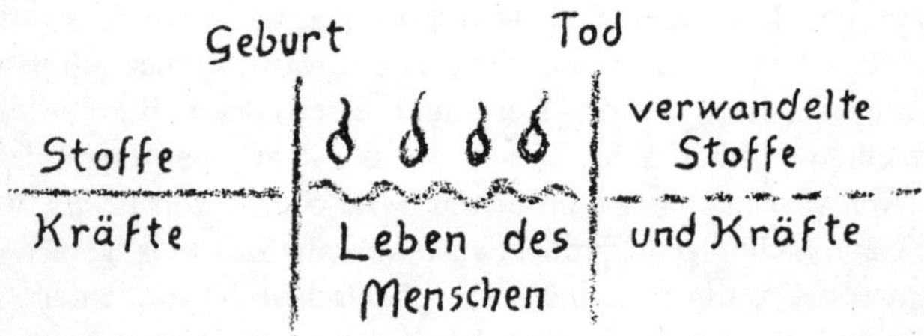

Wenn wir das vorausgeschickt haben, können wir nun fragen: Was machen nun die toten Kräfte mit der menschlichen Natur? Es wirken ja in die menschliche Natur herein die todbringenden Kräfte, die draußen in der Natur vorwaltend sind; denn gäbe der Mensch der äußeren Natur nicht fortwährend

Belebung, so müßte sie absterben. Wie walten also diese todbringenden Kräfte in der menschlichen Natur? Sie walten so, daß der Mensch alle diejenigen Organisationen durch sie hervorbringt, die in der Linie vom Knochensystem bis zum Nervensystem liegen. Was die Knochen und alles, was mit ihnen verwandt ist, aufbaut, das ist ganz anderer Natur als dasjenige, was die anderen Systeme aufbaut. In uns spielen die todbringenden Kräfte herein: wir lassen sie, wie sie sind, und dadurch sind wir Knochenmenschen. In uns aber spielen weiter noch die todbringenden Kräfte herein: wir schwächen sie ab, und dadurch sind wir Nervenmenschen. – Was ist ein Nerv? Ein Nerv ist etwas, was fortwährend Knochen werden will, was nur dadurch verhindert wird, Knochen zu werden, daß es mit nicht knochenmäßigen oder nicht nervösen Elementen der Menschennatur in Zusammenhang steht. Der Nerv will fortwährend verknöchern, er ist fortwährend gedrängt abzusterben, wie der Knochen im Menschen immer etwas in hohem Grade Abgestorbenes ist. Beim tierischen Knochen liegen die Verhältnisse anders, er ist viel lebendiger als der menschliche Knochen. – So können Sie sich die eine Seite der Menschennatur vorstellen, indem Sie sagen: Die todbringende Strömung wirkt im Knochen- und Nervensystem. Das ist der eine Pol.

Die fortwährend Leben gebenden Kräfte, die andere Strömung, wirkt im Muskel- und Blutsystem und in allem, was dazugehört. Nerven sind nur deshalb überhaupt keine Knochen, weil sie mit dem Blut- und Muskelsystem so im Zusammenhang stehen, daß der Drang in ihnen, Knochen zu werden, den in Blut und Muskel wirkenden Kräften entgegensteht. Der Nerv wird nur dadurch nicht Knochen, weil ihm Blut- und Muskelsystem entgegensteht und sein Knochenwerden verhindert. Besteht im Wachstum eine falsche Verbindung zwischen Knochen einerseits und Blut und Muskeln andererseits, so kommt die Rachitis zustande, die ein Verhindern des richtigen Absterbens des Knochens durch die Muskel-Blutnatur ist. Es ist daher außerordentlich wichtig, daß im Menschen die richtige Wechselwirkung zustande kommt zwischen dem Muskel-Blutsystem auf der einen Seite und dem Knochen-Nervensystem auf der anderen Seite. Indem in unser Auge hereinragt das Knochen-Nervensystem etwas, in der Umhüllung, das Knochensystem sich zurückzieht und nur seine Abschwächung, den Nerv, hineinschickt, kommt im Auge die Möglichkeit zustande, die willensartige Wesenheit, die in Muskel und Blut lebt, mit der vorstellungsmäßigen Tätigkeit, die im Knochen-Nervensystem liegt, zu verbinden. Da kommen wir wieder auf etwas, was in der älteren Wissenschaft eine große Rolle gespielt hat, was aber von der heutigen Wissenschaft als kindliche Vorstellung verlacht wird. Doch die neuere Wissenschaft wird schon wieder darauf zurückkommen, nur in anderer Form.

Die Alten haben in ihrem Wissen immer eine Verwandtschaft gefühlt zwischen dem Nervenmark, der Nervensubstanz und dem Knochenmark oder der Knochensubstanz, und sie sind der Meinung gewesen, daß man mit dem Knochenteil ebenso denkt wie mit dem Nerventeil. Das ist auch die Wahrheit. Wir verdanken alles, was wir an abstrakter Wissenschaft haben, der Fähigkeit unseres Knochensystems. Warum kann der Mensch zum Beispiel Geometrie ausbilden? Die höheren Tiere haben keine Geometrie; das sieht man ihrer Lebensweise an. Es ist nur ein Unsinn, wenn manche Leute sagen: Vielleicht haben die höheren Tiere auch Geometrie, man merkt es vielleicht nur nicht. – Der Mensch also bildet Geometrie aus. Wodurch aber bildet er zum Beispiel die Vorstellung eines Dreiecks aus? Wer wirklich über diese Tatsache nachdenkt, daß der Mensch die Vorstellung des Dreiecks ausbildet, der muß etwas Wunderbares darin finden, daß der Mensch das Dreieck, das abstrakte Dreieck, das im konkreten Leben nirgends vorhanden ist, rein aus seiner geometrisch-mathematischen Phantasie heraus ausbildet. Es liegt vieles Unbekannte zugrunde den Geschehnissen der Welt, die offenbar sind. Denken Sie sich zum Beispiel an einem bestimmten Platze dieses Zimmers stehend. Sie führen zu gewissen Zeiten als übersinnliches Menschenwesen merkwürdige Bewegungen aus, von denen Sie für gewöhnlich nichts wissen, ungefähr in der Art: Sie gehen ein Stückchen nach der einen Seite, dann gehen Sie ein Stückchen zurück, und dann kommen Sie wieder an Ihrem Platze an. Eine unbewußt bleibende Linie im Raume, die Sie beschreiben, verläuft tatsächlich als eine Dreiecksbewegung. Solche Bewegungen sind tatsächlich vorhanden, Sie nehmen sie nur nicht wahr, aber dadurch, daß Ihr Rückgrat in die Vertikale gerückt ist, sind Sie in der Ebene drinnen, in der diese Bewegungen verlaufen. Das

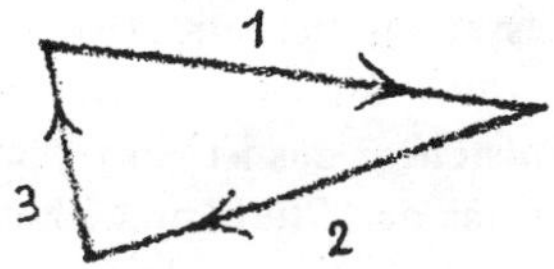

Tier ist nicht in dieser Ebene drinnen, es hat sein Rückenmark anders liegen; da werden diese Bewegungen nicht vollführt. Indem der Mensch sein Rückenmark vertikal stehen hat, ist er in der Ebene, wo diese Bewegung ausgeführt wird. Zum Bewußtsein bringt er es sich nicht, daß er sich sagte: Ich tanze da fortwährend in einem Dreieck. – Aber er zeichnet ein Dreieck und sagt: Das ist ein Dreieck! – In Wahrheit ist das eine unbewußt ausgeführte Bewegung, die er im Kosmos vollführt.

Diese Bewegungen, die Sie in der Geometrie fixieren, indem Sie geometrische Figuren zeichnen, führen Sie mit der Erde aus. Die Erde hat nicht nur dic Bewegung, welche sie nach der Kopernikanischen Weltansicht hat: sie hat noch ganz andere, künstlerische Bewegungen, die werden da fortwährend ausgeführt. Und noch viel kompliziertere Bewegungen werden ausgeführt, solche Bewegungen zum Beispiel, die in den Linien liegen, welche die geometrischen Körper haben: der Würfel, das Oktaeder, das Dodekaeder, das Ikosaeder und so weiter. Diese Körper sind nicht erfunden, sie sind Wirklichkeit, nur unbewußte Wirklichkeit. Es liegen in diesen und in noch anderen Körperformen merkwürdige Anklänge an dieses für die Menschen unterbewußte Wissen. Das wird dadurch herbeigeführt, daß unser Knochensystem eine wesentliche Erkenntnis hat; aber Sie reichen nicht mit Ihrem Bewußtsein bis zum Knochensystem hinunter. Das Bewußtsein davon erstirbt, es wird nur reflektiert in den Bildern der Geometrie, die der Mensch da als Bilder ausführt. Der Mensch ist recht sehr eingeschaltet in den Kosmos. Indem er die Geometrie ausbildet, bildet er etwas nach, was er selbst im Kosmos tut.

Da blicken wir auf der einen Seite in eine Welt hinein, die uns mitumfaßt und die fortwährend im Absterben ist. Auf der anderen Seite blicken wir in alles das hinein, was in die Kräfte unseres Blut-Muskelsystems hereinragt: das ist in fortwährender Bewegung, in fortwährendem Fluktuieren, in fortwährendem Werden und Entstehen; das ist ganz keimhaft, da ist nichts Totes. Wir halten in uns den Sterbeprozeß auf, und nur wir als Menschen können ihn aufhalten und bringen in das Sterbende Werden hinein. Wäre der Mensch nicht hier auf der Erde, so würde eben längst das Sterben sich ausgebreitet haben über den Erdenprozeß, und die Erde wäre als Ganzes in eine große Kristallisation übergegangen. Nicht erhalten aber hätten sich die einzelnen Kristalle. Wir entreißen die einzelnen Kristalle der großen Kristallisation und erhalten sie, solange wir sie für unsere Menschenevolution brauchen. Wir erhalten aber damit auch das Leben der Erde rege. Wir Menschen sind es also, die das Leben der Erde rege halten, die nicht ausgeschaltet werden können vom Leben der Erde. Daher war es schon ein realer Gedanke von *Eduard von Hartmann,* der aus seinem Pessimismus heraus wollte, daß die Menschheit einmal eines Tages so reif wäre, daß alle Menschen sich selbst mordeten. Man braucht auch gar nicht das noch hinzuzufügen, was Hartmann aus der Beschränktheit der naturwissenschaftlichen Weltanschauung wollte: weil ihm nämlich das nicht genügt hätte, daß alle Menschen sich eines Tages selbst mordeten, wollte er auch noch die Erde durch eine großangelegte Unternehmung in die Luft sprengen. Das hätte er nicht gebraucht. Er hätte nur den Tag des großen Selbstmordens anordnen brauchen, und die Erde wäre von selbst langsam in die Luft gegangen! Denn ohne das, was vom Menschen in die Erde verpflanzt wird, kann die Erdenentwickelung nicht weitergehen. Von dieser Erkenntnis aus müssen wir uns wieder gefühlsmäßig durchdringen. Es ist notwendig, daß in der Gegenwart diese Dinge verstanden werden.

Ich weiß nicht, ob Sie sich erinnern, daß in meinen allerersten Schriften immer ein Gedanke wiederkehrt, durch den ich die Erkenntnis auf eine andere Basis stellen wollte, als sie heute steht. In der äußeren Philosophie, die auf anglo-amerikanisches Denken zurückgeht, ist der Mensch eigentlich ein bloßer Zuschauer der Welt; er ist mit seinem inneren Seelenprozeß ein bloßer Zuschauer der Welt. Wenn der Mensch nicht da wäre, so meint man, wenn er nicht in der Seele wieder erlebte, was in der Welt draußen vor sich geht, so wäre doch alles so, wie es ist. Das gilt für die Naturwissenschaft in bezug auf jene Tatsachenentwickelung, die ich angeführt habe, es gilt aber auch für die Philosophie. Der heutige Philosoph fühlt sich sehr wohl als Zuschauer der Welt, das heißt, in dem bloß ertötenden Element des Erkennens. Aus diesem ertötenden Element wollte ich die Erkenntnis herausführen. Daher habe ich immer wiederholt: Der Mensch ist nicht bloß ein Zuschauer der Welt, sondern er ist Schauplatz der Welt, auf dem sich die großen kosmischen Ereignisse immer wieder und wieder abspielen. Ich habe immer wieder gesagt: Der Mensch ist mit seinem Seelenleben der Schauplatz, auf dem sich Weltgeschehen abspielt. So kann man das auch in philosophisch-abstrakte Form kleiden. Und besonders, wenn Sie das Schlußkapitel über Freiheit in meiner Schrift «Wahrheit und Wissenschaft» lesen, werden Sie finden, daß dieser Gedanke scharf betont ist: daß dasjenige, was sich im Menschen vollzieht, nicht etwas ist, was der übrigen Natur gleich ist, sondern daß die übrige Natur hereinragt in den Menschen und daß dasjenige, was im Menschen sich vollzieht, zugleich ein kosmischer Vorgang ist, so daß die menschliche Seele ein Schauplatz ist, auf dem sich ein kosmischer Vorgang abspielt, nicht bloß ein menschlicher. Damit wird man natürlich in gewissen Kreisen heute noch schwer verstanden. Aber ohne daß man sich mit solchen Anschauungen durchdringt, kann man unmöglich ein richtiger Erzieher werden.

Was geschieht denn tatsächlich in der menschlichen Wesenheit? Auf der einen Seite steht die Knochen-Nervennatur, auf der anderen Seite die Blut-Muskelnatur. Durch das Zusammenwirken beider werden fortwährend Stoffe und Kräfte neu geschaffen. Die Erde wird vor dem Tode dadurch bewahrt, daß im Menschen selber Stoffe und Kräfte neu geschaffen werden. Jetzt können Sie das, was ich eben gesagt habe: daß das Blut durch seine Berührung mit den Nerven Neuschöpfung von Stoffen und Kräften bewirkt, zusammenbringen mit dem, was ich im vorigen Vortrage sagte: daß das Blut fortwährend auf dem Wege zur Geistigkeit ist und dabei aufgehalten wird. Diese Gedanken, die wir in diesen zwei Vorträgen gewonnen haben, werden wir miteinander verbinden und dann weiter darauf aufbauen. Aber Sie sehen schon, wie irrtümlich der Gedanke der Erhaltung von Kraft und Stoff ist, wie er gewöhnlich vorgebracht wird: denn durch das, was im Inneren der Menschennatur geschieht, wird er widerlegt, und für eine wirkliche Auffassung der Menschenwesenheit ist er nur ein Hindernis. Erst wenn man wieder den synthetischen Gedanken bekommen wird, daß tatsächlich zwar nicht aus Nichts etwas hervorgehen kann, daß aber das eine so umgewandelt werden kann, daß es vergeht und das andere entsteht – erst wenn man diesen Gedanken an die Stelle des Gedankens von der Erhaltung der Kraft und des Stoffes gestellt haben wird, wird man etwas Gedeihliches für die Wissenschaft erhalten können.

Sie sehen, in welcher Richtung manches, was in unserem Denken lebt, verkehrt ist. Wir stellen etwas auf, wie zum Beispiel das Gesetz von der Erhaltung der Kraft und des Stoffes, und proklamieren es als ein Weltgesetz. Dem liegt zugrunde ein gewisser Hang unseres Vorstellungslebens, unseres Seelenlebens überhaupt, in einseitiger Weise zu beschreiben, während wir nur Postulate aufstellen sollten aus dem, was wir in unserem Vorstellen entwickeln. So finden Sie zum Beispiel in unseren Physikbüchern das Gesetz von der Undurchdringlichkeit der Körper als ein Axiom aufgestellt: An der Stelle im Raume, wo ein Körper steht, kann zu gleicher Zeit kein anderer sein. – Das wird als allgemeine Eigenschaft der Körper hingestellt. Man sollte aber nur sagen: Diejenigen Körperlichkeiten oder Wesenheiten, welche so sind, daß an der Stelle des Raumes, wo sie sind, zu gleicher Zeit kein anderes Wesen gleicher Natur sein kann, die sind undurchdringlich. – Man sollte bloß die Begriffe dazu verwenden, um ein gewisses Gebiet von einem anderen abzugliedern, man sollte bloß Postulate aufstellen, sollte keine Definitionen geben, die den Anspruch erheben, universell zu sein. So sollte man auch kein Gesetz von der Erhaltung der Kraft und des Stoffes aufstellen, sondern, man sollte aufsuchen, für welche Wesenheiten dieses Gesetz eine Bedeutung hat. Das war gerade ein Bestreben im 19. Jahrhundert, daß man ein Gesetz aufstellte und sagte: Das gilt für alles – statt daß wir unser Seelenleben dazu verwenden, um an die Dinge heranzukommen und zu beobachten, was wir an ihnen erleben.

VIERTER VORTRAG

In der Zukunftserziehung und im Zukunftsunterricht muß ein ganz besonderer Wert gelegt werden auf die Willens- und die Gemütsbildung. Es wird zwar immer betont, auch von denjenigen, die an keine Erneuerung des Unterrichts- und Erziehungswesens denken, daß Wille und Gemüt in der Erziehung besonders berücksichtigt werden müssen, aber es kann eigentlich von dieser Seite, trotz allen guten Willens, nicht viel zu dieser Willens- und Gemütserziehung getan werden. Sie bleiben immer mehr und mehr dem sogenannten Zufall überlassen, weil keine Einsicht vorhanden ist in die wirkliche Natur des Willens.

Einleitend möchte ich nun das Folgende bemerken: Erst wenn man den Willen wirklich erkennt, kann man auch wenigstens einen Teil der anderen Gemütsbewegungen erkennen, einen Teil der Gefühle. Wir können uns die Frage stellen: Was ist denn eigentlich ein Gefühl? Ein Gefühl ist mit dem Willen sehr verwandt. Wille ist, ich möchte sagen, nur das ausgeführte Gefühl, und das Gefühl ist der zurückgehaltene Wille. Der Wille, der sich noch nicht wirklich äußert, der in der Seele zurückbleibt, das ist das Gefühl; ein abgestumpfter Wille ist das Gefühl. Daher wird man das Wesen des Gefühls auch erst dann verstehen, wenn man das Wesen des Willens durchdringt.

Nun können Sie schon aus meinen bisherigen Auseinandersetzungen sehen, daß alles, was im Willen lebt, sich nicht vollständig ausgestaltet in dem Leben zwischen Geburt und Tod. Es bleibt im Menschen, wenn er einen Willensentschluß ausführt, immer etwas übrig, was sich nicht erschöpft in dem Leben bis zum Tode hin; es bleibt ein Rest, der im Menschen fortlebt und der gerade von jedem Willensentschluß und jeder Willenstat durch den Tod sich fortsetzt. Dieser Rest muß durch das ganze Leben und insbesondere auch im kindlichen Alter berücksichtigt werden.

Wir wissen, wenn wir den vollständigen Menschen betrachten, so betrachten wir ihn nach Leib, Seele und Geist. Der Leib wird zunächst, wenigstens seinen gröberen Bestandteilen nach, geboren. Das Genauere darüber finden Sie in meinem Buche «Theosophie». Der Leib wird also in die Vererbungsströmung einbezogen, trägt die vererbten Merkmale und so weiter. Das Seelische ist schon in der Hauptsache das, was aus dem vorgeburtlichen Dasein sich verbindet mit dem Leiblichen, hinuntersteigt in das Leibliche. Aber das Geistige ist im gegenwärtigen Menschen – in dem Menschen einer ferneren Zukunft wird es ja anders sein – eigentlich nur seiner Anlage nach vorhanden. Und hier, wo wir die Grundlagen zu einer guten Pädagogik legen wollen, müssen wir auf das Rücksicht nehmen, was im Menschen der heutigen Entwickelungsepoche nur der Anlage nach als Geistiges vorhanden ist. Machen wir uns zunächst einmal ganz klar, was als solche Anlagen des Menschen für eine ferne Menschheitszukunft vorhanden sind.

Da ist zunächst das vorhanden, eben nur der Anlage nach, was wir nennen das Geistselbst. Das Geistselbst werden wir nicht unter die Bestandteile, unter die Glieder der menschlichen Natur ohne weiteres aufnehmen können, wenn wir von dem gegenwärtigen Menschen sprechen; aber ein deutliches Bewußtsein vom Geistselbst ist insbesondere bei solchen Menschen vorhanden, die auf das Geistige zu sehen vermögen. Sie wissen, daß das gesamte morgenländische Bewußtsein, insofern es gebildetes Bewußtsein ist, dieses Geistselbst «Manas» nennt und daß von Manas als etwas im Menschen Lebendem in der morgenländischen Geisteskultur durchaus gesprochen wird. Aber auch in der abendländischen Menschheit, wenn sie nicht gerade «gelehrt» geworden ist, ist ein deutliches Bewußtsein von diesem Geistselbst vorhanden. Und zwar sage ich nicht ohne Bedacht: ein deutliches Bewußtsein ist vorhanden; denn man nennt im Volke – hat wenigstens genannt, bevor das Volk ganz ergriffen worden ist von der materialistischen Gesinnung – das, was vom Menschen übrigbleibt nach dem Tode, die Manen. Man spricht davon, daß nach dem Tode übrigbleiben die Manen; Manas = die Manen. Ich sagte: ein deutliches Bewußtsein hat das Volk davon; denn das Volk gebraucht in diesem

Falle den Plural, die Manen. Wir, die wir wissenschaftlich mehr das Geistselbst noch auf den Menschen vor dem Tode beziehen, sagen in der Einzahl: das Geistselbst. Das Volk, das mehr aus der Realität, aus der naiven Erkenntnis heraus über dieses Geistselbst spricht, gebraucht die Mehrzahl, indem es von den Manen redet, weil der Mensch in dem Augenblick, wo er durch die Pforte des Todes geht, aufgenommen wird von einer Mehrzahl von geistigen Wesenheiten. Ich habe das schon in einem anderen Zusammenhang angedeutet: Wir haben unseren persönlichen führenden Geist aus der Hierarchie der Angeloi; darüberstehend aber haben wir die Geister aus der Hierarchie der Archangeloi, die sich sogleich einschalten, wenn der Mensch durch die Pforte des Todes geht, so daß er dann sofort sein Dasein in gewisser Beziehung in der Mehrzahl hat, weil viele Archangeloi in sein Dasein eingeschaltet sind. Das fühlt das Volk sehr deutlich, weil es weiß, daß der Mensch, im Gegensatz zu seinem Dasein hier, das als eine Einheit erscheint, sich dann mehr oder weniger als eine Vielheit wahrnimmt. Also die Manen sind etwas, was im naiven Volksbewußtsein von diesem der Mehrzahl nach vorhandenen Geistselbst, von Manas, lebt.

Ein zweiter, höherer Bestandteil des Menschen ist dann das, was wir den Lebensgeist nennen. Dieser Lebensgeist ist schon sehr wenig wahrnehmbar innerhalb des gegenwärtigen Menschen. Er ist etwas sehr geistiger Art im Menschen, was sich in ferner Menschenzukunft entwickeln wird. Und dann das Höchste, was im Menschen ist, was gegenwärtig eben nur der ganz geringfügigen Anlage nach vorhanden ist, das ist der eigentliche Geistesmensch.

Wenn nun aber auch im gegenwärtigen, hier auf der Erde zwischen Geburt und Tod lebenden Menschen diese drei höheren Glieder der Menschennatur nur der Anlage nach vorhanden sind, so entwickeln sie sich, allerdings unter dem Schutze höherer geistiger Wesenheiten, zwischen Tod und neuer Geburt doch sehr bedeutsam. Wenn also der Mensch stirbt und sich in die geistige Welt wieder hineinlebt, entwickeln sich diese drei Glieder, gewissermaßen vordeutend ein zukünftiges

Menschheitsdasein, sehr deutlich. Also geradeso wie der Mensch sich in seinem jetzigen Leben geistig-seelisch zwischen Geburt und Tod entwickelt, so hat er auch nach dem Tode eine deutliche Entwickelung, nur daß er dann, gleichsam wie an einer Nabelschnur, an den geistigen Wesenheiten der höheren Hierarchien dranhängt.

Fügen wir nun jetzt zu den heute kaum wahrnehmbaren höheren Gliedern der Menschennatur dasjenige hinzu, was wir jetzt schon wahrnehmen. Das ist zunächst das, was sich ausprägt in der Bewußtseinsseele, in der Verstandes- oder Gemütsseele und in der Empfindungsseele. Das sind die eigentlichen Seelenbestandteile des Menschen. Wollen wir heute beim Menschen von der Seele sprechen, wie sie im Leibe lebt, so müssen wir von den eben angeführten drei Seelengliedern sprechen. Wollen wir von seinem Leibe sprechen, so sprechen wir von dem Empfindungsleib, dem feinsten Leib, den man auch astralischen Leib nennt, von dem ätherischen Leib und dem groben physischen Leib, den wir mit unseren Augen sehen und den die äußere Wissenschaft zergliedert. Damit haben wir den ganzen Menschen vor uns.

Nun wissen Sie ja, daß der physische Leib, wie wir ihn an uns tragen, auch dem Tiere eigen ist. Wir bekommen nur, wenn wir diesen ganzen Menschen nach diesen neun Gliedern mit der Tierwelt vergleichen, eine empfindungsgemäße und für die Auffassung des Willens brauchbare Vorstellung von der Beziehung des Menschen zu den Tieren, wenn wir wissen: so wie der Mensch in seiner Seele umkleidet ist mit dem physischen Leib, so ist auch das Tier mit einem physischen Leib umkleidet, aber der physische Leib des Tieres ist in vieler Beziehung anders gestaltet als der des Menschen. Der physische Leib des Menschen ist nicht eigentlich vollkommener als der des Tieres. Denken Sie an solche aus der Reihe der höheren Tiere, wie an den Biber, wenn er seinen Biberbau formt. Das kann der Mensch nicht, wenn er es nicht lernt, wenn er nicht sogar eine sehr komplizierte Schulung dazu durchmacht, wenn er nicht Architektur lernt und dergleichen. Der Biber macht seinen Bau aus der Organisation seines Leibes heraus. Es ist einfach sein äußerer, physischer Leib so geformt, daß er sich in die äußere physische Welt so einfügt, daß er das, was in den Formen seines physischen Leibes lebt, zur Herstellung seines Biberbaues verwenden kann. Sein physischer Leib selbst ist in dieser Beziehung sein Lehrmeister. Wir können die Wespen, die Bienen, können auch die sogenannten niederen Tiere beobachten und werden in der Form ihrer physischen Leiber finden, daß darin etwas verankert ist, was im physischen Leibe des Menschen in dieser Ausdehnung, in dieser Stärke nicht vorhanden ist. Das ist alles das, was wir umfassen mit dem Begriff des Instinktes; so daß wir den Instinkt in Wirklichkeit nur studieren können, wenn wir ihn im Zusammenhange mit der Form des physischen Leibes betrachten. Studieren wir die ganze Tierreihe, wie sie sich außen ausbreitet, so werden wir in den Formen der physischen Leiber der Tiere überall drinnen die Anleitung haben, die verschiedenen Arten der Instinkte zu studieren. Wir müssen, wenn wir den Willen studieren wollen, ihn zuerst aufsuchen im Gebiete des Instinktes und müssen uns bewußt werden, daß wir den Instinkt auffinden in den Formen der physischen Leiber der verschiedenen Tiere. Wenn wir die Hauptformen der einzelnen Tiere ins Auge fassen und aufzeichnen würden, so würden wir die verschiedenen Gebiete des Instinktes zeichnen können. Was der Instinkt als Wille ist, das ist im Bilde die Form des physischen Leibes der verschiedenen Tiere. Sie sehen, dadurch kommt Sinn in die Welt hinein, wenn wir diesen Gesichtspunkt anlegen können. Wir überschauen die Formen der physischen Tierleiber und sehen darin eine Zeichnung, welche die Natur selbst von den Instinkten schafft, durch die sie verwirklichen will, was im Dasein lebt.

Nun lebt in unserem physischen Leibe, diesen ganz durchgestaltend, durchdringend, der Ätherleib. Er ist für die äußeren Sinne übersinnlich, unsichtbar. Aber wenn wir auf die Willensnatur schauen, dann ist es so, daß ebenso wie der Ätherleib den physischen Leib durchdringt, so ergreift er auch das, was sich im physischen Leibe als Instinkt äußert. Dann wird der Instinkt zum Trieb. Im physischen Leib ist der Wille Instinkt; sobald der Ätherleib sich des Instinktes bemächtigt, wird der

Wille Trieb. Es ist dann sehr interessant, zu verfolgen, wie in der Beobachtung der Instinkt, den man in der äußeren Form mehr konkret erfassen kann, sich verinnerlicht und sich auch mehr vereinheitlicht, indem man ihn als Trieb betrachtet. Von Instinkt wird man immer so sprechen, daß er, wenn er sich im Tiere oder in seiner Abschwächung im Menschen vorfindet, dem Wesen von außen aufgedrängt ist; beim Trieb ist schon daran zu denken, daß das, was sich in einer mehr verinnerlichten Form äußert, auch mehr von innen kommt, weil der übersinnliche Ätherleib sich des Instinktes bemächtigt und dadurch der Instinkt zum Trieb wird.

Nun hat der Mensch auch noch den Empfindungsleib. Der ist noch innerlicher. Er ergreift nun wieder den Trieb, und dann wird nicht nur eine Verinnerlichung erzeugt, sondern es wird Instinkt und Trieb auch schon ins Bewußtsein heraufgehoben, und so wird daraus dann die Begierde. Die Begierde finden Sie auch noch beim Tiere, wie Sie den Trieb bei ihm finden, weil das Tier ja alle diese drei Glieder, physischen Leib, Ätherleib, Empfindungsleib, auch hat. Aber wenn Sie von der Begierde sprechen, so werden Sie schon, ganz instinktiv, sich herbeilassen müssen, die Begierde als etwas sehr Innerliches anzusehen. Beim Trieb sprechen Sie so, daß er doch, ich möchte sagen, von der Geburt bis zum späten Alter sich einheitlich äußert; bei der Begierde sprechen Sie von etwas, was erkraftet wird von dem Seelischen, was mehr einmalig erkraftet wird. Eine Begierde braucht nicht charakterologisch zu sein, sie braucht nicht dem Seelischen anzuhaften, sondern sie entsteht und vergeht. Dadurch zeigt sich die Begierde als mehr dem Seelischen eigentümlich, als der bloße Trieb.

Jetzt fragen wir uns: Wenn nun der Mensch – was also beim Tiere nicht mehr auftreten kann – in sein Ich, das heißt in Empfindungsseele, Verstandes- oder Gemütsseele und Bewußtseinsseele dasjenige hereinnimmt, was als Instinkt, Trieb und Begierde in seinem Leiblichen lebt, was wird dann daraus gemacht? Da unterscheiden wir nicht so streng, wie innerhalb des Leiblichen, weil Sie in der Seele tatsächlich, namentlich beim gegenwärtigen Menschen, alles mehr oder weniger durcheinandergemischt haben. Das ist ja auch das Kreuz der gegenwärtigen Psychologie, daß die Psychologen nicht wissen, sollen sie die Glieder der Seele streng auseinanderhalten, oder sollen sie sie durcheinanderfließen lassen? Da spuken noch bei einzelnen Psychologen die alten strengen Unterscheidungen zwischen Wille, Gefühl und Denken; bei anderen, zum Beispiel bei den mehr Herbartisch gearteten Psychologen, wird alles mehr nach der Vorstellungsseite hinübergeleitet, bei den Wundtianern mehr nach der Willensseite. Also man hat keine rechte Vorstellung davon, was man eigentlich mit der Gliederung der Seele machen soll. Das kommt davon her, weil im praktischen Leben in der Tat das Ich alle Seelenfähigkeiten durchsetzt und weil beim gegenwärtigen Menschen in bezug auf die drei Glieder der Seele die Unterscheidung auch in der Praxis nicht deutlich hervortritt. Daher hat die Sprache auch keine Worte, um das, was in der Seele willensartiger Natur ist – Instinkt, Trieb, Begierde –, wenn es vom Ich erfaßt wird, zu unterscheiden. Aber im allgemeinen bezeichnen wir das beim Menschen, was als Instinkt, Trieb, Begierde vom Ich erfaßt wird, als Motiv, so daß wir, wenn wir von dem Willensantriebe in dem eigentlichen Seelischen, in dem «Ichlichen» sprechen, vom Motiv sprechen und dann wissen: Tiere können wohl Begierden haben, aber keine Motive. Beim Menschen erst wird die Begierde erhoben, indem er sie in die Seelenwelt hereinnimmt, und dadurch wird der starke Antrieb bewirkt, innerlich ein Motiv zu fassen. Bei ihm erst wird die Begierde zum eigentlichen Willensmotiv. Dadurch, daß wir sagen, im Menschen lebt noch von der Tierwelt her Instinkt, Trieb und Begierde, aber er erhebt diese zum Motiv, dadurch haben wir, wenn wir vom Willen sprechen, dasjenige, was beim gegenwärtigen Menschen vorliegt. Das ist deutlich vorhanden. Und wer überhaupt den Menschen beobachten wird hinsichtlich seiner Willensnatur, der wird sich sagen: Weiß ich beim Menschen, was seine Motive sind, so erkenne ich ihn. Aber nicht ganz! Denn es klingt leise unten etwas an, wenn der Mensch Motive entwickelt, und dieses leise Anklingende muß nun sehr, sehr stark berücksichtigt werden.

Ich bitte Sie jetzt, genau zu unterscheiden, was ich mit diesem Anklingenden beim Willensimpuls meine, von dem, was mehr vorstellungsgemäß ist. Was mehr vorstellungsgemäß ist beim Willensimpuls, das meine ich jetzt nicht. Sie können zum Beispiel die Vorstellung haben: Das war gut, was ich da gewollt oder getan habe –, oder Sie können auch eine andere Vorstellung haben. Das meine ich nicht, sondern ich meine jetzt das, was eben willensmäßig noch leise anklingt. Da ist zunächst eines, das auch, wenn wir Motive haben, immer noch im Willen wirkt, der Wunsch. Ich meine jetzt nicht die stark ausgeprägten Wünsche, aus denen dann die Begierden sich bilden, sondern jenen leisen Anklang von Wünschen, die alle unsere Motive begleiten. Sie sind immer vorhanden. Dieses Wünschen nehmen wir besonders dann stark wahr, wenn wir irgend etwas ausführen, das einem Motive in unserem Willen entspringt, und wenn wir zuletzt darüber nachdenken und uns sagen: Was du da ausgeführt hast, das könntest du noch viel besser ausführen. – Aber gibt es denn etwas, was wir im Leben tun, bei dem wir nicht das Bewußtsein haben könnten, daß wir es noch besser ausführen könnten? Es wäre traurig, wenn wir mit irgend etwas vollständig zufrieden sein könnten, denn es gibt nichts, was wir nicht auch noch besser machen könnten. Und dadurch gerade unterscheidet sich der in der Kultur etwas höherstehende Mensch von dem niedriger stehenden, daß der letztere immer mit sich zufrieden sein möchte. Der Höherstehende möchte nie mit sich so richtig zufrieden sein, weil ein leiser Wunsch nach Bessermachen, sogar nach Andersmachen, immer mitklingt als Motiv. Auf diesem Gebiete wird ja viel gesündigt. Die Menschen sehen etwas wer weiß wie Großes darin, wenn sie eine Handlung bereuen. Das ist aber nicht das Beste, was man mit einer Handlung anfangen kann, denn die Reue beruht vielfach auf einem bloßen Egoismus: man möchte etwas besser getan haben, um ein besserer Mensch zu sein. Das ist egoistisch. Unegoistisch wird unser Streben erst dann, wenn man nicht die schon vollbrachte Handlung besser haben möchte, sondern wenn man viel größeren Wert darauf legt, in einem nächsten Falle dieselbe Handlung besser zu machen. Der Vorsatz, den man so faßt, die Anstrengung, das nächste Mal eine Sache besser zu machen, ist das Höchste, nicht die Reue. Und in diesen Vorsatz klingt der Wunsch noch hinüber, so daß wir uns wohl die Frage stellen dürfen: Was ist es, was da mitklingt als Wunsch? – Für den, der die Seele wirklich beobachten kann, ist es das erste Element von alledem, was nach dem Tode übrigbleibt. Es ist etwas von dem Rest, was wir fühlen: Wir sollten es besser gemacht haben, wir wünschten es besser zu machen. – Das gehört schon dem Geistselbst an: der Wunsch in der Form, wie ich ihn auseinandergesetzt habe.

Nun kann sich der Wunsch mehr konkretisieren, kann deutlichere Gestalt annehmen. Dann wird er dem Vorsatz ähnlich. Dann bildet man sich eine Art Vorstellung davon, wie man die Handlung, wenn man sie noch einmal machen müßte, besser machen würde. Aber auf die Vorstellung lege ich nicht den großen Wert, sondern auf das Gefühls- und Willensmäßige, das jedes Motiv begleitet, das Motiv: das nächste Mal in ähnlichem Falle etwas besser zu machen. Da kommt bei uns das sogenannte Unterbewußte des Menschen zu starker Auswirkung. In Ihrem gewöhnlichen Bewußtsein werden Sie nicht, wenn Sie heute aus Ihrem Willen heraus eine Handlung vollführen, immer eine Vorstellung davon entwerfen, wie Sie das nächste Mal eine ähnliche Handlung besser ausführen können. Der Mensch aber, der noch in Ihnen lebt, der zweite Mensch, der entwickelt – allerdings jetzt nicht vorstellungsgemäß, sondern willensgemäß – immer ein deutliches Bild von dem, wie er die Handlung, wenn er noch einmal in derselben Lage wäre, ausführen würde. Unterschätzen Sie ja nicht eine solche Erkenntnis! Unterschätzen Sie überhaupt nicht diesen zweiten Menschen, der in Ihnen lebt.

Von diesem zweiten Menschen faselt heute viel jene sogenannte wissenschaftliche Richtung, welche sich die analytische Psychologie nennt, die Psychoanalyse. Diese Psychoanalyse geht ja gewöhnlich von einem Schulbeispiel aus, wenn sie sich darstellt. Ich habe dieses Schulbeispiel auch schon erzählt, aber es ist ganz gut, es sich wieder einmal vor die Augen zu rücken. Es ist das Folgende: Es wird von einem Manne in seinem Hause eine Abendgesellschaft gegeben, und es ist im Programm vorgesehen, daß gleich nach Schluß der Gesellschaft die Dame des Hauses noch abreisen soll, um ins Bad zu fahren. Bei dieser Gesellschaft sind verschiedene Leute, darunter auch eine Dame. Die Gesellschaft wird gegeben. Die Dame des Hauses wird zum Zuge gebracht, um ins Bad zu reisen. Die übrige Gesellschaft geht fort und mit den anderen auch die eine Dame. Sie wird ebenso wie die anderen Glieder der Gesellschaft an einer Straßenkreuzung von einer Droschke überrascht, die gerade von einer anderen Straße her um die Ecke biegt, so daß man sie erst sieht, als man ganz nahe davor ist. Was tun die Mitglieder der Gesellschaft? Sie weichen selbstverständlich der Droschke rechts und links aus, nur jene eine Dame nicht. Sie läuft, soviel sie laufen kann, mitten auf der Straße immer vor den Pferden her. Der Droschkenkutscher hört auch nicht mit fahren auf, und die anderen Teilnehmer der Gesellschaft sind ganz erschrocken. Aber die Dame läuft so rasch, daß die anderen ihr nicht folgen können, läuft, bis sie an eine Brücke kommt. Da fällt es ihr auch nicht ein, jetzt auszuweichen. Nun fällt sie ins Wasser, aber sie wird gerettet, und sie wird dann zurückgebracht in das Haus des Gastgebers. Dort kann sie nun die Nacht zubringen. – Diese Begebenheit finden Sie als Beispiel in vielen Darstellungen der Psychoanalyse. Es wird nur überall etwas darin falsch interpretiert. Denn man muß sich fragen: Was liegt dem ganzen Vorgang zugrunde? Zugrunde liegt das Wollen der Dame. Was wollte sie nämlich? Sie wollte, nachdem die Dame des Hauses abgereist sein würde, in das Haus des Gastgebers zurückkehren, denn sie war in den Mann verliebt. Aber das war kein bewußtes Wollen, sondern etwas, was ganz im Unterbewußtsein saß. Und dieses Unterbewußtsein des zweiten Menschen, der im Menschen sitzt, ist oftmals viel raffinierter als der Mensch in seinem Oberstübchen. So raffiniert war in diesem Falle das Unterbewußtsein, daß die Dame die ganze Prozedur angestellt hat bis zu dem Augenblick, wo sie ins Wasser fiel, um in das Haus des Gastgebers zurückzukommen. Sie sah sogar prophetisch voraus, daß sie gerettet werden würde. – Diesen verborgenen Seelenkräften sucht nun die Psychoanalyse nahezukommen, aber sie spricht nur im allgemeinen von einem zweiten Menschen. Wir aber können wissen, daß das, was in den unterbewußten Seelenkräften wirksam ist und sich oftmals außerordentlich raffiniert äußert, viel raffinierter als bei normaler Seelenbeschaffenheit, in jedem Menschen vorhanden ist.

In jedem Menschen sitzt unten, gleichsam unterirdisch, der andere Mensch. In diesem anderen Menschen lebt auch der bessere Mensch, der sich immer vornimmt, bei einer Handlung, die er begangen hat, in einem ähnlichen Falle die Sache das nächste Mal besser zu machen, so daß immer leise mitklingt der Vorsatz, der unbewußte, unterbewußte Vorsatz, eine Handlung in einem ähnlichen Falle besser auszuführen.

Und erst wenn die Seele einmal vom Leibe befreit sein wird, wird aus diesem Vorsatz der Entschluß. Der Vorsatz bleibt ganz keimhaft in der Seele liegen; dann folgt der Entschluß später nach. Und der Entschluß sitzt ebenso im Geistesmenschen, wie der Vorsatz im Lebensgeist und wie der reine Wunsch im Geistselbst sitzt. Fassen Sie also den Menschen als wollendes Wesen ins Auge, so können Sie alle diese Bestandteile finden: Instinkt, Trieb, Begierde und Motiv, und dann leise anklingend das, was schon im Geistselbst, im Lebensgeist und im Geistesmenschen lebt als Wunsch, Vorsatz und Entschluß.

Das hat nun für die Entwickelung des Menschen eine große Bedeutung. Denn was da leise lebt als sich aufbewahrend für die Zeit nach dem Tode, das lebt sich im Bilde aus beim Menschen zwischen Geburt und Tod. Da bezeichnet man es dann mit denselben Worten. Vorstellungsmäßig erleben wir auch da Wunsch, Vorsatz und Entschluß. Aber nur dann werden wir in menschlich entsprechender Weise diesen Wunsch, Vorsatz und Entschluß erleben, wenn diese Dinge in richtiger Art herangebildet werden. Was Wunsch, Vorsatz und Entschluß eigentlich in der tieferen Menschennatur sind, das tritt nicht hervor beim äußeren Menschen zwischen Geburt und Tod. Die Bilder treten im Vorstellungsleben hervor. Sie wissen ja gar nicht, wenn Sie nur das gewöhnliche Bewußtsein entwickeln, was Wunsch ist. Sie haben stets nur die Vorstellung des Wunsches.

Daher glaubt *Herbart,* es sei überhaupt in der Vorstellung des Wunsches schon ein Strebendes vorhanden. Beim Vorsatz ist es ebenso; vor ihm haben Sie auch nur die Vorstellung. Sie wollen so und so etwas tun, was sich real unten in der Seele abspielt, aber Sie wissen ja nicht, was da zugrunde liegt. Und nun erst der Entschluß! Wer weiß denn etwas davon? Nur von einem allgemeinen Wollen spricht die allgemeine Psychologie. – Und dennoch muß in alle diese drei Seelenkräfte regelnd und ordnend der Unterrichter und Erzieher eingreifen. Man muß gerade mit dem arbeiten, was in den Tiefen unten in der Menschennatur sich abspielt, wenn man erziehend und unterrichtend arbeiten will.

Geistesmensch:	Entschluß
Lebensgeist:	Vorsatz
Geistselbst:	Wunsch
Bewußtseinsseele Verstandesseele Empfindungsseele	} Motiv
Empfindungsleib:	Begierde
Ätherleib:	Trieb
Physischer Leib:	Instinkt

Es ist immer außerordentlich wichtig, daß man sich als Erzieher und Unterrichter bewußt werde: Es genügt nicht, den Unterricht einzurichten nach dem gewöhnlichen Menschenverkehr, sondern man muß diesen Unterricht aus der Erfassung des inneren Menschen heraus gestalten.

Diesen Fehler, den Unterricht nach dem gewöhnlichen Verkehr der Menschen einzurichten, möchte gerade der landläufige Sozialismus machen. Denken Sie sich nur einmal, es würde nach dem Ideal der gewöhnlichen marxistischen Sozialisten die Schule der Zukunft gestaltet werden. In Rußland ist es schon geschehen; daher ist dort die Lunatscharskische Schulreform etwas ganz Fürchterliches. Sie ist der Tod aller Kultur! Und wenn schon aus dem übrigen Bolschewismus sehr viel Schlimmes hervorgeht – das Schlimmste aus ihm wird die bolschewistische Unterrichtsmethode sein! Denn sie wird, wenn sie siegte, gründlich alles das ausrotten, was aus den früheren Zeiten an Kultur überkommen ist. Sie wird es nicht gleich in der ersten Generation erreichen, aber sie wird es bei den kommenden Generationen um so sicherer können, und dann wird sehr bald jegliche Kultur vom Erdboden verschwinden. Das müßten einige einsehen. Denn denken Sie sich, daß wir ja jetzt unter den dilettantischen Forderungen eines gemäßigten Sozialismus leben. Dahinein klingen die Klänge, die in der verkehrtesten Art den Sozialismus ausgestalten wollen. Gutes mit Schlimmem tönt da zusammen. Sie haben es ja in diesem Raume selbst gehört, haben Menschen gehört, die ein Loblied auf den Bolschewismus gesungen haben, und die gar keine Ahnung davon haben, daß dadurch das Teuflische selbst in den Sozialismus hineingetrieben wird.

Hier muß besonders achtgegeben werden. Es müssen Menschen da sein, welche wissen, daß der Fortschritt nach der sozialen Seite ein um so intimeres Erfassen des Menschen von seiten der Erziehung fordert. Daher muß man wissen, daß gerade von dem Zukunftserzieher und -unterrichter das Innerste der Menschennatur angefaßt werden muß, daß man mit diesem Innersten der Menschennatur leben muß und daß der gewöhnliche Verkehr, wie er sich zwischen den Erwachsenen abspielt, nicht im Unterricht angewendet werden darf. Was wollen denn die gewöhnlichen Marxisten? Sie wollen die Schule sozialistisch gestalten, wollen das Rektorat abschaffen und nichts an seine Stelle setzen und wollen möglichst die Kinder durch sich selbst erziehen lassen. Es kommt etwas Furchtbares heraus!

Wir waren einmal in einem Landerziehungsheim und wollten uns beim dortigen Unterrichte die erhebendste Stunde ansehen: die Religionsstunde. Wir kamen in das Unterrichtszimmer. Da lag auf dem Fensterbrett ein Bengel, der räkelte sich mit seinen Beinen zum Fenster hinaus; ein zweiter hockte auf dem Fußboden, ein dritter lag irgendwo auf dem Bauch und hob den Kopf nach aufwärts. So ungefähr waren alle Schüler in dem

Raume verteilt. Dann kam der sogenannte Religionslehrer und las ohne besondere Einleitung eine Novelle von Gottfried Keller vor. Dabei begleiteten die Schüler seine Vorlesung wieder mit den verschiedensten Räkeleien. Dann, als er damit zu Ende war, war die Religionsstunde aus, und alles ging ins Freie. Mir stieg bei diesem Erlebnis das Bild auf, daß neben diesem Landerziehungsheim ein großer Hammelstall war – und einige Schritte davon entfernt lebte dann diese Schülerschaft. – Gewiß, auch diese Dinge sollen nicht scharf getadelt werden. Es liegt viel guter Wille zugrunde, aber es ist eine vollständige Verkennung dessen, was für die Kultur der Zukunft zu geschehen hat.

Was will man denn heute nach dem sogenannten sozialistischen Programm? – Man will die Kinder so miteinander in Verkehr treten lassen, wie es bei den Erwachsenen der Fall ist. Das aber ist das Falscheste, was man in der Erziehung tun kann. Man muß sich bewußt sein dessen, daß das Kind noch etwas ganz anderes an Seelenkräften und auch an Körperkräften zu entwickeln hat, als die Erwachsenen im Wechselverkehr miteinander zu entwickeln haben. Also auf das, was tief unten in der Seele sitzt, muß die Erziehung und der Unterricht eingehen können; sonst kommt man nicht weiter. Daher wird man sich fragen müssen: Was vom Unterricht und von der Erziehung wirkt auf die Willensnatur des Menschen? – Diese Frage muß einmal ernstlich in Angriff genommen werden.

Wenn Sie an das gestern Gesagte denken, werden Sie sich erinnern: Alles Intellektuelle ist schon greisenhafter Wille, ist schon der Wille im Alter. Also alle gewöhnliche Unterweisung im verstandesmäßigen Sinne, alle gewöhnliche Ermahnung, alles, was für die Erziehung in Begriffe gefaßt wird, wirkt in dem Alter, das für die Erziehung in Betracht kommt, noch gar nicht auf das Kind. Nun fassen wir die Sache noch einmal zusammen, so daß wir wissen: Gefühl ist werdender, noch nicht gewordener Wille; aber im Willen lebt der ganze Mensch, so daß man auch bei dem Kinde rechnen muß mit den unterbewußten Entschlüssen. Hüten wir uns nur vor dem Glauben, daß wir mit allem, was wir meinen gut ausgedacht zu haben, auf den Willen des Kindes einen Einfluß haben. Wir müssen uns daher fragen: Wie können wir einen guten Einfluß auf die Gefühlsnatur des Kindes nehmen? Das können wir nur durch das, was wir einrichten als das wiederholentliche Tun. Nicht dadurch, daß Sie dem Kinde einmal sagen, was richtig ist, können Sie den Willensimpuls zur richtigen Auswirkung bringen, sondern indem Sie heute und morgen und übermorgen etwas von dem Kinde tun lassen. Das Richtige liegt gar nicht zunächst darin, daß Sie darauf ausgehen, dem Kinde Ermahnungen, Sittenregeln zu geben, sondern Sie lenken es hin auf irgend etwas, von dem Sie glauben, daß es das Gefühl für das Richtige im Kinde erwecken wird und lassen dies das Kind wiederholentlich tun. Sie müssen eine solche Handlung zur Gewohnheit erheben. Je mehr es bei der unbewußten Gewohnheit bleibt, um so besser ist es für die Entwickelung des Gefühls; je mehr das Kind sich bewußt wird, die Tat aus Hingabe in der Wiederholung zu tun, weil sie getan werden soll, weil sie getan werden muß, desto mehr erheben Sie dies zum wirklichen Willensimpuls. Also mehr unbewußtes Wiederholen kultiviert das Gefühl; vollbewußtes Wiederholen kultiviert den eigentlichen Willensimpuls, denn dadurch wird die Entschlußkraft erhöht. Und die Entschlußkraft, die sonst nur im Unterbewußten bleibt, wird angespornt dadurch, daß Sie das Kind bewußt Dinge wiederholen lassen. Wir dürfen also nicht mit Bezug auf die Willenskultur auf das sehen, was beim intellektuellen Leben von besonderer Wichtigkeit ist. Im intellektuellen Leben rechnen wir immer darauf: man bringt einem Kinde etwas bei, und es ist um so besser, je besser es die Sache begriffen hat. Auf das einmalige Beibringen legt man den großen Wert; dann soll die Sache nur behalten, gemerkt werden. Aber was so einmal beigebracht und dann behalten werden kann, das wirkt nicht auf Gefühl und Wille, sondern auf Gefühl und Wille wirkt das, was immer wieder getan wird und was als das durch die Verhältnisse Gebotene für richtig getan angesehen wird.

Die früheren, mehr naiv patriarchalischen Erziehungsformen haben das auch naiv patriarchalisch angewendet. Es wurde einfach Lebensgewohnheit. In allen diesen Dingen, die so angewendet wurden, liegt durchaus etwas auch gut Pädagogisches. Warum läßt man zum Beispiel jeden Tag dasselbe Vaterunser beten? Wenn der heutige Mensch jeden Tag dieselbe Geschichte lesen sollte, so würde er es gar nicht tun, das würde ihm viel zu langweilig fallen. Der heutige Mensch ist eben auf die Einmaligkeit dressiert. Die Menschen früherer Art haben alle noch das kennengelernt, daß sie nicht nur dasselbe Vaterunser täglich gebetet haben, sondern sie haben auch noch ein Buch mit Geschichten gehabt, die sie jede Woche mindestens einmal gelesen haben. Dadurch waren sie auch dem Willen nach stärkere Menschen als diejenigen, welche aus der heutigen Erziehung hervorgehen; denn auf Wiederholung und bewußter Wiederholung beruht die Willenskultur. Das muß berücksichtigt werden. Daher genügt es nicht, in abstracto zu sagen, man muß auch den Willen erziehen. Denn man wird dann glauben, wenn man selber gute Ideen für die Willensausbildung hat und diese durch irgendwelche raffinierte Methoden dem Kinde beibringt, zur Ausbildung des Willens etwas beizutragen. Das nützt aber gar nichts in Wirklichkeit. Es werden doch nur schwache, nervöse Menschen diejenigen, welche man zur Moral ermahnen will. Innerlich stark werden die Menschen werden, wenn man zum Beispiel zu den Kindern sagt: Du tust heute dies, und du tust heute das, und ihr beide werdet morgen und übermorgen dasselbe tun. – Da tun sie es auf Autorität hin, weil sie einsehen, daß einer in der Schule befehlen muß. Also: einem jeden eine Art Handlung für jeden Tag zuweisen, die sie dann jeden Tag unter Umständen das ganze Schuljahr hindurch, vollbringen – das ist etwas, was auf die Willensbildung sehr stark wirkt. Das schafft erstens einen Kontakt unter den Schülern; dann stärkt es die Autorität des Unterrichtenden und bringt die Menschen in eine wiederholentliche Tätigkeit hinein, die stark auf den Willen wirkt.

Warum wirkt denn ganz besonders das künstlerische Element auf die Willensbildung? Weil das ja im Üben erstens auf Wiederholung beruht, zweitens aber auch, weil dasjenige, was sich der Mensch künstlerisch aneignet, ihm immer wieder Freude macht. Das Künstlerische genießt man immer wieder, nicht nur das erste Mal. Es hat schon in sich die Anlage, den Menschen nicht nur einmal anzuregen, sondern ihn unmittelbar immer wieder zu erfreuen. Und daher haben wir das, was wir im Unterricht wollen, in der Tat zusammenhängend mit dem künstlerischen Element. Darauf wollen wir dann morgen weiter eingehen.

Ich wollte heute zeigen, wie auf die Willensbildung anders gewirkt werden muß als auf die Ausbildung des Intellektuellen.

FÜNFTER VORTRAG

Wir haben gestern die Wesenheit des Willens besprochen, insofern der Wille in den menschlichen Organismus eingegliedert ist. Wir wollen nun die Beziehungen des Willens zum Menschen, die wir kennengelernt haben, fruchtbar machen für die Anschauung der übrigen Wesenheit des Menschen.

Sie werden bemerkt haben, daß ich bei den bisherigen Besprechungen der menschlichen Wesenheit hauptsächlich Rücksicht genommen habe auf die intellektuelle, auf die Erkenntnistätigkeit auf der einen Seite und auf die Willenstätigkeit auf der anderen Seite. Ich habe Ihnen ja auch gezeigt, wie die Erkenntnistätigkeit im Zusammenhang steht mit dem Nervenwesen des Menschen, wie die Willensstärke im Zusammenhang steht mit der Bluttätigkeit. Sie werden, wenn Sie über die Sache nachdenken, sich fragen: Wie steht es denn nun mit der dritten Seelenfähigkeit, mit der Gefühlstätigkeit? – Die haben wir bisher noch wenig berücksichtigt. Aber gerade indem wir die Gefühlstätigkeit heute mehr ins Auge fassen, wird sich uns auch die Möglichkeit bieten, die anderen beiden Seiten der Menschennatur, die erkennende und die willensmäßige, intensiver zu durchdringen.

Wir müssen uns nur über eines noch klar werden, das ich ja in verschiedenen Zusammenhängen schon erwähnt habe. Man kann nicht die Seelenfähigkeiten so pedantisch nebeneinanderstellen: Denken, Fühlen, Wollen – weil in der ganzen lebendigen Seele die eine Tätigkeit immer in die andere übergeht.

Betrachten Sie einmal auf der einen Seite den Willen. Sie werden sich bewußt sein können, daß Sie nicht zu wollen imstande sind, was Sie nicht durchdringen mit Vorstellung, also mit erkenntnismäßiger Tätigkeit. Versuchen Sie in einer, wenn auch nur oberflächlichen Selbstbesinnung, auf Ihr Wollen sich zu konzentrieren. Sie werden immer finden: in dem Willensakt steckt immer irgendwie Vorstellen drinnen. Sie würden gar nicht Mensch sein, wenn Sie in dem Willensakt nicht Vorstellen drinnen hätten. Sie würden aus einer stumpfen, instinktiven Tätigkeit heraus alles das vollziehen, was aus Ihrem Willen strömt, wenn Sie nicht die Handlung, die aus dem Willen hervorquillt, mit vorstellender Tätigkeit durchdringen würden.

Ebenso nun wie in aller Willensbetätigung das Vorstellen steckt, so steckt in allem Denken der Wille drinnen. Wieder wird Ihnen eine, wenn auch nur recht oberflächliche Betrachtung Ihres eigenen Selbstes die Erkenntnis liefern, daß Sie, indem Sie denken, immer in das Gedankenbilden den Willen hineinströmen lassen. Wie Sie Gedanken selber formen, wie Sie einen Gedanken mit dem anderen verbinden, wie Sie zu Urteil und Schluß übergehen, das alles ist von einer feineren Willenstätigkeit durchströmt.

Daher können wir eigentlich nur sagen: Die Willenstätigkeit ist hauptsächlich Willenstätigkeit und hat in sich die Unterströmung der Denktätigkeit; die Denktätigkeit ist hauptsächlich Denktätigkeit und hat in ihrer Unterströmung Willenstätigkeit. Also ein pedantisches Nebeneinanderstellen ist schon für die Beobachtung der einzelnen Seelenbetätigungen nicht möglich, weil eben die eine in die andere überfließt.

Was Sie für die Seele erkennen können: das Ineinanderfließen der Seelentätigkeiten, das sehen Sie auch ausgeprägt in dem Leib, in dem sich die Seelentätigkeit offenbart. Betrachten Sie zum Beispiel das menschliche Auge. In das Auge hinein, wenn wir es in seiner Ganzheit betrachten, setzen sich fort die Nerven; aber es setzen sich in das Auge auch die Blutbahnen fort. Dadurch, daß sich die Nerven in das menschliche Auge hinein fortsetzen, strömt die Gedanken-, die Erkenntnistätigkeit ins Auge ein; dadurch, daß sich die Blutbahnen ins Auge fortsetzen, strömt die Willensbetätigung in das Auge ein. So ist bis in die Peripherie der Sinnesbetätigungen auch im Leibe Willensgemäßes und Vorstellungs- oder Erkenntnisgemäßes miteinander verbunden. Das ist für alle Sinne so, ist aber auch für alle Bewegungsglieder, die dem Wollen dienen, eben so: in unser Wollen, in unsere Bewegungen geht durch die Nervenbahnen das Erkenntnisgemäße und durch die Blutbahnen das Willensgemäße.

Nun müssen wir aber auch die besondere Art der Erkenntnistätigkeit kennenlernen. Wir haben schon darauf hingewiesen, aber wir müssen uns voll bewußt werden, was in diesem ganzen Komplex von menschlicher Tätigkeit, der nach der Erkenntnis-, der Vorstellungsseite hinneigt, alles liegt. Wir haben schon gesagt: Im Erkennen, im Vorstellen lebt eigentlich Antipathie. So sonderbar es ist, alles, was nach dem Vorstellen hinneigt, ist durchdrungen von Antipathie. Sie werden sich sagen: Ja, wenn ich etwas anschaue, so übe ich in diesem Anschauen doch nicht Antipathie aus! – Doch, Sie üben sie aus! Sie üben Antipathie aus, indem Sie einen Gegenstand ansehen. Würde in Ihrem Auge nur Nerventätigkeit sein, so würde Ihnen jeder Gegenstand, den Sie mit Ihren Augen ansehen, zum Ekel sein, er wäre Ihnen antipathisch. Nur dadurch, daß sich in die Augentätigkeit hinein auch die Willenstätigkeit ergießt, die in Sympathie besteht, dadurch daß sich leiblich in Ihr Auge hineinerstreckt das Blutmäßige, nur dadurch wird für Ihr Bewußtsein die Empfindung der Antipathie im sinnlichen Anschauen ausgelöscht, und es wird durch einen Ausgleich zwischen Sympathie und Antipathie der objektive, gleichgültige Akt des Sehens hervorgerufen. Er wird da hervorgerufen, indem Sympathie und Antipathie sich ins Gleichgewicht stellen und uns dieses Ineinanderspielen von Sympathie und Antipathie gar nicht bewußt wird.

Wenn Sie die Goethesche Farbenlehre, auf die ich in diesem Zusammenhang schon einmal aufmerksam gemacht habe, studieren, namentlich in ihrem physiologisch-didaktischen Teil, dann werden Sie sehen: weil *Goethe* eingeht auf die tiefere Tätigkeit des Sehens, so kommt dadurch für seine Betrachtung in den Farbennuancen gleich zum Vorschein das Sympathische und das Antipathische. Sie brauchen nur ein wenig hineindringen in die Tätigkeit eines Sinnesorgans, dann finden Sie sogleich das Sympathische und das Antipathische in der Sinnestätigkeit auftauchen. Es rührt eben auch in der Sinnestätigkeit das Antipathische her von dem eigentlichen Erkenntnisteil, von dem Vorstellungsteil, dem Nerventeil, und das Sympathische rührt her von dem eigentlichen Willensteil, von dem Blutteil.

Es gibt einen bedeutungsvollen Unterschied, den ich auch schon in den allgemeinen anthroposophischen Vorträgen öfter hervorgehoben habe, zwischen den Tieren und den Menschen mit Bezug auf die Einrichtung des Auges. Es ist sehr eigentümlich, daß das Tier viel mehr von Bluttätigkeit im Auge hat als der Mensch. Bei gewissen Tieren finden Sie sogar Organe, welche dieser Bluttätigkeit dienen, wie den «Schwertfortsatz» und den «Fächer». Daraus können Sie entnehmen, daß das Tier viel mehr von Bluttätigkeit auch ins Auge hineinsendet, und so ist es auch bei den übrigen Sinnen, als der Mensch. Das heißt, das Tier entwickelt in seinen Sinnen viel mehr Sympathie, instinktive Sympathie mit der Umwelt als der Mensch. Der Mensch hat in Wirklichkeit mehr Antipathie zu der Umwelt als das Tier, aber sie kommt im gewöhnlichen Leben nicht zum Bewußtsein. Sie kommt nur zum Bewußtsein, wenn sich das Anschauen der Umwelt steigert bis zu dem Eindruck, auf den wir mit dem Ekel reagieren. Das ist nur ein gesteigerter Eindruck alles sinnlichen Wahrnehmens: Sie reagieren mit dem Ekel auf den äußeren Eindruck. Wenn Sie an einen Ort gehen, der übel riecht, und Sie empfinden in der Sphäre dieses Übelriechens Ekel, so ist dieses Ekelempfinden nichts anderes als eine Steigerung desjenigen, was bei jeder Sinnestätigkeit stattfindet, nur bleibt die Begleitung der Empfindung durch den Ekel in der gewöhnlichen Sinnesempfindung unter der Bewußtseinsschwelle liegend. Wenn wir Menschen aber nicht mehr Antipathie hätten zu unserer Umgebung als das Tier, so würden wir uns nicht so stark absondern von unserer Umgebung, als wir uns tatsächlich absondern. Das Tier hat viel mehr Sympathie mit der Umgebung, ist daher viel mehr mit der Umgebung zusammengewachsen, und es ist deshalb auch viel mehr angewiesen auf die Abhängigkeit vom Klima, von den Jahreszeiten und so weiter als der Mensch. Weil der Mensch viel mehr Antipathie hat gegen die Umgebung, deshalb ist er eine Persönlichkeit. Der Umstand, daß wir uns durch unsere unter der Schwelle des Bewußtseins liegende Antipathie absondern können von der Umgebung, diese Tatsache bewirkt unser gesondertes Persönlichkeitsbewußtsein.

Damit aber haben wir auf etwas hingewiesen, was zur ganzen Auffassung des Menschen ein sehr Wesentliches beiträgt.

Wir haben gesehen, wie in der Erkenntnis- oder Vorstellungstätigkeit zusammenfließen: Denken – Nerventätigkeit, leiblich ausgedrückt; und Wollen – Bluttätigkeit, leiblich ausgedrückt.

So aber fließen auch zusammen in der Willensbetätigung vorstellende und eigentliche Willenstätigkeit. Wir entwickeln immer, wenn wir irgend etwas wollen, Sympathie mit dem Gewollten. Aber es würde immer ein ganz instinktives Wollen bleiben, wenn wir uns nicht auch durch eine in die Sympathie des Wollens hineingeschickte Antipathie absondern könnten als Persönlichkeit von der Tat, von dem Gewollten. Nur überwiegt jetzt eben durchaus die Sympathie zu dem Gewollten, und es wird nur ein Ausgleich mit dieser Sympathie dadurch geschaffen, daß wir auch die Antipathie hineinschicken. Dadurch bleibt aber die Sympathie als solche unter der Schwelle des Bewußtseins liegend, es dringt nur etwas von dieser Sympathie ein in das Gewollte. In den ja nicht sehr zahlreichen Handlungen, die wir nicht bloß aus Vernunft vollbringen, sondern die wir in wirklicher Begeisterung, in Hingabe, in Liebe ausführen, da überwiegt die Sympathie so stark im Wollen, daß sie auch hinaufdringt über die Schwelle unseres Bewußtseins und unser Wollen selber uns durchtränkt erscheint von Sympathie, während es uns sonst als ein Objektives verbindet mit der Umwelt, sich uns so offenbart. Geradeso wie uns nur ausnahmsweise, nicht immer, unsere Antipathie mit der Umwelt ins Bewußtsein kommen darf im Erkennen, so darf uns unsere immer vorhandene Sympathie mit der Umwelt nur in Ausnahmefällen, in Fällen der Begeisterung, der hingebenden Liebe, zum Bewußtsein kommen. Sonst würden wir alles instinktiv ausführen. Wir würden uns niemals in das, was objektiv, zum Beispiel im sozialen Leben, die Welt von uns fordert, eingliedern können. Wir müssen gerade das Wollen denkend durchdringen, damit dieses Wollen uns eingliedert in die Gesamtmenschheit und in den Weltenprozeß als solchen.

Sie werden sich das, was dabei geschieht, vielleicht klarmachen können, wenn Sie bedenken, welche Verheerungen es in der menschlichen Seele eigentlich anrichten würde, wenn im gewöhnlichen Leben diese ganze Sache, von der ich jetzt gesprochen habe, bewußt wäre. Wenn diese Sache im gewöhnlichen Leben fortwährend in der menschlichen Seele bewußt wäre, dann wäre dem Menschen ein gut Stück Antipathie bewußt, das bei allen seinen Handlungen begleitend wäre. Das wäre furchtbar! Der Mensch ginge dann durch die Welt und fühlte sich fortwährend in einer Atmosphäre von Antipathie. Das ist weise eingerichtet in der Welt, daß diese Antipathie als eine Kraft zwar notwendig ist zu unserem Handeln, daß wir uns ihrer aber nicht bewußt werden, daß sie unter der Schwelle des Bewußtseins bleibt.

Nun schauen Sie da, ich möchte sagen, in ein merkwürdiges Mysterium der menschlichen Natur hinein, in ein Mysterium, das eigentlich jeder bessere Mensch empfindet, das aber der Erzieher und Unterrichter sich ganz zum Bewußtsein bringen sollte. Wir handeln ja, indem wir zuerst Kinder werden, mehr oder weniger aus bloßer Sympathie. So sonderbar es klingt: aber alles, was das Kind tut und tobt, ist aus Sympathie zu dem Tun und Toben vollbracht. Wenn die Sympathie geboren wird in der Welt, so ist sie starke Liebe, starkes Wollen. Aber sie kann nicht so bleiben, sie muß durchdrungen werden vom Vorstellen, sie muß gewissermaßen fortwährend erhellt werden vom Vorstellen. Das geschieht in umfassender Weise, indem wir eingliedern in unsere bloßen Instinkte die Ideale, die moralischen Ideale. Und jetzt werden Sie besser begreifen können, was eigentlich auf diesem Gebiete die Antipathie bedeutet. Blieben uns die Instinktimpulse, die wir in dem kleinen Kinde bemerken, durch das ganze Leben nur sympathisch, wie sie dem Kinde sympathisch sind, so würden wir uns unter dem Einfluß unserer Instinkte animalisch entwickeln. Diese Instinkte müssen uns antipathisch werden, wir müssen Antipathie in sie hineingießen. Dann, wenn wir Antipathie in sie hineingießen, tun wir das durch unsere moralischen Ideale, denen die Instinkte antipathisch sind und die zunächst für unser Leben zwischen Geburt und Tod Antipathie in die kindliche Sympathie der Instinkte hineinsetzen. Daher ist moralische Entwickelung immer etwas Asketisches. Es muß nur dieses Asketische im richtigen Sinne gefaßt werden. Es ist immer ein Üben in der Bekämpfung des Animalischen.

Das alles soll uns lehren, in wie hohem Grade Wollen nicht nur Wollen in der praktischen Betätigung des Menschen ist, sondern inwiefern Wollen durchaus auch von Vorstellen, von erkennender Tätigkeit durchdrungen ist.

Nun steht zwischen Erkennen, Denken und Wollen mitten drinnen die menschliche Gefühlstätigkeit. Wenn Sie sich das vorstellen, was ich jetzt als Wollen und Denken entwickelt habe, so können Sie sich sagen: Von einer gewissen mittleren Grenze strömt auf der einen Seite alles das aus, was Sympathie ist: Wollen; auf der anderen Seite strömt aus alles, was Antipathie ist: Denken. Aber die Sympathie des Wollens wirkt auch zurück in das Denken hinein, und die Antipathie des Denkens wirkt auch in das Wollen hinein. Und so wird der Mensch ein Ganzes, indem das, was sich auf der einen Seite hauptsächlich entwickelt, auch in die andere Seite hineinwirkt. Zwischendrinnen nun, zwischen Denken und Wollen, liegt das Fühlen, so daß das Fühlen nach der einen Richtung hin verwandt ist mit dem Denken, nach der anderen Richtung hin mit dem Wollen. Wie Sie schon in der ganzen menschlichen Seele nicht streng auseinanderhalten können erkennende oder denkerische Tätigkeit und Willenstätigkeit, so können Sie noch weniger auseinanderhalten im Fühlen das denkerische Element von dem Willenselement. Im Fühlen fließen ganz stark ineinander Willenselemente und Denkelemente.

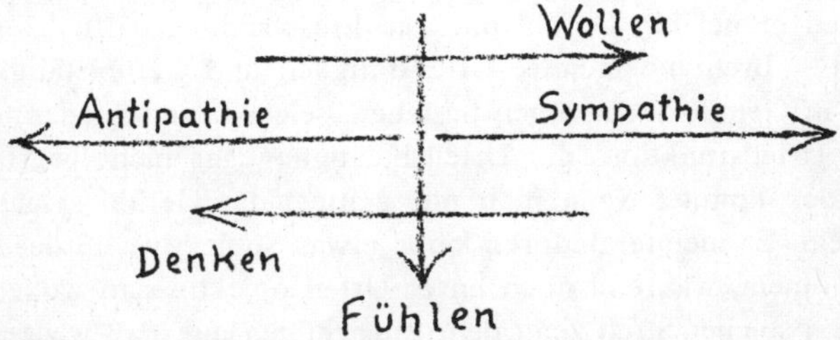

Auch hier können Sie wieder durch die bloße Selbstbeobachtung, wenn Sie diese auch nur oberflächlich ausüben, sich von der Richtigkeit des eben Gesagten überzeugen. Schon was ich bis jetzt gesagt habe, führt Sie auf die Anschauung von dieser Richtigkeit, denn ich sagte Ihnen: Das Wollen, das im gewöhnlichen Leben objektiv verläuft, steigert sich bis zur Tätigkeit aus Enthusiasmus, aus Liebe heraus. Da sehen Sie ganz deutlich ein sonst von der Notwendigkeit des äußeren Lebens hervorgebrachtes Wollen durchströmt vom Fühlen. Wenn Sie etwas Enthusiastisches oder Liebevolles tun, so tun Sie das, was aus dem Willen fließt, indem Sie es durchdrungen sein lassen von einem subjektiven Gefühl. Aber auch bei der Sinnestätigkeit können Sie sehen, wenn Sie genauer zusehen – eben durch die Goethesche Farbenlehre –, wie sich in die Sinnestätigkeit hineinmischt das Fühlen. Und wenn sich die Sinnestätigkeit bis zum Ekel steigert oder auf der anderen Seite bis zum Einsaugen des angenehmen Blumenduftes, so haben Sie auch dabei die Gefühlstätigkeit in die Sinnestätigkeit ohne weiteres überfließend.

Aber auch in die Denktätigkeit fließt die Gefühlstätigkeit hinein. Es war einmal ein, äußerlich wenigstens, sehr bemerkenswerter philosophischer Streit – es gab ja in der Geschichte der Weltanschauungen viele philosophische Streitigkeiten – zwischen dem Psychologen *Franz Brentano* und dem Logiker *Sigwart* in Heidelberg. Die beiden Herren stritten miteinander über das, was in der Urteilstätigkeit des Menschen liegt. Sigwart meinte: Wenn der Mensch urteilt, sagen wir, er fällt das Urteil: Der Mensch soll gut sein –, so spräche in einem solchen Urteil immer ein Gefühl mit; die Entscheidung trifft das Gefühl. – Brentano meinte: Urteilstätigkeit und Gefühlstätigkeit, die in Gemütsbewegungen bestehen, seien so verschieden, daß die Urteilsfunktion, die Urteilsbetätigung gar nicht begriffen werden könnte, wenn man nur glaube, das Gefühl spiele da hinein. Er meinte, dadurch käme etwas Subjektives in das Urteil hinein, während doch unser Urteil objektiv sein wolle.

Ein solcher Streit zeigt dem Einsichtigen nur, daß weder die Psychologen noch die Logiker auf das gekommen sind, worauf sie kommen sollten: auf das Ineinanderfließen der Seelentätigkeiten. Bedenken Sie, was hier wirklich beobachtet werden muß. Wir haben auf der einen Seite die Urteilsfähigkeit, die natürlich entscheiden muß über etwas ganz Objektives. Daß der Mensch gut sein muß, darf nicht von unserem subjektiven Gefühl abhängen. Also der Inhalt des Urteils muß objektiv sein. Aber wenn wir urteilen, kommt ja noch etwas ganz anderes in Betracht. Die Dinge, die objektiv richtig sind, sind ja deshalb noch nicht bewußt in unserer Seele. Wir müssen sie erst bewußt in unsere Seele hereinbekommen. Und bewußt bekommen wir kein Urteil in unsere Seele herein, ohne daß die Gefühlstätigkeit mitwirkt. Daher müssen wir sagen, Brentano und Sigwart hätten sich dahin einigen müssen, daß sie beide gesagt hätten: Ja, der objektive Inhalt des Urteils steht außerhalb der Gefühlstätigkeit fest; damit aber in der subjektiven Menschenseele die Überzeugung von der Richtigkeit des Urteils zustande komme, muß die Gefühlstätigkeit sich entwickeln.

Sie sehen daraus, wie schwer es ist bei der ungenauen Art der philosophischen Betrachtungen, wie sie gegenwärtig gepflogen werden, überhaupt zu genauen Begriffen zu kommen. Zu solchen genauen Begriffen muß man sich ja erst erheben, und es gibt heute keine andere Erziehung zu genauen Begriffen als die durch Geisteswissenschaft. Die äußere Wissenschaft meint, sie habe genaue Begriffe, und sie ergeht sich sehr hochnäsig über das, was anthroposophisch orientierte Geisteswissenschaft liefert, weil sie keine Ahnung hat, daß die von dieser Seite gelieferten Begriffe gegenüber den heute gebräuchlichen viel genauer und exakter sind, weil sie aus der Wirklichkeit hergeholt sind, nicht aus dem bloßen Spiel mit den Worten.

Indem Sie so das gefühlsmäßige Element nach der einen Seite verfolgen in dem Erkennenden, in dem Vorstellenden, und auf der anderen Seite in dem Willensgemäßen, werden Sie sich sagen: Das Gefühl steht als die mittlere Seelenbetätigung zwischen Erkennen und Wollen drinnen und strahlt seine Wesenheit nach den beiden Richtungen aus. – Gefühl ist sowohl noch nicht ganz gewordene Erkenntnis, wie noch nicht ganz gewordener Wille, zurückgehaltene Erkenntnis und zurückgehaltener Wille. Daher auch ist das Fühlen zusammengesetzt aus Sympathie und Antipathie, die sich nur verstecken, wie Sie gesehen haben, sowohl im Erkennen wie im Wollen. Beide, Sympathie und Antipathie, sind im Erkennen und Wollen vorhanden, indem leiblich Nerventätigkeit und Bluttätigkeit zusammenwirken, aber sie verstecken sich. Im Fühlen werden sie offenbar.

Wie schauen denn daher die leiblichen Offenbarungen des Fühlens aus? Sie werden ja im menschlichen Leibe überall finden, wie die Blutbahnen mit den Nervenbahnen in irgendeiner Weise sich berühren. Und überall dort, wo Blutbahnen mit Nervenbahnen sich berühren, entsteht eigentlich Gefühl. Nur ist, in den Sinnen zum Beispiel, sowohl der Nerv wie das Blut so verfeinert, daß wir nicht mehr das Gefühl spüren. Von einem leisen Gefühl ist all unser Sehen und Hören durchzogen, aber wir spüren es nicht; wir spüren es um so weniger, als das Sinnesorgan abgegrenzt, abgetrennt ist von dem übrigen Leib. Beim Sehen, bei der Augentätigkeit, spüren wir das gefühlsmäßige Sympathisieren und Antipathisieren fast gar nicht, weil das Auge, in der Knochenrundung eingebettet, fast ganz vom übrigen Organismus abgesondert ist. Und sehr verfeinert sind die Nerven, die sich ins Auge hineinerstrecken und auch die Blutbahnen, die sich ins Auge hineinerstrecken. Es ist das gefühlsmäßige Empfinden im Auge sehr unterdrückt. – Weniger unterdrückt ist das Gefühlsmäßige beim Sinn des Hörens. Das Hören steht viel mehr als das Schauen mit der Gesamttätigkeit des Organismus in einem organischen Zusammenhang. Indem sich zahlreiche Organe im Ohre befinden, die ganz andersgeartet sind als die Organe des Auges, ist das Ohr in vieler Beziehung ein getreues Abbild desjenigen, was im ganzen Organismus vor sich geht. Daher wird das, was im Ohr als Sinnestätigkeit vor sich geht, sehr stark begleitet von Gefühlstätigkeit. Und hier wird es selbst Menschen, die sich gut auf das verstehen, was gehört wird, schwer, wirklich zur Klarheit zu kommen, was im Gehörten, besonders beim künstlerisch Gehörten, bloßes Erkennen und was Gefühlsmäßiges ist. Darauf beruht eine sehr interessante Erscheinung der neueren Zeit, die auch in die unmittelbare künstlerische Produktion hineingespielt hat.

Sie kennen alle in *Richard Wagners* «Meistersinger» die Figur des Beckmesser. Was sollte Beckmesser eigentlich darstellen? Er sollte darstellen einen musikalisch Auffassenden, der ganz vergißt, wie auch das gefühlsmäßige Element des ganzen Menschen in das Erkenntnismäßige der Gehörtätigkeit hineinwirkt. Wagner, der seine eigene Auffassung in dem Walther dargestellt hat, war wiederum ganz einseitig davon durchdrungen, daß hauptsächlich das Gefühlsmäßige im Musikalischen leben müsse. Was da im Walther und im Beckmesser aus einer mißverständlichen Auffassung – ich meine: bei beiden mißverständlichen Auffassung – sich gegenübergestellt wird, im Gegensatz zu der richtigen Auffassung, wie Gefühlsmäßiges und Erkenntnismäßiges im musikalischen Hören zusammenwirken, das kam in einer historischen Erscheinung dadurch zum Ausdruck, daß die Wagnersche Kunst bei ihrem Auftreten, namentlich aber bei ihrem Bekanntwerden einen Gegner fand in der Person von *Eduard Hanslick* in Wien, der alles, was in der Gefühlssphäre aufströmt in der Wagnerschen Kunst, als unmusikalisch ansah. Es gibt vielleicht wenig psychologisch so interessante Schriften auf dem Gebiete des Künstlerischen wie die «Vom musikalisch Schönen» von Eduard Hanslick. Darin wird hauptsächlich ausgeführt, daß der kein wahrer Musiker ist, keinen wahren musikalischen Sinn hat, der alles vom Gefühlsmäßigen in der Musik herholen möchte, sondern nur derjenige, der in der objektiven Verbindung von Ton zu Ton den eigentlichen Nerv des Musikalischen sieht, in der alles Gefühlsmäßige entbehrenden Arabeske, die sich zusammenfügt von Ton zu Ton. Mit einer wunderbaren Reinlichkeit wird da die Forderung, daß das höchste Musikalische nur im Tonbilde, in der Tonarabeske bestehen darf, ausgeführt in dem Buche «Vom musikalisch Schönen» von Eduard Hanslick, und es wird aller mögliche Spott über das ergossen, was gerade den Nerv des Wagnertums ausmacht als das Schaffen des Tonlichen aus dem Gefühlselemente heraus. Daß überhaupt ein solcher Streit wie der zwischen Hanslick und Wagner auftreten konnte auf dem Gebiete des Musikalischen, das bezeugt eben, daß psychologisch die Ideen über die Seelenbetätigungen in der neueren Zeit durchaus im unklaren waren, sonst hätte gar nicht eine solch einseitige Neigung, wie sie bei Hanslick hervortrat, entstehen können. Durchschaut man aber das Einseitige und gibt man sich dann hin den philosophisch starken Auseinandersetzungen von Hanslick, dann wird man sagen: das Büchelchen «Vom musikalisch Schönen» ist ein sehr geistreiches.

Sie sehen daraus, daß bei dem einen Sinne mehr, bei dem anderen weniger von dem ganzen Menschen, der zunächst als Gefühlswesen lebt, in die Peripherie hineindringt, erkenntnismäßig.

Das wird und muß auch Sie gerade zum Behufe pädagogischer Einsicht auf etwas aufmerksam machen, was eine große Verheerung im wissenschaftlichen Denken der Gegenwart anrichtet. Hätten wir hier nicht vorbereitend gesprochen und sprächen wir nicht vorbereitend über das, was Sie hinüberleiten soll zu einer reformatorischen Tätigkeit, so müßten Sie aus den jetzigen vorhandenen Pädagogiken, aus den bestehenden Psychologien und Logiken und aus den Erziehungspraktiken sich das zusammensetzen, was Sie in Ihrer Schultätigkeit ausüben wollen. Sie müßten das, was außen üblich geworden ist, in die Schultätigkeit hineintragen. Nun leidet aber das, was heute üblich geworden ist, von vornherein an einem großen Übelstand schon mit Bezug auf die Psychologie. Sie finden ja in jeder Psychologie zunächst eine sogenannte Sinneslehre. Indem man untersucht, worauf die Sinnestätigkeit beruht, gewinnt man die Sinnestätigkeit des Auges, des Ohres, der Nase und so weiter. Man faßt alles in einer großen Abstraktion «Sinnestätigkeit» zusammen. Das ist ein großer Fehler, ist ein beträchtlicher Irrtum. Denn nehmen Sie nur diejenigen Sinne, die zunächst dem heutigen Physiologen oder Psychologen bekannt sind, so werden Sie, wenn Sie zunächst nur auf das Leibliche sehen, beobachten können, daß eigentlich der Sinn des Auges etwas ganz anderes ist als der Sinn des Ohres. Auge und Ohr sind zwei ganz verschiedene Wesen. Und dann erst die Organisation des Tastsinnes, die überhaupt noch gar nicht erforscht ist, auch nicht in nur so befriedigender Weise, wie es beim Auge und Ohr der Fall ist! Aber bleiben wir beim Auge und Ohr stehen. Sie sind zwei ganz verschiedene Tätigkeiten, so daß die Zusammenfassung des Sehens und Hörens in eine «allgemeine Sinnestätigkeit» eine graue Theorie ist. Man müßte, wollte man richtig hier zu Werke gehen, mit einem konkreten Anschauungsvermögen zunächst überhaupt nur sprechen von der Betätigung des Auges, von der Betätigung des Ohres, von der Betätigung des Geruchsorgans und so weiter. Dann würde man eine so große Verschiedenheit finden, daß einem die Lust verginge, eine allgemeine Sinnesphysiologie, wie sie die heutigen Psychologien haben, aufzustellen.

Man kommt in der Betrachtung der menschlichen Seele nur zu einer Einsicht, wenn man auf dem Gebiete stehenbleibt, das ich zu begrenzen versuchte in meinen Auseinandersetzungen sowohl in «Wahrheit und Wissenschaft» wie in der «Philosophie der Freiheit». Dann kann man von der einheitlichen Seele sprechen, ohne daß man dabei in Abstraktionen verfällt. Denn da steht man auf einem sicheren Boden; da geht man davon aus, daß der Mensch sich in die Welt hineinlebt und nicht die ganze Wirklichkeit hat. Sie können das in «Wahrheit und Wissenschaft» und in der «Philosophie der Freiheit» nachlesen. Der Mensch hat anfangs nicht die ganze Wirklichkeit. Er entwickelt sich erst weiter, und im Weiterentwickeln wird ihm das, was vorher noch nicht Wirklichkeit ist, durch das Ineinandergehen von Denken und Anschauung erst zur wahren Wirklichkeit. Der Mensch erobert sich erst die Wirklichkeit. In dieser Beziehung hat der Kantianismus, der sich in alles eingefressen hat, die furchtbarsten Verheerungen angerichtet. Was tut denn der Kantianismus? Er sagt von vornherein dogmatisch: Die Welt, die uns umgibt, haben wir zunächst anzuschauen, und in uns lebt eigentlich nur das Spiegelbild von dieser Welt. So kommt er zu allen seinen anderen Deduktionen. *Kant* ist sich nicht im klaren darüber, was in der wahrgenommenen Umgebung des Menschen ist. Denn die Wirklichkeit ist nicht in der Umgebung, ist auch nicht in der Erscheinung, sondern es ist so, daß die Wirklichkeit erst nach und nach auftaucht durch unser Erobern dieser Wirklichkeit, so daß das Letzte, was an uns herantritt, die Wirklichkeit erst ist. Im Grunde genommen wäre das die richtige Wirklichkeit, was der Mensch in dem Augenblicke erschaut, wo er sich nicht mehr aussprechen kann, in jenem Augenblicke nämlich, wo er durch die Pforte des Todes geht.

Es sind sehr viele falsche Elemente eingeflossen in die neuere Geisteskultur, und das wirkt am einschneidendsten auf dem Gebiete der Pädagogik. Daher müssen wir bestrebt sein, an die Stelle der falschen Begriffe die richtigen zu setzen. Dann werden wir das, was wir für den Unterricht zu tun haben, auch in der richtigen Weise ausüben können.

SECHSTER VORTRAG

Wir haben bisher versucht, den Menschen zu begreifen, insofern uns dieses Begreifen für die Erziehung des Kindes notwendig ist, vom seelischen Standpunkte aus. Wir werden ja die drei Standpunkte auseinanderhalten müssen – den geistigen, den seelischen und den physischen Standpunkt – und werden, um eine vollständige Anthropologie zu bekommen, von jedem dieser Standpunkte aus den Menschen betrachten. Es liegt am nächsten, die seelische Betrachtung zu vollziehen, weil dem Menschen im gewöhnlichen Leben eben das Seelische am nächsten liegt. Und Sie werden auch empfunden haben, daß wir, indem wir zu diesem Begreifen des Menschen als Hauptbegriffe verwendet haben Antipathie und Sympathie, damit auf das Seelische hingezielt haben. Es wird sich für uns nicht entsprechend erweisen, wenn wir vom Seelischen gleich auf das Leibliche übergehen, denn wir wissen aus unseren geisteswissenschaftlichen Betrachtungen heraus, daß das Leibliche nur gefaßt werden kann, wenn es als eine Offenbarung des Geistigen und auch des Seelischen aufgefaßt wird. Daher werden wir zu der seelischen Betrachtung, die wir in allgemeinen Linien skizziert haben, jetzt hinzufügen eine Betrachtung des Menschen vom geistigen Gesichtspunkte aus, und wir werden dann erst auf die eigentliche, jetzt so genannte Anthropologie, auf die Betrachtung des Menschenwesens, wie es sich in der äußeren physischen Welt zeigt, näher eingehen.

Wenn Sie von irgendeinem Gesichtspunkt aus den Menschen zweckmäßig betrachten wollen, so müssen Sie immer wieder und wieder zurückgehen auf die Gliederung der menschlichen Seelentätigkeiten in Erkennen, das im Denken verläuft, in Fühlen und in Wollen. Wir haben bis jetzt Denken oder Erkennen, Fühlen und Wollen in die Atmosphäre von Antipathie und Sympathie gerückt. Wir wollen jetzt einmal eben vom geistigen Gesichtspunkte aus Wollen, Fühlen und Erkennen ins Auge fassen.

Sie werden auch vom geistigen Gesichtspunkte aus einen Unterschied finden zwischen Wollen, Fühlen und denkendem

Erkennen. Betrachten Sie nur das Folgende. Indem Sie denkend erkennen, müssen Sie empfinden – wenn ich mich zunächst bildlich ausdrücken darf, aber das Bildliche wird uns zu Begriffen verhelfen –, daß Sie gewissermaßen im Lichte leben. Sie erkennen und fühlen sich ganz drinnen mit Ihrem Ich in dieser Tätigkeit des Erkennens. Gewissermaßen jeder Teil, jedes Glied derjenigen Tätigkeit, die Sie Erkennen nennen, ist drinnen in alledem, was Ihr Ich tut; und wieder: was Ihr Ich tut, ist drinnen in der Tätigkeit des Erkennens. Sie sind ganz im Hellen, Sie leben in einer vollbewußten Tätigkeit, wenn ich mich begrifflich ausdrücken darf. Es wäre auch schlimm, wenn Sie beim Erkennen nicht in einer vollbewußten Tätigkeit wären. Denken Sie einmal, wenn Sie das Gefühl haben müßten: während Sie ein Urteil fällen, geht mit Ihrem Ich irgendwo im Unterbewußten etwas vor, und das Ergebnis dieses Vorganges sei das Urteil! Nehmen Sie an, Sie sagen: Dieser Mensch ist ein guter Mensch –, fällen also ein Urteil. Sie müssen sich bewußt sein, daß das, was Sie brauchen, um dieses Urteil zu fällen – das Subjekt «der Mensch», das Prädikat «er ist ein guter» –, Glieder sind eines Vorganges, der Ihnen ganz gegenwärtig ist, der für Sie ganz vom Lichte des Bewußtseins durchzogen ist. Müßten Sie annehmen, irgendein Dämon oder ein Mechanismus der Natur knäuele zusammen den «Menschen» mit dem «Gutsein», während Sie das Urteil fällen, dann wären Sie nicht vollbewußt in diesem erkennenden Denkakt drinnen, und Sie wären immer mit etwas vom Urteil im Unbewußten. Das ist das Wesentliche beim denkenden Erkennen, daß Sie in dem ganzen Weben der Tätigkeit beim denkenden Erkennen mit Ihrem vollen Bewußtsein drinnenstecken.

Nicht so ist es beim Wollen. Sie wissen ganz gut, wenn Sie das einfachste Wollen, das Gehen, entwickeln, so leben Sie eigentlich vollbewußt nur in der Vorstellung von diesem Gehen. Was innerhalb Ihrer Muskeln sich vollzieht, während Sie ein Bein nach dem anderen vorwärts bewegen, was da im Mechanismus und Organismus Ihres Leibes vorgeht, von dem wissen Sie nichts. Denken Sie nur, was Sie alles zu lernen haben würden von der Welt, wenn Sie alle die Vorrichtungen bewußt vollziehen müßten, welche beim Wollen des Gehens notwendig sind! Sie müßten dann genau wissen, wieviel von den Tätigkeiten, welche die Nahrungsstoffe in den Muskeln Ihrer Beine und in den anderen Körpermuskeln hervorrufen, verbraucht wird, während Sie sich anstrengen, zu gehen. Sie haben das nie ausgerechnet, wieviel Sie von dem verbrauchen, was Ihnen die Nahrung zuführt. Sie wissen ganz gut: Das alles geschieht in Ihrer Körperlichkeit sehr, sehr unbewußt. Indem wir wollen, mischt sich fortwährend in unsere Tätigkeit ein tiefes Unbewußtes hinein. Das ist nicht etwa bloß so, wenn wir das Wesen des Wollens an unserem eigenen Organismus betrachten. Auch was wir vollbringen, wenn wir unser Wollen auf die äußere Welt erstrecken, auch das umfassen wir keineswegs vollständig mit dem Lichte des Bewußtseins.

Nehmen Sie an, Sie haben zwei säulenartige Pflöcke. Sie nehmen sich vor, Sie legen einen dritten Pflock quer darüber. Unterscheiden Sie jetzt genau, was in alledem, was Sie da getan haben, als vollbewußte erkennende Tätigkeit lebt, von dem, was

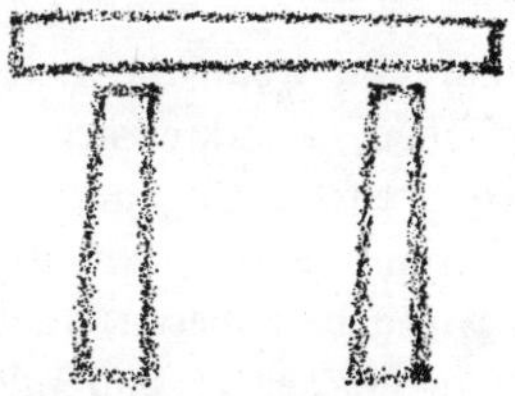

in Ihrer vollbewußten Tätigkeit lebt, wenn Sie das Urteil fällen: Ein Mensch ist gut –, wo Sie mit Ihrem Erkennen ganz drinnenstecken. Unterscheiden Sie bitte, was darin als erkennende Tätigkeit lebt, von dem, wovon Sie nichts wissen, trotzdem Sie es mit Ihrem vollen Willen zu tun hatten: Warum stützen diese zwei Säulen durch gewisse Kräfte diesen darüberliegenden Balken? Dafür hat ja die Physik bis heute nur Hypothesen. Und wenn die Menschen glauben, daß sie wissen, warum die beiden Pflöcke den Balken tragen, so bilden sie es sich nur ein. Alles, was man hat als Begriffe der Kohäsion, der Adhäsion, der Anziehungs- und Abstoßungskraft, sind im Grunde genommen für das äußere Wissen nur Hypothesen. Wir rechnen mit diesen äußeren Hypothesen, indem wir handeln; wir rechnen damit, daß die beiden Pflöcke, die den Balken tragen sollen, nicht zusammenknicken werden, wenn sie eine gewisse Dicke haben. Aber durchschauen können wir den ganzen Vorgang, der damit zusammenhängt, nicht, geradesowenig wie wir unsere Beinbewegungen durchschauen können, wenn wir vorwärts streben. So mischt sich auch hier in unser Wollen ein nicht in unser Bewußtsein hineinreichendes Element hinein. Das Wollen hat im weitesten Umfange ein Unbewußtes in sich.

Und das Fühlen steht zwischen Wollen und denkendem Erkennen mitten drinnen. Beim Fühlen ist es auch so, daß es zum Teil von Bewußtsein durchzogen wird, zum Teil von einem Unbewußten. Das Fühlen nimmt auch in dieser Weise teil an der Eigenschaft eines erkennenden Denkens, auf der anderen Seite an der Eigenschaft eines fühlenden oder gefühlten Wollens. Was liegt denn nun da eigentlich vom geistigen Gesichtspunkte aus vor?

Sie kommen nur zurecht, wenn Sie sich vom geistigen Gesichtspunkte aus die oben charakterisierten Tatsachen in der folgenden Art zum Begreifen bringen. Wir reden in unserem gewöhnlichen Leben vom Wachen, von dem wachen Bewußtseinszustande. Aber wir haben diesen wachen Bewußtseinszustand nur in der Tätigkeit des erkennenden Denkens. Wenn Sie also ganz genau davon reden wollen, inwiefern der Mensch wacht, so müssen Sie sagen: Wirklich wachend ist der Mensch nur, solange und insofern er ein denkender Erkenner von irgend etwas ist.

Wie steht es nun mit dem Wollen? Sie kennen alle den Bewußtseinszustand – nennen Sie es meinetwillen auch Bewußtseinslosigkeitszustand – des Schlafes. Sie wissen, während wir schlafen, vom Einschlafen bis zum Aufwachen, ist das, was wir erleben, nicht in unserem Bewußtsein drinnen. Geradeso ist es aber auch mit alledem, was als Unbewußtes unser Wollen durchzieht. Insofern wir wollende Wesen sind als Menschen, schlafen wir, auch wenn wir wachen. Wir tragen immer mit uns einen schlafenden Menschen, nämlich den wollenden Menschen, und begleiten ihn mit dem wachenden, mit dem denkend erkennenden Menschen; wir sind, insofern wir wollende Wesen sind, auch vom Aufwachen bis zum Einschlafen schlafend. Es schläft immer etwas in uns mit, nämlich die innere Wesenheit des Wollens. Der sind wir uns nicht stärker bewußt, als wir uns derjenigen Vorgänge bewußt sind, die sich mit uns abspielen während des Schlafes. Man erkennt den Menschen nicht vollständig, wenn man nicht weiß, daß das Schlafen in sein Wachen hereinspielt, indem der Mensch ein Wollender ist.

Das Fühlen steht in der Mitte, und wir dürfen uns jetzt fragen: Wie ist das Bewußtsein im Fühlen? – Das steht nun auch in der Mitte zwischen Wachen und Schlafen. Gefühle, die in Ihrer Seele leben, kennen Sie gerade so, wie Sie Träume kennen, nur daß Sie die Träume erinnern und die Gefühle unmittelbar erleben. Aber die innere Seelenverfassung und Seelenstimmung die Sie haben, indem Sie von Ihren Gefühlen wissen, ist keine andere als die, welche Sie gegenüber Ihren Träumen haben. Sie sind im Wachen nicht nur ein wachender Mensch, indem Sie denkend erkennen, und ein schlafender, insofern Sie wollen, Sie sind auch ein träumender, insofern Sie fühlen. So sind also tatsächlich drei Bewußtseinszustände während unseres Wachens über uns ergossen: das Wachen im eigentlichen Sinne im denkenden Erkennen, das Träumen im Fühlen, das Schlafen im Wollen. Der gewöhnliche traumlose Schlaf ist vom geistigen Gesichtspunkte aus angesehen nichts anderes als die Hingabe des Menschen mit seiner ganzen Seelenwesenheit an das, woran er hingegeben ist mit seinem Wollen, während er seinen Tageslauf vollbringt. Es ist nur der Unterschied, daß wir im eigentlichen Schlafen mit unserem ganzen Seelenwesen schlafen, daß wir im Wachen nur schlafen mit unserem Wollen. Beim Träumen, was man im gewöhnlichen Leben so nennt, ist es so, daß wir mit unserem ganzen Menschen an den Seelenzustand hingegeben sind, den wir Traum nennen, und daß wir im Wachen nur als fühlender

Mensch an diesen träumerischen Seelenzustand hingegeben sind.

Pädagogisch betrachtet werden Sie sich jetzt nicht mehr verwundern, wenn Sie die Sache so ansehen, daß die Kinder verschieden sind mit Bezug auf die Wachheit ihres Bewußtseins. Denn Sie werden finden, daß Kinder, bei denen das Gefühlsleben der Anlage gemäß überwiegt, träumerische Kinder sind, so daß solche Kinder, bei denen in der Kindheit eben das volle Denken noch nicht aufgewacht ist, leicht hingegeben sein werden an ein träumerisches Wesen. Das werden Sie dann zum Anlaß nehmen, um durch starke Gefühle auf ein solches Kind zu wirken. Und Sie werden dann die Hoffnung haben können, daß diese starken Gefühle bei ihm auch das helle Erkennen erwecken werden, denn alles Schlafen hat dem Lebensrhythmus gemäß die Tendenz, nach einiger Zeit aufzuwachen. Wenn wir nun ein solches Kind, das träumerisch im Gefühlsleben dahinbrütet, mit starken Gefühlen angehen, dann werden diese in das Kind versetzten starken Gefühle nach einiger Zeit von selbst als Gedanken aufwachen.

Kinder, die noch mehr brüten, die sogar stumpf sind gegenüber dem Gefühlsleben, die werden Ihnen offenbaren, daß sie besonders im Willen stark veranlagt sind. Sie sehen da: wenn Sie dies bedenken, können Sie erkennend vor manchem Rätsel im kindlichen Leben stehen. Sie können ein Kind in die Schule hereinbekommen, das sich ausnimmt wie ein echter Stumpfling. Wenn Sie da gleich das Urteil fällen: Das ist ein schwachsinniges, ein stumpfsinniges Kind –, wenn Sie es mit experimenteller Psychologie untersuchen würden, schöne Gedächtnisprüfungen vornähmen und allerlei, was ja jetzt auch schon in psychologisch-pädagogischen Laboratorien gemacht wird und dann sagen würden: Stumpfes Kind seiner ganzen Anlage nach, gehört in die Schwachsinnigen-Schule oder auch in die jetzt beliebte Wenigerbefähigten-Schule, so würden Sie mit solchem Urteil nicht dem Wesen des Kindes nahekommen. Vielleicht aber ist dieses Kind besonders stark im Willen veranlagt, vielleicht ist es eines jener Kinder, die im späteren Leben aus ihrer Cholerik zu tatkräftigem Handeln übergehen. Aber der

Wille schläft zunächst. Und wenn das denkende Erkennen bei diesem Kinde verurteilt ist, später erst hervorzutreten, dann muß es auch in der entsprechenden Weise behandelt werden, damit es dann später berufen sein kann, etwas Tatkräftiges zu vollbringen. Vorerst erscheint es als ein rechter Stumpfling, der ist es aber vielleicht gar nicht. Und man muß dann den Blick dafür haben, bei einem solchen Kinde den Willen zu erwekken; das heißt, man muß so in seinen wachen Schlafzustand hineinwirken, daß es nach und nach dahinkommt – weil ja jeder Schlaf die Tendenz hat, zum Erwachen zu kommen –, seinen Schlaf als Willen, der vielleicht sehr stark ist, der aber nur jetzt schläft, vom schlafenden Wesen übertönt wird, im späteren Lebensalter aufzuwecken. Ein solches Kind muß so behandelt werden, daß Sie möglichst wenig auf sein Erkenntnisvermögen, auf sein Begreifen bauen, sondern ihm gewissermaßen einhämmern einige recht stark auf den Willen wirkende Sachen, daß Sie es, indem es spricht, zu gleicher Zeit gehen lassen. Sie nehmen ein solches Kind, Sie werden ja nicht sehr viele davon haben, aus der Klasse heraus und – für die anderen Kinder wird es anregend sein, für dieses Kind ist es bildend – lassen es, indem es Sätze spricht, die Worte mit Bewegungen begleiten. Also: Der (Schritt) – Mensch (Schritt) – ist (Schritt) – gut! – Auf diese Weise verbinden Sie den ganzen Menschen im Willenselement mit dem bloß Intellektuellen im Erkennen, und Sie können es nach und nach dahin bringen, daß bei einem solchen Kinde der Wille zum Gedanken erwacht. Erst die Einsicht, daß man es im wachenden Menschen schon zu tun hat mit verschiedenen Bewußtseinszuständen – mit Wachen, Träumen und Schlafen –, erst diese Einsicht bringt uns zu einer wirklichen Erkenntnis unserer Aufgaben gegenüber dem werdenden Menschen.

Wir können aber jetzt etwas fragen. Wir können fragen: Wie verhält sich das eigentliche Zentrum des Menschen, das Ich, zu diesen verschiedenen Zuständen? Sie kommen am leichtesten dabei zurecht, wenn Sie zunächst, was ja unleugbar ist, voraussetzen: Was wir Welt, was wir Kosmos nennen, das ist eine Summe von Tätigkeiten. Für uns drücken sich diese Tätigkeiten aus auf den verschiedenen Gebieten des elementaren Lebens. Wir wissen, daß in diesem elementaren Leben Kräfte walten. Die Lebenskraft waltet zum Beispiel um uns herum. Und zwischen den elementaren Kräften und der Lebenskraft eingesponnen ist alles, was zum Beispiel die Wärme und das Feuer bewirkt. Denken Sie nur, wie sehr wir in einer Umgebung stehen, in der durch das Feuer sehr vieles bewirkt wird.

In gewissen Gegenden der Erde, zum Beispiel in Süditalien, brauchen Sie nur eine Papierkugel anzuzünden, und in demselben Augenblick fängt es an, aus der Erde heraus mächtig zu rauchen. Warum geschieht das? Es geschieht, weil Sie durch das Anzünden der Papierkugel und die sich dadurch entwikkelnde Wärme die Luft an dieser Stelle verdünnen, und das, was sonst unter der Erdoberfläche an Kräften waltet, wird durch den nach aufwärts gerichteten Rauch nach oben gezogen, und in dem Augenblick, wo Sie die Papierkugel anzünden und auf die Erde werfen, stehen Sie in einer Rauchwolke. Das ist ein Experiment, das jeder Reisende machen kann, der in die Gegend von Neapel kommt. Das habe ich als ein Beispiel dafür angeführt, daß wir, wenn wir die Welt nicht oberflächlich betrachten, uns sagen müssen: Wir leben in einer Umgebung, die überall von Kräften durchzogen ist.

Nun gibt es auch höhere Kräfte als die Wärme. Die sind auch in unserer Umgebung. Durch sie gehen wir immer durch, indem wir als physische Menschen durch die Welt gehen. Ja, unser physischer Körper, ohne daß wir es im gewöhnlichen Erkennen wissen, ist so geartet, daß wir das vertragen. Mit unserem physischen Körper können wir so durch die Welt schreiten.

Mit unserem Ich, das die jüngste Bildung unserer Evolution ist, könnten wir nicht durch diese Weltenkräfte schreiten, wenn dieses Ich sich unmittelbar an diese Kräfte hingeben sollte. Dieses Ich könnte nicht an alles sich hingeben, was in seiner Umgebung ist und worin es selbst drinnen ist. Dieses Ich muß jetzt noch davor bewahrt werden, sich ergießen zu müssen in die Weltenkräfte. Es wird sich einmal dazu entwickeln, in die Weltenkräfte hinein aufgehen zu können. Jetzt kann es das noch nicht. Deshalb ist es notwendig, daß wir für das völlig wache Ich nicht versetzt werden in die wirkliche Welt, die in unserer Umgebung ist, sondern nur in das Bild der Welt. Daher haben wir in unserem denkenden Erkennen eben nur die Bilder der Welt, was wir vom seelischen Gesichtspunkte aus schon angeführt haben.

Jetzt betrachten wir es auch vom geistigen Gesichtspunkte aus. Im denkenden Erkennen leben wir in Bildern; und wir Menschen auf der gegenwärtigen Entwickelungsstufe innerhalb von Geburt und Tod können mit unserem vollwachenden Ich nur in Bildern von dem Kosmos leben, noch nicht in dem wirklichen Kosmos. Daher muß, wenn wir wachen, unser Leib uns zuerst die Bilder des Kosmos hervorbringen. Dann lebt unser Ich in den Bildern von diesem Kosmos.

Die Psychologen geben sich furchtbar viel Mühe, die Beziehungen zwischen Leib und Seele zu konstatieren. Sie reden von Wechselwirkung zwischen Leib und Seele, reden vom psychophysischen Parallelismus und auch von anderen Dingen noch. Alle diese Dinge sind im Grunde genommen kindliche Begriffe. Denn der wirkliche Vorgang dabei ist der: Wenn das Ich des Morgens in den Wachzustand übergeht, so dringt es in den Leib ein, aber nicht in die physischen Vorgänge des Leibes, sondern in die Bilderwelt, die bis in sein tiefstes Inneres der Leib von den äußeren Vorgängen erzeugt. Dadurch wird dem Ich das denkende Erkennen übermittelt.

Beim Fühlen ist es anders. Da dringt schon das Ich in den wirklichen Leib ein, nicht bloß in die Bilder. Wenn es aber bei diesem Eindringen voll bewußt wäre, dann würde es – nehmen Sie das jetzt seelisch – buchstäblich seelisch verbrennen. Wenn Ihnen dasselbe passierte beim Fühlen, was Ihnen passiert beim Denken, indem Sie in die Bilder, die Ihnen Ihr Leib erzeugt, mit Ihrem Ich eindringen, dann würden Sie seelisch verbrennen. Sie würden es nicht aushalten. Sie können dieses Eindringen, welches das Fühlen bedeutet, nur träumend, im herabgedämpften Bewußtseinszustande erleben. Nur im Traume halten Sie das aus, was beim Fühlen in Ihrem Leib eigentlich vor sich geht.

Und was beim Wollen sich abspielt, das können Sie überhaupt nur erleben, indem Sie schlafen. Das wäre etwas ganz Schreckliches, was Sie erleben würden, wenn Sie im gewöhnlichen Leben alles miterleben müßten, was mit Ihrem Wollen vor sich geht. Der entsetzlichste Schmerz ergriffe Sie zum Beispiel, wenn Sie, was ich schon andeutete, wirklich erleben müßten, wie sich die durch die Nahrungsmittel dem Organismus zugeführten Kräfte beim Gehen verbrauchen in Ihren Beinen. Es ist schon Ihr Glück, daß Sie das nicht erleben beziehungsweise nur schlafend erleben. Denn wachend dies erleben, würde den denkbar größten Schmerz bedeuten, einen furchtbaren Schmerz. Man könnte sogar sagen: das Erwachen ins Wollen besteht darin, daß für den Menschen, insofern er ein wollender ist, der Schmerz, der nur latent bleibt, betäubt wird durch den Schlafzustand im Wollen.

Daher werden Sie verstehen, wenn ich Ihnen jetzt das Leben des Ich charakterisiere während dessen, was man im gewöhnlichen Leben Wachzustand nennt – was also umfaßt: voll Wachen, träumend Wachen, schlafend Wachen –, wenn ich charakterisiere, was das Ich, indem es im gewöhnlichen Wachzustande im Leibe lebt, eigentlich in Wirklichkeit durchlebt. Dieses Ich lebt im denkenden Erkennen, indem es aufwacht in den Leib; da ist es voll wach. Es lebt darin aber nur in Bildern, so daß der Mensch in seinem Leben zwischen Geburt und Tod, wenn er nicht solche Übungen macht, wie sie in meinem Buche «Wie erlangt man Erkenntnisse der höheren Welten?» angedeutet sind, fortwährend nur in Bildern durch sein denkendes Erkennen lebt.

Dann senkt sich erwachend das Ich auch ein in die Vorgänge, die das Fühlen bedingen. Fühlend leben: da sind wir nicht voll wach, sondern da sind wir träumend wach. Wie erleben wir denn eigentlich das, was wir da im träumenden Wachzustande fühlend durchmachen? Das erleben wir tatsächlich in dem, was man immer genannt hat Inspirationen, inspirierte Vorstellungen, unbewußt inspirierte Vorstellungen. Da ist der Herd von alledem, was aus den Gefühlen beim Künstler hinaufsteigt in das wache Bewußtsein. Dort wird es zuerst durchgemacht. Dort wird auch alles das durchgemacht, was beim wachen Menschen oftmals als Einfälle hinaufsteigt ins Wachbewußtsein und dann zu Bildern wird.

Was in meinem Buche: «Wie erlangt man Erkenntnisse der höheren Welten?» Inspirationen genannt wird, das ist nur das zur Helligkeit, zum Vollbewußtsein heraufgehobene Erleben desjenigen, was bei jedem Menschen unten im Gefühlsleben unbe-

fühlend Leben
träumend wach in unbewußten
inspirierten Vorstellungen

denkend Erkennen
voll wach in Bildern

Ich

wollend Tun
schlafend unbewußt in Intuitionen

wußt an Inspirationen vorhanden ist. Und wenn besonders veranlagte Leute von ihren Inspirationen sprechen, so sprechen sie eigentlich von dem, was die Welt in ihr Gefühlsleben hineingelegt hat und durch ihre Anlagen heraufkommen läßt in ihr volles Wachbewußtsein. Es ist das ebenso Weltinhalt, wie der Gedankeninhalt Weltinhalt ist. Aber in dem Leben zwischen Geburt und Tod spiegeln diese unbewußten Inspirationen solche Weltenvorgänge, die wir nur träumend erleben können; sonst würde unser Ich in diesen Vorgängen sich verbrennen, oder es würde ersticken, namentlich ersticken. Dieses Ersticken beginnt auch manchmal beim Menschen in abnormen Zuständen. Denken Sie nur einmal, Sie haben Alpdruck. Dann will ein Zustand, der sich abspielt zwischen Ihnen und der äußeren Luft, wenn bei einem Menschen in diesem Wechselverhältnis nicht alles in Ordnung ist, in abnormer Weise übergehen in etwas anderes. Indem das übergehen will in Ihr Ich-Bewußtsein, wird es Ihnen nicht als eine normale Vorstellung bewußt, sondern als eine Sie quälende Vorstellung: als der Alpdruck. Und so qualvoll wie das abnorme Atmen im Alpdruck, so qualvoll wäre das gesamte Atmen, wäre jeder Atemzug, wenn der Mensch das Atmen vollbewußt erleben würde. Er würde es fühlend erleben, aber qualvoll wäre es für ihn. Es wird daher abgestumpft, und so wird es nicht als physischer Vorgang, sondern nur in dem träumerischen Gefühl erlebt.

Und gar die Vorgänge, die sich beim Wollen abspielen, ich habe es Ihnen schon angedeutet: furchtbarer Schmerz wäre das! Daher können wir weiter sagen als drittes: Das Ich im wollenden Tun ist schlafend. Da wird das erlebt, was erlebt wird mit stark herabgedämpftem Bewußtsein – eben im schlafenden Bewußtsein – in unbewußten Intuitionen. Unbewußte Intuitionen hat der Mensch fortwährend; aber sie leben in seinem Wollen. Er schläft in seinem Wollen. Daher kann er sie auch nicht im gewöhnlichen Leben heraufholen. Sie kommen nur in Glückszuständen des Lebens herauf; dann erlebt der Mensch ganz dumpf die geistige Welt mit.

Nun ist etwas Eigentümliches beim gewöhnlichen Leben des Menschen vorhanden. Das Vollbewußtsein im vollen Wachen beim denkenden Erkennen, das kennen wir ja alle. Da sind wir sozusagen in der Helligkeit des Bewußtseins, darüber wissen wir Bescheid. Manchmal fangen dann die Menschen an, wenn sie über die Welt etwas nachdenken, zu sagen: Wir haben Intuitionen. Unbestimmt Gefühltes bringen die Menschen dann aus diesen Intuitionen heraus vor. Was sie da sagen, kann manchmal etwas sehr Verworrenes sein, aber es kann auch unbewußt geregelt sein. Und schließlich, wenn der Dichter von seinen Intuitionen spricht, so ist das durchaus richtig, daß er sie zunächst nicht herausholt aus dem Herd, wo sie ihm am nächsten liegen, aus den inspirierten Vorstellungen des Gefühlslebens, sondern er holt hervor seine ganz unbewußten Intuitionen aus der Region des schlafenden Wollens.

Wer in diese Dinge hineinsieht, der sieht selbst in scheinbaren Zufälligkeiten des Lebens tiefe Gesetzmäßigkeiten. Man liest zum Beispiel den zweiten Teil von Goethes «Faust», und man möchte sich ganz gründlich davon unterrichten, wie gerade diese merkwürdigen Verse in ihrem Bau hervorgebracht werden konnten. *Goethe* war schon alt, als er den zweiten Teil seines «Faust» schrieb, wenigstens den größten Teil davon. Er schrieb ihn so, daß John, sein Sekretär, am Schreibtische saß und das schrieb, was Goethe diktierte. Hätte Goethe selber schreiben müssen, so hätte er wahrscheinlich nicht so merkwürdig ziselierte Verse für den zweiten Teil seines «Faust» hervorgebracht. Goethe ging, während er diktierte, in seiner kleinen Weimarer Stube fortwährend auf und ab, und dieses Auf- und Abgehen gehört mit zur Konzeption des zweiten Teiles des «Faust». Indem Goethe dieses unbewußte wollende Tun im Gehen entwickelte, drängte aus seinen Intuitionen etwas herauf, und in seiner äußeren Tätigkeit offenbarte sich dann dasjenige, was er durch einen anderen auf das Papier schreiben ließ.

Wenn Sie sich ein Schema machen wollen von dem Leben des Ich im Leibe, und Sie machen es sich in der folgenden Weise:

I. wachend	–	bildhaftes Erkennen
II. träumend	–	inspiriertes Fühlen
III. schlafend	–	intuitierendes oder intuitiertes Wollen

dann werden Sie sich nicht recht begreiflich machen können, warum das Intuitive, von dem die Menschen instinktiv sprechen, leichter heraufkomme ins bildhafte Erkennen des Alltags als das näherliegende inspirierte Fühlen. Wenn Sie sich nun das Schema jetzt richtig zeichnen – denn hier oben ist es falsch gezeichnet –, wenn Sie es in der Weise machen, wie in der Zeichnung, dann werden Sie die Sache leichter begreifen. Denn dann werden Sie sich sagen: In der Richtung des Pfeils (1) steigt das bildhafte Erkennen hinunter in die Inspirationen, und es kommt wieder herauf aus den Intuitionen (Pfeil 2). Aber dieses Erkennen, das mit dem Pfeil 1 angedeutet ist, ist das Hinuntersteigen in den Leib. Und jetzt betrachten Sie sich; Sie sind zunächst ganz ruhig, sitzend oder stehend, geben sich nur dem denkenden Erkennen hin, der Betrachtung der Außenwelt. Da leben Sie im Bilde. Was sonst das Ich erlebt an den Vorgängen, steigt hinunter in den Leib, erst ins Fühlen, dann ins

Wollen. Was im Fühlen ist, beachten Sie nicht, was im Wollen ist, beachten Sie zunächst auch nicht. Nur wenn Sie anfangen zu gehen, wenn Sie anfangen zu handeln, dann betrachten Sie äußerlich nicht zuerst das Fühlen, sondern das Wollen. Und da, beim Hinuntersteigen in den Leib und beim Wiederheraufsteigen, was in der Richtung des Pfeiles 2 vor sich geht, da hat das intuitive Wollen es näher, zum bildhaften Bewußtsein zu kommen als das träumende inspirierte Fühlen. Daher werden Sie finden, daß die Menschen so oft sagen: Ich habe eine unbestimmte Intuition. – Da wird dann das, was in meinem Buche «Wie erlangt man Erkenntnisse der höheren Welten?» Intuitionen genannt wird, mit der oberflächlichen Intuition des gewöhnlichen Bewußtsein verwechselt.

Jetzt werden Sie etwas begreifen von der Gestalt des menschlichen Leibes. Denken Sie sich jetzt einmal einen Augenblick gehend, aber die Welt betrachtend. Denken Sie sich: Nicht Ihr Unterleib müßte mit den Beinen gehen, sondern Ihr Kopf würde direkt die Beine haben und müßte gehen. Da würde in eins verwoben sein Ihr Weltbetrachten und Ihr Wollen, und die Folge wäre, daß Sie nur schlafend gehen könnten. Indem Ihr Kopf aufgesetzt ist auf die Schultern und auf den übrigen Leib, ruht er auf dem übrigen Leibe. Er ruht, und Sie tragen Ihren Kopf, indem Sie sich nur mit dem anderen Leib bewegen. Der Kopf muß aber auf dem Leibe ruhen können, sonst könnte er nicht das Organ des denkenden Erkennens sein. Er muß dem schlafenden Wollen entzogen werden, denn in dem Augenblick, wo Sie ihn in die Bewegung überführen, wo Sie ihn aus der relativen Ruhe in eine selbstgemachte Bewegung überführen würden, da würde er zum Schlafen kommen. Das eigentliche Wollen läßt er den Leib vollziehen, und er lebt in diesem Leibe drinnen wie in einer Kutsche und läßt sich von diesem Wagen weiterbefördern. Nur dadurch, daß sich der Kopf wie in einer Kutsche von dem Wagen des Leibes weiterbefördern läßt und während dieses Weiterbeförderns, während dieses Ruhens handelt, ist der Mensch wachend handelnd. Nur wenn Sie die Dinge so zusammenhalten, kommen Sie auch zu einem wirklichen Begreifen der Gestalt des menschlichen Leibes.

SIEBENTER VORTRAG

Es kommt für Sie darauf an zu durchschauen, was das Menschenwesen eigentlich ist. Wir haben auf unserem bisherigen Gange durch die allgemeine Pädagogik versucht, zunächst vom seelischen, dann vom geistigen Gesichtspunkte aus dieses Menschenwesen zu begreifen. Das letztere wollen wir heute etwas fortsetzen. Wir werden uns selbstverständlich fortwährend beziehen müssen auf Begriffe, die über Pädagogisches, auch über Seelisches, Psychologisches in der Welt gang und gäbe sind; denn Sie werden sich ja durch Lektüre im Laufe der Zeit mit pädagogischer und psychologischer Literatur auseinanderzusetzen haben, soweit Sie dazu Zeit und Muße haben.

Betrachten wir vom seelischen Gesichtspunkte aus den Menschen, so legen wir das Hauptgewicht darauf, Antipathien und Sympathien innerhalb der Weltgesetzmäßigkeit zu entdecken; betrachten wir aber vom geistigen Gesichtspunkte aus den Menschen, so müssen wir das Hauptgewicht darauf legen, Bewußtseinszustände zu entdecken. Und wir haben uns ja gestern mit den im Menschen waltenden drei Bewußtseinszuständen beschäftigt: mit dem Vollwachsein, mit dem Träumen und mit dem Schlafen – und haben gezeigt, wie das Vollwachsein eigentlich nur im denkenden Erkennen vorhanden ist, das Träumen aber im Fühlen waltet und das Schlafen im Wollen.

Es ist alles Begreifen eigentlich ein Beziehen des einen auf das andere. Begreifen können wir aber in der Welt nicht anders, als daß wir das eine auf das andere beziehen. Diese methodische Bemerkung möchte ich vorausschicken. Indem wir uns zur Welt erkennend in Beziehung setzen, beobachten wir zunächst. Entweder beobachten wir mit unseren Sinnen, wie wir das im gewöhnlichen Leben tun, oder wir entwickeln uns etwas weiter und beobachten mit Seele und Geist, wie wir das im Imaginieren, in der Inspiration und in der Intuition können. Aber auch das geistige Beobachten ist eben ein Beobachten, und notwendig ist zur Ergänzung alles Beobachtens, daß wir begreifen. Begreifen aber können wir nur, wenn wir das eine auf das andere im Weltenall, in unserer Umgebung beziehen. Sie können sich gute Begriffe verschaffen von Leib, Seele und Geist, wenn Sie den ganzen menschlichen Lebenslauf ins Auge fassen. Nur müssen Sie berücksichtigen, daß Sie bei solchem Beziehen, wie ich es jetzt andeuten werde, immer nur die allerersten Anfangsgründe des Begreifens haben. Sie müssen dann die Begriffe, welche Sie auf diese Art bekommen, weiter ausbilden.

Betrachten Sie nämlich das erst in die Welt gekommene Kind, betrachten Sie es in seinen Formen, in seinen Bewegungen, in seinen Lebensäußerungen, im Schreien, im Lallen und so weiter, dann bekommen Sie ein Bild mehr des Menschenleibes. Aber Sie bekommen dieses Bild des Menschenleibes auch nur vollständig, wenn Sie es beziehen auf das mittlere und auf das greise Lebensalter des Menschen. Im mittleren Lebensalter ist der Mensch mehr seelisch, im Greisenalter ist er am meisten geistig. Das letztere könnte leicht angefochten werden. Selbstverständlich werden da manche sagen: Aber viele Greise werden doch wieder ganz schwachgeistig! – Das ist insbesondere ein Einwand des Materialismus gegen das Seelisch-Geistige, daß man im Alter wieder schwachgeistig wird, und mit einer wahren Beharrlichkeit dozieren ja die Materialisten, daß selbst ein so großer Geist wie Kant in seinem Alter schwachsinnig geworden wäre. Dieser Einwand der Materialisten und diese Tatsache sind richtig. Allein, was sie beweisen wollen, beweisen sie nicht. Denn auch Kant war, als er vor der Todespforte stand, weiser, als er in seiner Kindheit war; nur war in seiner Kindheit sein Leib imstande, alles aufzunehmen, was aus seiner Weisheit kam; dadurch konnte es bewußt werden im physischen Leben. Im Greisenalter dagegen war der Leib unfähig geworden, das auch aufzunehmen, was der Geist ihm lieferte. Es war der Leib kein richtiges Werkzeug des Geistes mehr. Daher konnte auf dem physischen Plan Kant nicht mehr zum Bewußtsein dessen kommen, was in seinem Geiste lebte. Trotz der scheinbaren Tragkraft des eben gekennzeichneten Einwandes muß man sich ja doch klar darüber sein, daß man im Alter weise, geistvoll wird, daß man sich den Geistern nähert. Daher wird man bei solchen Greisen, die sich bis ins hohe Alter hinein Elastizität und Lebenskraft für ihren Geist bewahren, die Eigenschaften des Geistigen in ihrem Anfange erkennen müssen. Es gibt ja auch solche Möglichkeiten.

In Berlin waren einmal zwei Professoren. Der eine war *Michelet,* der Hegelianer, der schon über neunzig Jahre war. Er hatte es, da er ziemlich geistvoll war, nur zum Honorarprofessor gebracht, aber er hielt noch, als er schon so alt war, seine Vorträge. Da war dann ein anderer, *Zeller,* der Geschichtsschreiber der griechischen Philosophie. Der war gegen Michelet ein Jüngling, denn er war erst siebzig Jahre. Von dem hörte man überall, daß er die Last des Alters fühle, daß er nicht mehr seine Vorlesungen halten könne, daß er vor allem aber seine Vorlesungen eingeschränkt wissen wollte. Dazu sagte Michelet immer: Ich begreife den Zeller nicht; ich könnte noch den ganzen Tag Vorlesungen halten, der Zeller aber in seiner Jugend redet immer davon, daß ihm das zu viel Anstrengung verursacht!

Also Sie sehen, man wird schon vielleicht nur in einzelnen Exemplaren äußerlich physisch das bewahrheitet finden, was hier über den Geist des Alters zugrunde gelegt wird. Aber es ist so.

Betrachten wir dagegen den Menschen in seinen Lebensäußerungen mehr in seinem mittleren Alter, so bekommen wir die Anfangsgründe für das Beobachten des Seelischen. Daher kann auch der Mensch in seinem mittleren Lebensalter, man möchte sagen, das Seelische mehr verleugnen. Er kann seelenlos oder sehr beseelt erscheinen. Denn das Seelische steht in der Freiheit des Menschen, auch in der Erziehung. Daß manche Menschen sehr seelenlos sind in ihrer mittleren Lebenszeit, beweist daher nichts dagegen, daß die mittlere Lebenszeit die eigentlich seelische ist. Wenn man vergleicht die mehr zappelnde, unbewußt sich betätigende Leibesnatur des Kindes mit der beschaulichen, ruhigen Leibesnatur des Alters, so hat man auf der einen Seite einen Leib, der besonders seinen Leib hervorkehrt im Kinde, und einen Leib, der den Leib als solchen zurücktreten läßt, der sich gewissermaßen als Leib selbst verleugnet, im Greisenalter.

Wenn wir diese Betrachtung mehr auf das Seelische anwenden, dann werden wir sagen: Der Mensch trägt in sich denkendes Erkennen, Fühlen und Wollen. Schauen wir das Kind an, dann haben wir in dem Bilde, das uns das Kind seelisch darbietet, eine enge Verknüpfung zwischen Wollen und Fühlen. Man möchte sagen, Wollen und Fühlen sind im Kinde zusammengewachsen. Wenn das Kind zappelt, strampelt, so macht es genau die Bewegungen, die seinem Fühlen in diesem Augenblicke entsprechen; es ist nicht imstande, die Bewegungen etwa von dem Gefühl auseinanderzuhalten.

Anders wird das beim Greise. Bei ihm ist das Entgegengesetzte der Fall: denkendes Erkennen und Fühlen sind zusammengewachsen, und das Wollen tritt in einer gewissen selbständigen Art auf. Es verläuft also der menschliche Lebensgang in der Weise, daß das Fühlen, welches zuerst an das Wollen gebunden ist, sich allmählich im Laufe des Lebens vom Wollen loslöst. Und damit haben wir es gerade vielfach im Erziehen zu tun: mit dem Loslösen des Fühlens vom Wollen. Dann verbindet sich das vom Wollen losgelöste Fühlen mit dem denkenden Erkennen. Damit hat es dann das spätere Leben zu tun. Wir haben das Kind für das spätere Leben nur dann richtig vorbereitet, wenn wir in ihm bewirken, daß das Fühlen sich gut loslösen kann von dem Wollen; dann wird es in einer späteren Lebensära als Mann oder Frau auch das losgelöste Fühlen mit dem denkenden Erkennen verbinden können und wird so dem Leben gewachsen sein. Warum hören wir dem Greise zu, auch wenn er uns von seinen Lebenserfahrungen erzählt? Weil er im Laufe seines Lebens sein persönliches Empfinden verbunden hat mit seinen Begriffen und Ideen. Er erzählt uns nicht Theorien, er erzählt uns das, was er persönlich an Gefühlen hat anknüpfen können an die Ideen und Begriffe. Bei dem Greise, der wirklich sein Fühlen mit dem denkenden Erkennen verbunden hat, klingen daher die Begriffe und Ideen warm, klingen wirklichkeitsgesättigt, konkret, persönlich; während bei dem Menschen, der mehr im Mannes- oder Frauenalter stehengeblieben ist, die Begriffe und Ideen theoretisch, abstrakt, wissenschaftlich klingen. Das gehört einmal zum menschlichen Leben, daß von den menschlichen Seelenfähigkeiten ein gewisser Gang durchgemacht wird, indem sich das fühlende Wollen des Kindes entwickelt zu dem fühlenden Denken des Greises. Dazwischen liegt das menschliche Leben, und wir werden zu diesem menschlichen Leben nur gut erziehen, wenn wir eine solche Sache psychologisch ins Auge zu fassen vermögen.

Nun müssen wir darauf Rücksicht nehmen, daß bei aller unserer Beobachtung der Welt etwas zuerst auftritt, auch alle Psychologien beschreiben es als das erste, das bei der Weltbeobachtung auftritt: das ist die Empfindung. Wenn irgendeiner unserer Sinne in Zusammenhang kommt mit der Umwelt, so empfindet er. Wir empfinden die Farbe, die Töne, Wärme und Kälte. So tritt in unserem Wechselverkehr mit der Umwelt die Empfindung auf.

So wie die Empfindung gewöhnlich in den landläufigen Psychologien beschrieben wird, bekommen Sie keine richtige Vorstellung von dem, was Empfindung eigentlich ist. Wenn die Psychologien von der Empfindung sprechen, so sagen sie: Draußen geht ein gewisser physischer Vorgang vor sich, Vibrationen im Lichtäther oder Schwingungen in der Luft, das strömt an unser Sinnesorgan, reizt dieses Sinnesorgan. – Man spricht dann wohl von dem Reiz, und man schwingt sich dann auf zu einem Ausdruck, den man bildet, aber nicht zum Verständnis bringen will. Denn der Reiz löst aus durch das Sinnesorgan in unserer Seele die Empfindung, die ganz qualitative Empfindung, welche zustande kommt aus dem physischen Vorgang, zum Beispiel durch Schwingungen der Luftwellen beim Hören. Wie das zustande kommt, darüber kann die Psychologie, kann die gegenwärtige Wissenschaft überhaupt noch keine Auskunft geben. Das steht ja gewöhnlich in den Psychologien.

Näher als durch solche psychologischen Betrachtungen werden Sie dem Verständnis dieser Dinge kommen, wenn Sie durch die Einsicht in die Natur der Empfindungen selber sich die Frage beantworten können: Welcher der Seelenkräfte ist denn eigentlich die Empfindung am meisten verwandt? – Die Psychologen machen sich die Sache leicht; sie rechnen die Empfindung glattweg zu dem Erkennen und sagen: Erst empfinden wir, dann nehmen wir wahr, dann machen wir uns Vorstellungen, bilden uns Begriffe und so weiter. – So scheint ja auch der Vorgang zunächst zu sein. Nur nimmt man dann darauf keine Rücksicht, welcher Wesenheit eigentlich die Empfindung ist.

Wenn man die Empfindung wirklich in genügender Selbstbeobachtung durchschaut, so erkennt man: die Empfindung ist willensartiger Natur mit einem Einschlag von gefühlsmäßiger Natur. Sie ist zunächst nicht verwandt mit dem denkenden Erkennen, sondern mit dem fühlenden Wollen oder dem wollenden Fühlen. Ich weiß nicht, wie viele Psychologien – man kann natürlich nicht alle die unzähligen Psychologien, die es in der Gegenwart gibt, kennen – irgend etwas von der Verwandtschaft der Empfindung mit dem wollenden Fühlen oder dem fühlenden Wollen eingesehen haben. Wenn man sagt, daß die Empfindung mit dem Wollen verwandt ist, so ist das nicht genau gesprochen, denn sie ist mit dem wollenden Fühlen und dem fühlenden Wollen verwandt. Aber daß sie mit dem Fühlen verwandt ist, hat wenigstens ein Psychologe, der sich durch eine besonders gute Beobachtung auszeichnete, *Moriz Benedikt* in Wien, in seiner Psychologie erkannt.

Diese Psychologie wird von den Psychologen allerdings weniger berücksichtigt. Es ist auch etwas Eigentümliches mit ihr. Erstens ist Moriz Benedikt seiner Fachstempelung nach Kriminalanthropologe; der schreibt nun eine Psychologie. Zweitens ist er Naturforscher, und er schreibt über die Wichtigkeit dichterischer Kunstwerke bei der Erziehung, analysiert sogar dichterische Kunstwerke, um zu zeigen, wie man sie in der Erziehung verwenden kann. Es ist etwas Schreckliches: der Mann will Wissenschafter sein und hält etwas davon, daß die Psychologen etwas lernen können von den Dichtern! Und drittens: Dieser Mann ist jüdischer Naturforscher und schreibt eine Psychologie und widmet diese ausgerechnet dem Priester, dem katholischen Philosophen der Theologischen Fakultät an der Wiener Universität – das war er damals noch –, *Laurenz Müll-*

ner. Drei furchtbare Dinge, die unmöglich die Fachpsychologen veranlassen können, den Mann ernst zu nehmen. Aber Sie würden, wenn Sie seine Psychologie durchlesen würden, so viele wirklich treffende Aperçus im einzelnen finden, daß Sie davon viel hätten, trotzdem Sie den ganzen Aufbau dieser Psychologie, die ganze materialistische Denkweise Moriz Benedikts – denn in der steckt er doch – ablehnen müssen. Von dem Ganzen des Buches haben Sie nicht das geringste, aber von den einzelnen Beobachtungen sehr viel. So muß man sich das Beste in der Welt dort suchen, wo es vorhanden ist. Wenn einer ein guter Beobachter im einzelnen ist, und es ekelt einen vor der Gesamttendenz, die man bei Moriz Benedikt finden kann, dann braucht man darum nicht seine guten Beobachtungen im einzelnen abzulehnen.

Die Empfindung ist also, wie sie im Menschen auftritt, wollendes Fühlen oder fühlendes Wollen. Daher müssen wir sagen: Da, wo sich äußerlich die menschliche Sinnessphäre ausbreitet – die Sinne tragen wir ja an der Außenseite unseres Leibes, wenn man sich grob ausdrücken darf –, da ist im Menschen in gewisser Weise fühlendes Wollen, wollendes Fühlen vorhanden. Zeichnen wir uns skizzenhaft den Menschen schematisch auf, so können wir sagen: An der äußeren Oberfläche des Menschen – ich bitte zu berücksichtigen, daß das alles schematisch gemeint ist –, da haben wir die Sinnessphäre, da ist wollendes Fühlen, fühlendes Wollen vorhanden. (Siehe Zeichnung S. 119.) Was tun wir denn an dieser Oberfläche, wenn fühlendes Wollen, wollendes Fühlen vorhanden ist, soweit diese Körperoberfläche Sinnessphäre ist? Wir verüben eine Tätigkeit, die halb Schlafen und halb Traum ist; ein träumendes Schlafen, ein schlafendes Träumen könnten wir es auch nennen. Denn wir schlafen nicht nur in der Nacht, wir schlafen fortwährend an der Peripherie, an der äußeren Oberfläche unseres Leibes, und wir durchschauen als Menschen deshalb die Empfindungen nicht ganz, weil wir in diesen Gegenden, wo die Empfindungen sind, nur schlafend träumen und träumend schlafen. Die Psychologen ahnen gar nicht, daß es derselbe Grund ist, warum sie die Empfindungen nicht erfassen können, der uns auch hindert, wenn wir des Morgens erwachen, die Träume uns klar zum Bewußtsein zu bringen. Sie sehen, die Begriffe von Schlafen und Träumen haben eine ganz andere Bedeutung noch als die, welche wir im gewöhnlichen Leben anwenden würden. Wir kennen das Schlafen im gewöhnlichen Leben nur dadurch, daß wir wissen: in der Nacht, wenn wir im Bette liegen, schlafen wir. Wir wissen gar nicht, daß dieses Schlafen etwas ist, was eine viel größere Verbreitung hat, was wir fortwährend auch tun an unserer Körperoberfläche; nur mischen sich an unsere Körperoberfläche in das Schlafen fortwährend Träume hinein. Diese «Träume» sind die Sinnesempfindungen, bevor sie vom Verstande und vom denkenden Erkennen erfaßt sind.

Sie müssen die Willens- und Fühlenssphäre beim Kinde auch in seinen Sinnen aufsuchen. Deshalb betonen wir so stark, daß wir, indem wir das Kind intellektuell erziehen, auch auf den Willen fortwährend wirken müssen; denn in allem, was das Kind anschauen muß, was es wahrnehmen muß, müssen wir auch den Willen und das Fühlen pflegen, sonst widersprechen wir ja eigentlich dem kindlichen Empfinden. Wir können erst zum Greise, erst am Lebensabend des Menschen so zu ihm sprechen, daß wir auch die Empfindungen auffassen als schon metamorphosiert. Beim Greise ist es so, daß auch schon die Empfindung übergegangen ist vom fühlenden Wollen zum fühlenden Denken oder denkenden Fühlen. Bei ihm ist die Empfindung etwas anderes geworden. Da haben die Empfindungen mehr Gedankencharakter und entbehren des unruhigen Willenscharakters, tragen größere Ruhe in sich. Beim Greise können wir erst sagen, die Empfindungen haben sich dem Begriffe, dem Ideencharakter angenähert.

Diesen feinen Unterschied in der Empfindung machen gewöhnlich die Psychologen nicht. Für sie ist Greisesempfindung dasselbe, was Kindesempfindung ist, denn Empfindung ist für sie Empfindung. Das ist ungefähr eine solche Logik, als wenn Sie ein Rasiermesser vor sich haben und sagen: Das Rasiermesser ist ein Messer, also schneiden wir damit das Fleisch, denn Messer ist Messer. – Da nimmt man von der Worterklärung den Begriff. Das sollte man aber niemals machen, sondern man sollte den Begriff von den Tatsachen nehmen. Bei der Empfindung würden wir finden, daß sie auch lebt, daß sie auch ein Werden im Leben durchmacht, daß sie beim Kinde mehr willensartigen Charakter hat, beim Greise mehr verstandesmäßig intellektuellen Charakter. Natürlich ist es für den Menschen leichter, alles aus den Worten herauszuklauben; daher haben wir so viele Worterklärer, und es kann manches ganz entsetzlich auf einen wirken.

Ich war einmal in der Lage, einem Mitschüler zuzuhören, nachdem wir beide etwas auseinandergekommen waren. Wir hatten dieselbe Volksschule besucht; ich kam auf die Realschule, er auf das Lehrerseminar, noch dazu auf ein ungarisches, und das wollte in den siebziger Jahren etwas heißen. Wir trafen uns nach einigen Jahren und besprachen uns über das Licht. Ich hatte schon gelernt, was man in der regulären Physik lernen konnte, daß also das Licht etwas zu tun habe mit Schwingungen im Äther und so weiter. Das konnte man wenigstens als eine Ursache des Lichtes ansehen. Mein ehemaliger Mitschüler sagte dazu: Wir haben auch gelernt, was das Licht ist: Licht ist die Ursache des Sehens! – Ein Wortgeplänkel! So werden die Begriffe zu bloßen Worterklärungen. Und man kann sich vorstellen, was damit den Schülern gegeben wurde, wenn man weiß, daß dieser betreffende Herr später selbst als Lehrer an zahlreiche Schüler den Unterricht zu erteilen hatte, bis er pensioniert worden ist. – Wir müssen von den Worten loskommen und müssen an den Geist der Dinge herankommen. Wir müssen nicht gleich, wenn wir etwas begreifen wollen, jedesmal an das Wort denken, sondern wir müssen die tatsächlichen Beziehungen aufsuchen. Wenn wir bei dem Worte «Geist» die Ursprünge dafür in *Fritz Mauthners* Sprachgeschichte aufsuchen und fragen: Wie tritt zuerst das Wort «Geist» auf? – so werden wir die Verwandtschaft des Wortes Geist mit «Gischt», mit «Gas» finden. Diese Verwandtschaften bestehen, aber es würde nichts Besonderes dabei herauskommen, wenn man bloß darauf bauen wollte. Leider wird gerade manchmal diese Methode kaschiert, umfassend kaschiert in der Bibelforschung angewendet. Daher ist die Bibel dasjenige Buch, das von den meisten Menschen, besonders von den gegenwärtigen Theologen, am allerschlechtesten verstanden wird.

Worum es sich handelt, das ist, daß wir überall sachgemäß vorgehen, daß wir also versuchen, nicht von der Wortgeschichte aus einen Begriff vom Geiste zu bekommen, sondern dadurch, daß wir die kindliche Leibesauslebung vergleichen mit der greisenhaften Leibesauslebung. Durch dieses Tatsachen-aufeinander-Beziehen bekommen wir reale Begriffe.

Und so bekommen wir auch nur einen realen Begriff von der Empfindung, wenn wir wissen: sie entsteht als wollendes Fühlen oder fühlendes Wollen beim Kinde noch in der Körperperipherie dadurch, daß diese Körperperipherie beim Kinde gegenüber dem mehr menschlichen Inneren schläft und dabei träumt. Sie sind also nicht nur im denkenden Erkennen voll wach, sondern Sie sind überhaupt nur im Inneren Ihres Leibes voll wach. An der Körperperipherie, an der Leibesoberfläche schlafen Sie auch fortwährend. Und weiter: Was da in der Umgebung des Leibes oder, besser gesagt, an der Oberfläche des Leibes stattfindet, das findet in ähnlicher Weise auch statt

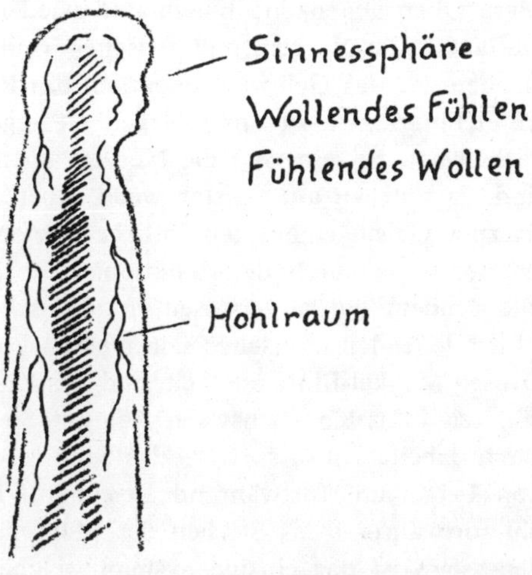

im Kopf, und am stärksten findet es statt, je weiter wir in das Innere des Menschen hineinkommen, in das Muskelhafte, das Bluthafte. Da drinnen schläft der Mensch wiederum und träumt dabei. An der Oberfläche schläft und träumt der Mensch, und auch mehr gegen sein Inneres zu schläft er und träumt wiederum dabei. Daher bleibt in unserem Inneren dasjenige, was mehr seelisch-wollendes Fühlen, fühlendes Wollen ist, unser Wunschleben und so weiter wiederum in einem träumenden Schlaf. Wo sind wir denn also nur voll wachend? In der Zwischenzone, wenn wir ganz wach sind.

Sie sehen, wir gehen jetzt vom geistigen Gesichtspunkte aus, indem wir die Tatsachen des Wachens und des Schlafens auch räumlich auf den Menschen anwenden und dies auf seine Gestaltung beziehen, so daß wir uns sagen können: Der Mensch ist vom geistigen Gesichtspunkte angesehen so, daß er an seiner Oberfläche und in seinen Innenorganen schläft und nur in der Zwischenzone im Leben zwischen Geburt und Tod jetzt wirklich ganz wach sein kann. Was für Organe sind denn in dieser Zwischenzone am meisten ausgebildet? Diejenigen Organe, besonders im Kopfe, die wir die Nerven nennen, der Nervenapparat. Dieser Nervenapparat sendet seine Ausläufer in die äußere Oberflächenzone hinein und wieder in das Innere; da verlaufen die Nerven, und zwischendrinnen sind solche Mittelzonen wie das Gehirn, namentlich das Rückenmark, auch das Bauchmark. Da ist uns Gelegenheit gegeben, so eigentlich recht wach zu sein. Wo die Nerven am meisten ausgebildet sind, da sind wir am meisten wach. Aber das Nervensystem hat zum Geiste eine eigentümliche Beziehung. Es ist ein Organsystem, das durch die Funktionen des Leibes fortwährend die Tendenz hat zu verwesen, mineralisch zu werden. Wenn Sie beim lebenden Menschen sein Nervensystem von der übrigen Drüsen-Muskel-Blutwesenheit und Knochenwesenheit loslösen könnten – das Knochensystem könnten Sie sogar beim Nervensystem dabeilassen –, so wäre das beim lebenden Menschen schon Leichnam, fortwährend Leichnam. Im Nervensystem geht fortwährend das Sterben des Menschen vor sich. Das Nervensystem ist das einzige System, welches gar keine unmittelbare Beziehung zum Geistig-Seelischen hat. Blut, Muskeln und so weiter haben immer direkte Beziehungen zum Geistig-Seelischen, das nervöse System hat unmittelbar dazu gar keine Beziehungen; es hat nur dadurch Beziehungen zum Geistig-Seelischen, daß es sich fortwährend aus der menschlichen Organisation ausschaltet, daß es nicht da ist, weil es fortwährend verwest. Die anderen Glieder leben; deshalb bilden sie direkte Beziehungen aus zum Geistig-Seelischen. Das Nervensystem stirbt fortwährend ab; es sagt fortwährend zum Menschen: Du kannst dich entwickeln, weil ich dir kein Hindernis biete, weil ich mache, daß ich gar nicht da bin mit meinem Leben! – Das ist das Eigenartige. In der Psychologie und Physiologie finden Sie dargestellt: das vermittelnde Organ des Empfindens, des Denkens, des Geistig-Seelischen überhaupt ist das Nervensystem. Wodurch ist es aber dieses vermittelnde Organ? Nur dadurch, daß es sich fortwährend aus dem Leben herausdrückt, daß es dem Denken und Empfinden gar keine Hindernisse bietet, daß es gar keine Beziehungen zum Denken und Empfinden anstiftet, daß es den Menschen leer sein läßt in bezug auf das Geistig-Seelische da, wo es ist. Für das Geistig-Seelische sind einfach dort, wo die Nerven sind, Hohlräume. Daher kann das Geistig-Seelische dort hinein, wo die Hohlräume sind. Wir müssen dem Nervensystem dankbar sein, daß es sich nicht kümmert um das Geistig-Seelische, daß es all das nicht tut, was ihm die Physiologen und Psychologen zuschreiben. Täte es das, geschähe nur fünf Minuten lang das, was die Nerven nach den Beschreibungen der Physiologen und Psychologen tun sollen, so würden wir gar nichts in diesen fünf Minuten von der Welt und von uns wissen: wir würden eben schlafen. Denn die Nerven machten es dann so wie jene Organe, die das Schlafen vermitteln, die das fühlende Wollen, das wollende Fühlen vermitteln.

Ja, es ist schon so, daß man es heute etwas hart hat, wenn man darauf kommt, was in der Physiologie und Psychologie die Wahrheit ist, denn die Leute sagen immer: Du stellst ja die Welt auf den Kopf. – Die Wahrheit ist nur, daß sie auf dem Kopfe steht und daß man sie durch Geisteswissenschaft auf die Beine zu stellen hat. Die Physiologen sagen: Die Organe des Denkens sind die Nerven, insbesondere das Gehirn. – Wahr ist, daß Gehirn- und Nervensystem gerade nur dadurch mit dem denkenden Erkennen etwas zu tun haben, weil sie sich immerfort aus der Organisation des Menschen ausschließen, und weil dadurch das denkende Erkennen sich entfalten kann.

Jetzt betrachten Sie etwas ganz genau und nehmen Sie, bitte, Ihre Verstandeskräfte gut zusammen. In der Umgebung des Menschen, wo die Sinnessphäre ist, geschehen reale Vorgänge, die sich immerfort hineinstellen in das Weltgeschehen. Nehmen Sie an, Licht wirke auf den Menschen durch das Auge. Im Auge, das heißt in der Sinnessphäre, geschieht ein realer Vorgang, es geschieht etwas, ein physisch-chemischer Vorgang. Der setzt sich fort in das Innere des menschlichen Leibes, und er kommt dann auch bis in jenes Innere hinein (das dunkel Schraffierte der Zeichnung), wo wiederum physisch-chemische Vorgänge vor sich gehen. Jetzt denken Sie sich, Sie stehen einer beleuchteten Fläche gegenüber, und Lichtstrahlen fallen von dieser beleuchteten Fläche aus in Ihr Auge. Dort entstehen wieder physisch-chemische Vorgänge, die sich fortsetzen in die Muskel-Blutnatur im Inneren des Menschen. Dazwischen bleibt eine leere Zone. In dieser leeren Zone, die durch das nervöse Organ leer gelassen ist, entwickeln sich keine solchen Vorgänge wie im Auge oder im Inneren des Menschen, die selbständige Vorgänge sind, sondern da hinein setzt sich fort, was draußen ist: die Natur des Lichtes, die Natur der Farben selber und so weiter. Wir haben also an unserer Körperoberfläche, wo die Sinne sind, reale Vorgänge, welche vom Auge, vom Ohr, vom Wärmeaufnahmeorgan und so weiter abhängen. Ähnliche Vorgänge sind auch im Inneren des Menschen. Aber dazwischen nicht, wo die Nerven sich eigentlich ausbreiten; die machen den Raum frei, dort können wir leben mit dem, was draußen ist. Das Auge verändert Ihnen Licht und Farbe. Dort aber, wo Sie Nerven haben, wo Sie hohl sind in bezug auf das Leben, da verändern sich Licht und Farbe nicht, da leben Sie Licht und Farbe mit. Sie sind nur in bezug auf die Sinnessphäre abgesondert von einer äußeren Welt, aber innen leben Sie, wie in einer Schale, die Außenvorgänge mit. Da werden Sie selbst zum Licht, da werden Sie selbst zum Ton, da breiten sich die Vorgänge aus, weil die Nerven dafür kein Hindernis sind, wie das Blut und der Muskel.

Jetzt bekommen wir ein Gefühl davon, was das für eine Bedeutung hat: Wir wachen da mit Bezug auf einen im Verhältnis zum Leben in uns vorhandenen Hohlraum, während wir an der äußeren Oberfläche und im Inneren schlafend träumen und träumend schlafen. Wir wachen nur in einer Zone, die zwischen dem Äußeren und dem Inneren liegt, vollständig auf. Das mit Bezug auf den Raum.

Wir müssen aber, wenn wir den Menschen vom geistigen Gesichtspunkt betrachten, auch sein Zeitliches in Beziehung bringen zum Wachen und Schlafen und Träumen.

Sie lernen etwas; das nehmen Sie auf so, daß es hereingeht in Ihr Vollwachen. Während Sie sich damit beschäftigen und wenn Sie daran denken, ist es in Ihrem Vollwachen. Dann gehen Sie an das andere Leben. Anderes nimmt Ihr Interesse, Ihre Aufmerksamkeit in Anspruch. Was tut nun das, was Sie vordem gelernt haben und womit Sie sich beschäftigt haben? Es fängt an einzuschlafen, und wenn Sie sich wieder daran erinnern, dann wacht es wieder auf. Sie kommen mit allen diesen Dingen nur zurecht, wenn Sie all das Wortgeplänkel, das Sie in den Psychologien als Erinnern und Vergessen haben, ersetzen durch die realen Begriffe. Was ist Erinnern? Es ist das Aufwachen eines Vorstellungskomplexes. Und was ist das Vergessen? Das Einschlafen des Vorstellungskomplexes. Da können Sie Reales mit real Erlebtem vergleichen, da haben Sie keine bloßen Worterklärungen. Wenn Sie immer reflektieren auf Wachen und Schlafen, wenn Sie sich selber einschlafend erleben oder einen anderen einschlafen sehen, so haben Sie einen realen Vorgang. Sie beziehen das Vergessen, diese innere Seelentätigkeit, auf diesen realen Vorgang – nicht auf irgendein Wort –, vergleichen die beiden und sagen sich: Vergessen ist nur ein Einschlafen auf einem anderen Gebiete, und auch Erinnern ist nur ein Aufwachen auf einem anderen Gebiete.

Nur dadurch kommen Sie zum geistigen Weltbegreifen, daß Sie Reales mit Realem vergleichen. Wie Sie das kindliche Lebensalter mit dem Greisenalter vergleichen müssen, um Leib und Geist wirklich aufeinander beziehen zu können, wenigstens in den ersten Rudimenten, so vergleichen Sie Erinnern und Vergessen, indem Sie es auf ein Reales, auf Einschlafen und Aufwachen beziehen.

Das ist es, was für die Zukunft der Menschheit so unendlich notwendig werden wird: daß die Menschen sich bequemen, in die Realität, in die Wirklichkeit sich hineinzubegeben. Die Menschen denken heute fast nur in Worten, sie denken nicht in Wirklichkeit. Wo käme einem heutigen Menschen das Reale, was wir haben können, wenn wir vom Erinnern sprechen, das Aufwachen in den Sinn? Er wird im Umkreise der Worte alles mögliche hören können, um das Erinnern zu definieren, aber er wird nicht daran denken, aus der Wirklichkeit, aus der Sache heraus diese Dinge zu finden.

Daher werden Sie es begreiflich finden, wenn man so etwas wie die Dreigliederung, was ganz aus der Wirklichkeit, nicht aus abstrakten Begriffen, herausgeholt ist, an die Menschen heranbringt, daß diese Menschen es zunächst unverständlich finden, weil sie gar nicht gewöhnt sind, die Dinge aus der Wirklichkeit herauszuholen. Sie verbinden gar keine Begriffe mit dem Herausholen der Dinge aus der Wirklichkeit. Und am wenigsten Begriffe mit dem Herausholen der Dinge aus der Wirklichkeit verbinden zum Beispiel die sozialistischen Führer in ihren Theorien; sie stellen das letzte Ende, die letzte Dekadenzerscheinung des Worterklärens dar. Die Leute glauben am allermeisten, etwas von der Wirklichkeit zu verstehen; wenn sie aber anfangen zu sprechen, dann kommen sie mit den allerleersten Worthülsen.

Das war nur eine Zwischenbemerkung, die namentlich mit dem Wesen unserer gegenwärtigen Zeitströmung zusammenhängt. Aber der Pädagoge muß auch die Zeit begreifen, in der er steht, weil er die Kinder begreifen muß, die ihm aus dieser Zeit heraus zum Erziehen übergeben werden.

Wir haben gestern gesehen, daß wir so etwas wie Gedächtnis, Erinnerungskraft, nur begreifen können, wenn wir es in ein Verhältnis bringen zu, ich möchte sagen, für die äußere Beobachtung durchsichtigeren Vorgängen: zu Schlafen und Wachen. Sie werden daraus sehen, daß es das pädagogische Bestreben sein muß, immer mehr und mehr das Unbekanntere an das Bekanntere auch in bezug auf geistige Ideenbildung heranzubringen.

Sie können sagen: Ja, Schlafen und Wachen sind doch eigentlich noch dunkler als das Erinnern und Vergessen, und daher wird man für die Behandlung von Erinnern und Vergessen nicht viel gewinnen können durch Schlafen und Wachen. – Dennoch aber: Wer sorgfältig beobachtet, was dem Menschen verlorengeht durch einen gestörten Schlaf, der wird daraus eine Erkenntnis schöpfen können für das, was wie störend sich in das ganze menschliche Seelenleben hineinstellt, wenn Vergessen nicht in das richtige Verhältnis gebracht wird zum Erinnern. Wir wissen aus dem äußeren Leben, daß schon ein gehörig langer Schlaf notwendig ist, wenn nicht das Ich-Bewußtsein immer unkräftiger und unkräftiger gemacht werden soll, wenn es nicht den Charakter annehmen soll, den man so bezeichnen könnte, daß es durch einen gestörten Schlafzustand zu stark hingegeben wird an die Eindrücke der Außenwelt, an alles mögliche, was von der Außenwelt an das Ich herankommt. Selbst schon bei verhältnismäßig geringfügiger Störung durch den Schlaf oder, besser gesagt, durch die Schlaflosigkeit können Sie bemerken, wie das der Fall ist. Nehmen wir an, Sie haben einmal während einer Nacht nicht gut geschlafen. Ich setze voraus, daß Sie nicht dadurch nicht gut geschlafen haben, daß Sie einmal besonders fleißig waren und die Nacht zum Arbeiten verwendet haben; da verhält sich die Sache etwas anders. Aber nehmen wir an, Sie seien durch irgendeinen körperlichen Zustand oder durch die Moskitos, kurz, für das Seelische mehr von außen, in Ihrem Schlafe gestört worden. Da werden Sie sehen, daß Sie vielleicht schon am nächsten Tage in einer unangenehmeren Weise berührt werden von den Dingen, die auf Sie Eindruck machen, als Sie sonst berührt werden. Sie sind gewissermaßen in Ihrem Ich dadurch empfindlich geworden.

So ist es auch, wenn wir in einer unrichtigen Weise in das menschliche Seelenleben hereinspielen haben Vergessen und Erinnerung. Wann aber haben wir dies? Dann, wenn wir nicht willkürlich unser Vergessen und Erinnern regeln können. Es gibt ja sehr viele Menschen – und diese Anlage zeigt sich auch schon in früher Kindheit –, die duseln so durch das Leben dahin. Äußeres macht auf sie Eindruck, sie geben sich den Eindrücken hin, sie verfolgen aber die Eindrücke nicht ordentlich, sondern lassen sie so vorüberhuschen; sie verbinden sich gewissermaßen nicht ordentlich durch ihr Ich mit den Eindrücken. Dann aber duseln sie auch wieder in den frei aufsteigenden Vorstellungen, wenn sie nicht richtig dem äußeren Leben hingegeben sind. Sie suchen nicht durch Willkür den Schatz ihrer Vorstellungen bei irgendeiner Veranlassung zu heben, den sie nötig haben, um dies oder jenes gut zu verstehen, sondern sie lassen die Vorstellungen, die aus dem Inneren aufsteigen wollen, von selbst aufsteigen. Da kommt bald diese, bald jene Vorstellung; da hat die Willkür keinen besonderen Einfluß darauf. Man kann schon sagen, daß in vieler Beziehung dies der Seelenzustand für viele Menschen ist, der insbesondere beim kindlichen Alter in dieser Art hervortritt.

Man wird Abhilfe schaffen und das Erinnern und Vergessen immer mehr und mehr in die Sphäre der Willkür stellen, wenn man weiß, daß Schlafen und Wachen auch ins Wachleben hereinspielen bei diesem Erinnern und Vergessen. Denn man wird sich dann sagen: Woher kommt das Erinnern? – Es kommt davon her, daß der Wille, in dem wir ja schlafen, eine Vorstellung unten im Unbewußten ergreift und sie heraufträgt ins Bewußtsein. Geradeso wie das menschliche Ich und der menschliche astralische Leib, wenn sie vom Einschlafen bis zum Aufwachen aus dem physischen Leib und Ätherleib heraus sind, Kraft sammeln in der geistigen Welt, um den physischen Leib und Ätherleib aufzufrischen, so kommt von der Kraft des schlafenden Willens das, was vom Erinnerungsvorgang bewirkt wird. Nun ist aber der Wille gerade schlafend und Sie können daher nicht unmittelbar im Kinde bewirken, daß es lerne, seinen Willen zu gebrauchen. Denn wenn Sie im Kinde bewirken wollten, daß es seinen Willen gebrauche, so wäre das gerade so, als wenn Sie den Menschen ermahnen wollten, er solle im Schlafe nur recht brav sein, damit er sich diese Bravheit ins Leben mitbringe, wenn er morgens aufwacht. Man kann also auch diesem schlafenden Teil, der im Willen schläft, nicht zumuten, daß er sich unmittelbar im Einzelakt aufraffe, um die Erinnerung zu regeln. Was ist da zu tun? Nun, das kann man natürlich dem Menschen nicht zumuten, daß er sich im Einzelakt aufraffe, um die Erinnerung zu regeln, aber man kann den ganzen Menschen so erziehen, daß er seelische, leibliche und geistige Lebensgewohnheiten entwickelt, die zu einem solchen Aufraffen des Willens im Einzelfalle führen. Betrachten wir die Sache einmal mehr im einzelnen.

Nehmen wir an, wir erwecken durch besondere Behandlungsarten in dem Kinde ein lebendiges Interesse zum Beispiel für die Tierwelt. Dieses Interesse für die Tierwelt werden wir natürlich nicht in einem Tage entwickeln können. Wir werden den ganzen Unterricht so zu veranlagen haben, daß allmählich das Interesse für die Tierwelt immer mehr und mehr sich einstellt und erwacht. Ist ein Kind durch einen solchen Unterricht durchgegangen, dann geht dieser Unterricht, je lebendigere Interessen er erweckt, um so mehr über auf den Willen, und dieser Wille bekommt dann im allgemeinen die Eigenschaft, wenn in einem geordneten Leben für die Erinnerung Tiervorstellungen gebraucht werden, diese aus dem Unterbewußtsein, aus der Vergessenheit heraufzuholen. Nur dadurch, daß Sie auf das Habituelle des Menschen, auf das Gewohnheitsmäßige wirken, bringen Sie seinen Willen und damit auch seine Erinnerungskraft in Ordnung. Das heißt mit anderen Worten: Sie müssen auf diese Art durchschauen, warum alles, was beim Kinde ein intensives Interesse erweckt, auch dazu beiträgt, sein Gedächtnis tatkräftig zu stärken. Denn die Gedächtniskraft muß man heben vom Gefühl und Willen aus, nicht etwa durch bloße intellektuelle Gedächtnisübungen.

Sie sehen gerade aus dem, was ich auseinandergesetzt habe, wie in der Welt und insbesondere in der menschlichen Welt alles in einem gewissen Sinne getrennt ist, wie aber das Getrennte auch wieder zusammenwirkt. Wir können den Menschen in bezug auf sein Seelisches nicht begreifen, wenn wir nicht das Seelische trennen, gliedern nach Denken oder denkendem Erkennen, Fühlen und Wollen. Aber nirgends ist denkendes Erkennen, Fühlen und Wollen rein vorhanden, immer wirken die drei ineinander zu einer Einheit, verweben sich. Und so ist es in der ganzen menschlichen Wesenheit bis in das Leibliche hinein.

Ich habe Ihnen angedeutet, daß der Mensch hauptsächlich Kopf ist im Kopfteil, daß er aber eigentlich ganz Kopf ist. Er ist hauptsächlich Brust als Brustmensch, aber eigentlich ist er ganz Brustmensch, denn auch der Kopf hat Anteil an der Brustnatur und ebenso auch der Gliedmaßenmensch. Und auch der Gliedmaßenmensch ist hauptsächlich Gliedmaßenmensch, aber eigentlich ist der ganze Mensch Gliedmaßenmensch, aber auch die Gliedmaßen haben Anteil an der Kopfnatur und ebenso an der Brustnatur; sie nehmen zum Beispiel auch an der Hautatmung teil und so weiter.

Man kann sagen: Will man sich der Wirklichkeit nähern, insbesondere der Wirklichkeit der Menschennatur, dann muß man sich klar sein, daß alle Gliederung vorgenommen wird in einem Einheitlichen; würde man nur auf das abstrakt Einheitliche gehen, so würde man überhaupt nichts kennenlernen. Würde man niemals gliedern, so bliebe die Welt immer in einem Unbestimmten, wie in der Nacht alle Katzen grau sind. Menschen, die daher alles in abstrakten Einheiten erfassen wollen, sehen die Welt grau in grau. Und würde man nur gliedern, nur trennen, alles auseinanderhalten, so würde man niemals zu einer wirklichen Erkenntnis kommen, denn dann würde man nur Verschiedenes erfassen, und die Erkenntnis bliebe aus.

So ist alles, was im Menschen ist, zum Teil erkennender, zum Teil fühlender, zum Teil wollender Natur. Und was erkennend ist, das ist hauptsächlich erkennend, aber auch gefühlsmäßig und willensmäßig; was fühlend ist, das ist hauptsächlich fühlend, aber auch erkennend und willensmäßig, und ebenso ist es mit dem Wollenden. Dies können wir nun schon auf das anwenden, was wir gestern als die Sinnessphäre charakterisiert haben. Sie müssen, indem Sie ein solches Kapitel wie das, was ich jetzt bringen werde, begreifen wollen, wirklich, ich möchte sagen, alles Pedantentum ablegen, sonst werden Sie den krassesten Widerspruch vielleicht gerade mit dem finden, was ich im gestrigen Vortrag gesagt habe. Aber aus Widersprüchen besteht die Wirklichkeit. Wir begreifen die Wirklichkeit nicht, wenn wir nicht die Widersprüche in der Welt schauen.

Der Mensch hat im ganzen zwölf Sinne. Daß man nur fünf, sechs oder sieben Sinne in der gewöhnlichen Wissenschaft unterscheidet, rührt allein davon her, daß diese fünf, sechs oder sieben Sinne besonders auffällig sind und die anderen, welche die Zwölfzahl dann vollenden, weniger auffällig sind. Ich habe diese zwölf Sinne des Menschen öfter erwähnt, wir wollen sie uns heute noch einmal vor die Seele führen. Gewöhnlich redet man ja vom Hörsinn, Wärmesinn, Sehsinn, Geschmackssinn, Geruchssinn, Tastsinn, wobei es sogar noch vorkommt, daß der Wärmesinn und der Tastsinn in eins zusammengeschoben werden, was ungefähr so wäre, wie wenn man bei der äußeren Beobachtung der Dinge «Rauch» und «Staub» in eins zusammenzählte, weil es äußerlich nämlich gleich ausschaut. Daß Wärmesinn und Tastsinn zwei durchaus verschiedene Arten des Menschen sind, sich mit der Welt in Beziehung zu setzen, sollte man nicht mehr zu erwähnen brauchen. Diese Sinne und höchstens vielleicht noch, wie manche angeben, den Gleichgewichtssinn, unterscheiden die heutigen Psychologen. Mancher fügt noch einen Sinn dazu, aber zur Vollständigkeit einer Sinnesphysiologie und Sinnespsychologie kommt man dabei nicht, weil man einfach nicht beachtet, daß der Mensch ein ähnliches Verhältnis zu seiner Umwelt hat, wenn er das Ich eines anderen Menschen wahrnimmt, wie er es hat, wenn er eine Farbe wahrnimmt durch den Sehsinn.

Die Menschen sind ja heute geneigt, alles durcheinanderzuwerfen. Wenn einer an die Ich-Vorstellung denkt, so denkt er zunächst an seine eigene Seelenwesenheit; dann ist er gewöhnlich zufrieden. Fast machen es die Psychologen auch so. Sie bedenken gar nicht, daß es etwas völlig Verschiedenes ist, ob ich durch das Zusammennehmen dessen, was ich an mir selbst erlebe, zuletzt die Summe dieses Erlebens als «Ich» bezeichne, oder ob ich einem Menschen gegenübertrete und durch die Art, wie ich mich zu ihm in Beziehung setze, auch diesen Menschen als ein «Ich» bezeichne. Das sind zwei ganz verschiedene geistig-seelische Tätigkeiten. Das eine Mal, wenn ich meine Lebenstätigkeiten in der umfassenden Synthesis «Ich» zusammenfasse, habe ich etwas rein Innerliches; das andere Mal, wenn ich dem anderen Menschen gegenübertrete und durch meine Beziehung zu ihm zum Ausdruck bringe, daß er auch so etwas ist wie mein Ich, habe ich eine Tätigkeit vor mir, die im Wechselspiel zwischen mir und dem anderen Menschen verfließt. Daher muß ich sagen: Die Wahrnehmung meines eigenen Ich in meinem Inneren ist etwas anderes, als wenn ich den anderen Menschen als ein Ich erkenne. Die Wahrnehmung des anderen Ich beruht auf dem Ich-Sinn, so wie die Wahrnehmung der Farbe auf dem Sehsinn, die des Tones auf dem Hörsinn beruht. Die Natur macht es dem Menschen nicht so leicht, beim «Ichen» das Organ des Wahrnehmens so offen zu sehen wie beim Sehen. Aber man könnte gut das Wort «Ichen» gebrauchen für das Wahrnehmen anderer Iche, wie man das Wort Sehen gebraucht beim Wahrnehmen der Farbe. Das Organ der Farbenwahrnehmung ist außen am Menschen; das Organ der Wahrnehmung der Iche ist über den ganzen Menschen ausgebreitet und besteht in einer sehr feinen Substantialität, und daher reden die Menschen nicht vom Ich-Wahrnehmungsorgan. Dieses Ich-Wahrnehmungsorgan ist etwas anderes als das, was bewirkt, daß ich mein eigenes Ich erlebe. Es ist sogar ein gewaltiger Unterschied zwischen dem Erleben des eigenen Ich und dem Wahrnehmen des Ich bei einem anderen. Denn das Wahrnehmen des Ich bei einem anderen ist im wesentlichen ein Erkenntnisvorgang, wenigstens ein der Erkenntnis ähnlicher Vorgang; das Erleben des eigenen Ich dagegen ist ein Willensvorgang.

Nun kommt das, wobei sich ein Pedant behaglich fühlen könnte. Er könnte sagen: Im letzten Vortrag hast du doch gesagt, daß alle Sinnesbetätigung vorzugsweise Willensbetätigung sei; jetzt konstruierst du den Ich-Sinn und sagst, er sei hauptsächlich ein Erkenntnissinn. – Aber wenn Sie den Ich-Sinn charakterisieren, so wie ich es in der Neuauflage meiner «Philosophie der Freiheit» versucht habe, so werden Sie darauf kommen, daß dieser Ich-Sinn in der Tat recht kompliziert arbeitet. Worauf beruht eigentlich das Wahrnehmen des Ich des anderen Menschen? Die heutigen Abstraktlinge sagen da ganz sonderbare Dinge. Sie sagen: Eigentlich sieht man vom äußeren Menschen seine Gestalt, man hört seine Töne, und dann weiß man, daß man selbst so menschlich ausschaut wie der andere Mensch, daß man drinnen in sich ein Wesen hat, das denkt und fühlt und will, das also auch seelisch-geistig ein Mensch ist. – Und so schließt man durch Analogie: Wie in mir selbst ein denkendes, fühlendes, wollendes Wesen ist, so ist es auch beim anderen. – Ein Analogieschluß von mir selbst auf den anderen wird vollzogen. Dieser Analogieschluß ist nichts weiter als eine Torheit. Das Wechselverhältnis zwischen dem einen Menschen und dem anderen schließt etwas ganz anderes in sich. Stehen Sie einem Menschen gegenüber, dann verläuft das folgendermaßen: Sie nehmen den Menschen wahr eine kurze Zeit; da macht er auf Sie einen Eindruck. Dieser Eindruck stört Sie im Inneren: Sie fühlen, daß der Mensch, der eigentlich ein gleiches Wesen ist wie Sie, auf Sie einen Eindruck macht wie eine Attacke. Die Folge davon ist, daß Sie sich innerlich wehren, daß Sie sich dieser Attacke widersetzen, daß Sie gegen ihn innerlich aggressiv werden. Sie erlahmen im Aggressiven, das Aggressive hört wieder auf; daher kann er nun auf Sie wieder einen Eindruck machen. Dadurch haben Sie Zeit, Ihre Aggressivkraft wieder zu erhöhen, und Sie führen nun wieder eine Aggression aus. Sie erlahmen darin wieder, der andere macht wiederum einen Eindruck auf Sie und so weiter. Das ist das Verhältnis, das besteht, wenn ein Mensch dem anderen, das Ich wahrnehmend, gegenübersteht: Hingabe an den Menschen – innerliches Wehren; Hingabe an den anderen – innerliches Wehren; Sympathie – Antipathie; Sympathie – Antipathie. Ich rede jetzt nicht von dem gefühlsmäßigen Leben, sondern nur von dem wahrnehmenden Gegenüberstehen. Da vibriert die Seele; es vibrieren: Sympathie – Antipathie, Sympathie – Antipathie, Sympathie – Antipathie. Das können Sie in der neuen Auflage der «Philosophie der Freiheit» nachlesen.

Aber es ist noch etwas anderes der Fall. Indem die Sympathie sich entwickelt, schlafen Sie in den anderen Menschen hinein; indem die Antipathie sich entwickelt, wachen Sie auf und so weiter. Das ist ein sehr kurz dauerndes Abwechseln zwischen Wachen und Schlafen in Vibrationen, wenn wir dem anderen Menschen gegenüberstehen. Daß es ausgeführt werden kann, verdanken wir dem Organ des Ich-Sinnes. Dieses Organ des Ich-Sinnes ist also so organisiert, daß es nicht in seinem wachenden, sondern in einem schlafenden Willen das Ich des anderen erkundet – und dann rasch diese Erkundung, die schlafend vollzogen wird, in die Erkenntnis hinüberleitet, das heißt, in das Nervensystem hinüberleitet. So ist, wenn man die Sache richtig betrachtet, die Hauptsache beim Wahrnehmen des anderen doch der Wille, aber eben gerade der Wille, wie er sich nicht wachend, sondern schlafend entwickelt; denn wir spinnen fortwährend schlafende Augenblicke in den Wahrnehmungsakt des anderen Ich ein. Und was dazwischen liegt, ist schon Erkenntnis; das wird rasch abgeschoben in die Gegend, wo das Nervensystem haust, so daß ich nennen kann die Wahrnehmung des anderen wirklich einen Erkenntnisvorgang, aber wissen muß, daß dieser Erkenntnisvorgang nur eine Metamorphose eines schlafenden Willensvorganges ist. So ist also auch dieser Sinnesvorgang ein Willensvorgang, nur erkennen wir ihn nicht als solchen. Wir leben nicht bewußt alles Erkennen, das wir im Schlafe erleben.

Dann haben wir als nächsten Sinn, aber getrennt von dem Ich-Sinn und von allen übrigen Sinnen, denjenigen zu beachten, den ich bezeichne als Gedankensinn. Gedankensinn ist nicht der Sinn für die Wahrnehmung eigener Gedanken, sondern für das Wahrnehmen der Gedanken der anderen Menschen. Darüber entwickeln auch wieder die Psychologen ganz groteske Vorstellungen. Vor allen Dingen sind die Leute so sehr von der Zusammengehörigkeit von Sprache und Denken beeinflußt, daß sie glauben, mit der Sprache wird immer auch das Denken aufgenommen. Das ist ein Unding. Denn Sie könnten die Gedanken durch Ihren Gedankensinn ebenso als liegend in äußeren Raumesgebärden wahrnehmen wie in der Lautsprache. Die Lautsprache vermittelt nur die Gedanken. Sie müssen die Gedanken für sich selbst durch einen eigenen Sinn wahrnehmen. Und wenn einmal für alle Laute die eurythmischen Zeichen ausgebildet sind, so braucht Ihnen der Mensch nur vorzueurythmisieren und Sie lesen aus seinen eurythmischen Bewegungen ebenso die Gedanken ab, wie Sie in der Lautsprache sie hörend aufnehmen. Kurz, der Gedankensinn ist etwas anderes, als was im Lautsinn, in der Lautsprache wirkt. – Dann haben wir den eigentlichen Sprachsinn.

Dann haben wir weiter den Hörsinn, den Wärmesinn, den Sehsinn, den Geschmackssinn, den Geruchssinn. Dann den Gleichgewichtssinn. Wir haben ein sinnlich geartetes Bewußtsein davon, daß wir im Gleichgewicht sind. Ein solches Bewußtsein haben wir. Wir wissen durch ein gewisses innerliches sinnliches Wahrnehmen, wie wir uns zu rechts und links, zu vorn und rückwärts verhalten, wie wir uns im Gleichgewicht verhalten, damit wir nicht umfallen. Und wenn das Organ unseres Gleichgewichtssinnes zerstört wird, fallen wir um; dann können wir uns nicht ins Gleichgewicht setzen, wie wir uns zu den Farben nicht in Beziehung bringen können, wenn das Auge zerstört ist. Und so wie wir für die Wahrnehmung des Gleichgewichtes einen Sinn haben, so haben wir auch einen Sinn für die eigene Bewegung, durch den wir unterscheiden, ob wir in Ruhe oder in Bewegung sind, ob unsere Muskeln gebeugt sind oder nicht. Wir haben also neben dem Gleichgewichtssinn einen Bewegungssinn, und wir haben außerdem noch für die Wahrnehmung des Gestimmtseins unseres Leibes im weitesten Sinne den Lebenssinn. Von diesem Lebenssinn sind sogar sehr viele Menschen sehr abhängig. Sie nehmen wahr, ob sie zuviel oder zuwenig gegessen haben, und dadurch fühlen sie sich behaglich oder unbehaglich, oder sie nehmen wahr, ob sie ermüdet sind oder nicht, und dadurch fühlen sie sich behaglich oder unbehaglich. Kurz, die Wahrnehmung der Zustände des eigenen Leibes spiegelt sich im Lebenssinn.

So bekommen Sie die Tafel der Sinne als zwölf Sinne. Tatsächlich hat der Mensch zwölf solcher Sinne.

Nachdem wir nun die Möglichkeit hinweggeräumt haben, pedantisch Einwendungen zu machen gegen das Erkenntnisgemäße mancher Sinne, weil wir ja erkannt haben, daß dieses Erkenntnisgemäße doch in geheimer Weise auf dem Willen beruht, können wir jetzt die Sinne weiter gliedern. Da haben wir zunächst vier Sinne: Tastsinn, Lebenssinn, Bewegungssinn, Gleichgewichtssinn. Diese Sinne sind hauptsächlich durchdrungen von Willenstätigkeit. Der Wille wirkt hinein in das Wahrnehmen durch diese Sinne. Fühlen Sie doch, wie in das Wahrnehmen von Bewegungen, selbst wenn Sie diese Bewegungen im Stehen ausführen, der Wille hineinwirkt! Der ruhende Wille wirkt auch in die Wahrnehmung Ihres Gleichgewichtes hinein. In den Lebenssinn wirkt er ja sehr stark hinein, und in das Tasten wirkt er auch hinein: denn wenn Sie irgend etwas betasten, so ist das im Grunde genommen eine Auseinandersetzung zwischen Ihrem Willen und der Umgebung. Kurz, Sie können sagen: Gleichgewichtssinn, Bewegungssinn, Lebenssinn und Tastsinn sind Willenssinne im engeren Sinne. Beim Tastsinn sieht der Mensch äußerlich, daß er zum Beispiel seine Hand bewegt, wenn er etwas betastet: daher ist es für ihn offenbar, daß dieser Sinn für ihn vorhanden ist. Beim Lebenssinn, Bewegungssinn und Gleichgewichtssinn ist es nicht so offenbar, daß diese Sinne vorhanden sind. Da sie aber im besonderen Sinne Willenssinne sind, so verschläft der Mensch diese Sinne, weil er ja im Willen schläft. Und in den meisten Psychologien finden Sie diese Sinne gar nicht angeführt, weil die Wissenschaft in bezug auf viele Dinge den Schlaf des äußeren Menschen behaglich mitschläft.

Die nächsten Sinne: Geruchssinn, Geschmackssinn, Sehsinn, Wärmesinn, sind hauptsächlich Gefühlssinne. Das naive Bewußtsein empfindet ja ganz besonders beim Riechen und Schmecken die Verwandtschaft mit dem Fühlen. Daß man es beim Sehen und der Wärme nicht so empfindet, hat eben seine besonderen Gründe. Beim Wärmesinn beachtet man nicht, daß er mit dem Gefühl sehr nahe verwandt ist, sondern wirft ihn mit dem Tastsinn zusammen. Man konfundiert zugleich unrichtig und unterscheidet zugleich unrichtig. Der Tastsinn ist in Wahrheit viel mehr willensmäßig, während der Wärmesinn nur gefühlsmäßig ist. Daß der Sehsinn auch Gefühlssinn ist, dahinter kommen die Menschen deshalb nicht, weil sie nicht solche Betrachtungen anstellen wie sie in Goethes Farbenlehre zu finden sind. Dort haben Sie alles Verwandte der Farben mit dem Gefühl, was zuletzt dann sogar zu Willensimpulsen führt, deutlich ausgesprochen. Aber warum merkt dann der Mensch so wenig, daß beim Sehsinn hauptsächlich eigentlich ein Fühlen vorhanden ist?

Wir sehen ja im Grunde genommen die Dinge fast immer so, daß sie uns, indem sie uns die Farben zuordnen, auch die Grenzen der Farben zeigen: Linien, Formen. Wir werden aber gewöhnlich nicht darauf aufmerksam, wie wir da eigentlich wahrnehmen, wenn wir zugleich Farbiges und Formen wahrnehmen. Wenn der Mensch einen farbigen Kreis wahrnimmt, sagt er grob: Ich sehe die Farbe, ich sehe auch die Rundung des Kreises, die Kreisform. Da werden aber doch zwei ganz verschiedene Dinge durcheinandergeworfen. Durch die eigentliche Tätigkeit des Auges, durch die abgesonderte Tätigkeit des Auges sehen Sie zunächst überhaupt nur die Farbe. Die Kreisform sehen Sie, indem Sie sich in Ihrem Unterbewußtsein des Bewegungssinnes bedienen und unbewußt im Ätherleib, im astralischen Leibe eine Kreiswindung ausführen und dies dann in die Erkenntnis hinaufheben. Und indem der Kreis, den Sie durch Ihren Bewegungssinn aufgenommen haben, in die Erkenntnis heraufkommt, verbindet sich der erkannte Kreis erst mit der wahrgenommenen Farbe. Sie holen also die Form aus Ihrem ganzen Leibe heraus, indem Sie appellieren an den über den ganzen Leib ausgebreiteten Bewegungssinn. Das kleiden Sie in etwas, was ich schon auseinandergesetzt habe, wo ich sagte: Der Mensch vollzieht eigentlich die Formen der Geometrie im Kosmos und hebt sie dann in die Erkenntnis hinauf.

Zu so feiner Art des Beobachtens, daß der Unterschied herauskommt zwischen dem Farbensehen und dem Formenwahrnehmen mit Hilfe des Bewegungssinnes, schwingt sich heute die offizielle Wissenschaft überhaupt nicht auf, sondern sie wirft alles durcheinander. Erziehen wird man aber in der Zukunft nicht können durch solches Durcheinanderwerfen. Denn wie soll man erziehen zum Sehen, wenn man nicht weiß, daß in den Sehakt hinein der ganze Mensch mit seinem Wesen auf dem Umwege durch den Bewegungssinn sich ergießt? Aber jetzt kommt etwas anderes zum Vorschein. Sie betrachten den Sehakt, indem Sie farbige Formen wahrnehmen. Es ist ein komplizierter Akt, dieser Sehakt, das Wahrnehmen farbiger Formen. Aber indem Sie ein einheitlicher Mensch sind, können Sie das, was Sie auf den zwei Umwegen wahrnehmen, auf dem Wege durch das Auge und auf dem Wege durch den Bewegungssinn, wieder in sich vereinigen. Sie würden stumpf hinschauen auf einen roten Kreis, wenn Sie nicht auf einem ganz anderen Wege das Rote und auf einem ganz anderen Wege das Kreisförmige wahrnehmen würden. Aber Sie schauen nicht stumpf hin, weil Sie von zwei Seiten her – die Farbe durch das Auge, die Form mit Hilfe des Bewegungssinnes – wahrnehmen und im Leben innerlich genötigt sind, diese beiden Dinge zusammenzufügen. Da urteilen Sie. Und jetzt begreifen Sie das Urteilen als einen lebendigen Vorgang in Ihrem eigenen Leibe, der dadurch zustande kommt, daß die Sinne Ihnen die Welt analysiert in Gliedern entgegenbringen. In zwölf verschiedenen Gliedern bringt Ihnen die Welt das entgegen, was Sie erleben, und in Ihrem Urteilen fügen Sie die Dinge zusammen, weil das einzelne nicht bestehen will als Einzelnes. Die Kreisform läßt es sich zunächst nicht gefallen, bloß Kreisform zu sein nach der Art, wie sie in den Bewegungssinn gekommen ist; die Farbe läßt es sich nicht gefallen, bloß Farbe zu sein, wie sie im Auge wahrgenommen wird. Die Dinge zwingen Sie innerlich, sie zu verbinden, und Sie erklären sich innerlich bereit, sie zu verbinden. Da wird die Urteilsfunktion zu einer Äußerung Ihres ganzen Menschen.

Sie sehen jetzt hinein in den tieferen Sinn unseres Verhältnisses zur Welt. Hätten wir nicht zwölf Sinne, so würden wir wie Stumpflinge auf unsere Umgebung hinschauen, würden nicht innerlich das Urteilen erleben können. Da wir aber zwölf Sinne haben, so haben wir damit eine ziemlich große Anzahl von Möglichkeiten, das Getrennte zu verbinden. Was der Ich-Sinn erlebt, können wir mit den elf anderen Sinnen verbinden, und das gilt so für jeden Sinn. Wir bekommen dadurch eine große Anzahl von Permutationen für die Zusammenhänge der Sinne. Aber außerdem bekommen wir auch noch eine große Anzahl von Möglichkeiten in dieser Beziehung, indem wir zum Beispiel den Ich-Sinn mit dem Gedankensinn und dem Sprachsinn zusammen verbinden und so weiter. Da sehen wir, in wie geheimnisvoller Weise der Mensch mit der Welt verbunden ist. Durch seine zwölf Sinne zerlegen sich die Dinge in ihre Bestandteile, und der Mensch muß in die Lage kommen können, daß er sich die Dinge aus den Bestandteilen wieder zusammensetzt. Dadurch nimmt er teil an dem inneren Leben der Dinge. Daher werden Sie begreifen, wie unendlich wichtig es ist, daß der Mensch so erzogen werde, daß vieles in gleichmäßiger Pflege in dem einen Sinn entwickelt wird wie in dem anderen Sinn, da dann ganz bewußt systematisch, die Beziehungen zwischen den Sinnen, den Wahrnehmungen, aufgesucht werden.

Ich habe noch hinzuzufügen, daß Ich-Sinn, Gedankensinn, Hörsinn und Sprachsinn mehr Erkenntnisse sind, weil der Wille darin eben der schlafende Wille ist, der wirklich schlafende Wille, der in seinen Äußerungen vibriert mit einer Erkenntnistätigkeit. So lebt schon in der Ich-Zone des Menschen Wille, Gefühl und Erkenntnis, und sie leben mit Hilfe von Wachen und Schlafen.

Seien Sie sich also klar darüber, daß Sie den Menschen nur dadurch erkennen können, daß Sie ihn immer von drei Gesichtspunkten aus betrachten, indem Sie seinen Geist betrachten. Aber es genügt nicht, wenn man immer nur sagt: Geist! Geist! Geist! Die meisten Menschen reden immer von Geist und wissen nicht das vom Geiste Gegebene zu behandeln. Man behandelt es nur richtig, wenn man mit Bewußtseinszuständen operiert. Der Geist muß ergriffen werden durch Bewußtseinszustände, wie Wachen, Schlafen und Träumen. Das Seelische wird ergriffen durch Sympathie und Antipathie, das heißt durch Lebenszustände; das tut sogar die Seele fortwährend im Unterbewußten. Die Seele haben wir eigentlich im astralischen Leib, das Leben im ätherischen Leib, und zwischen beiden ist eine fortwährende Korrespondenz im Inneren, so daß sich von selbst das Seelische in den Lebenszuständen des ätherischen Leibes auslebt. Und der Leib wird wahrgenommen durch Formzustände. Ich habe gestern die Kugelform für den Kopf, die Mondform für die Brust, die Linienform für die Gliedmaßen angewendet, und wir werden von der wirklichen Morphologie des menschlichen Leibes noch zu sprechen haben. Aber wir reden nicht richtig von dem Geist, wenn wir nicht beschreiben, wie er sich in Bewußtseinszuständen auslebt; wir reden nicht richtig von der Seele, wenn wir nicht zeigen, wie sie zwischen Sympathie und Antipathie sich auslebt, und wir reden nicht richtig vom Leibe, wenn wir ihn nicht in wahrhaften Formen erfassen. Davon wollen wir morgen weitersprechen.

Wenn Sie selbst ein gut entwickeltes, von Ihrem Willen und Ihrem Gemüt durchzogenes Wissen haben vom Wesen des werdenden Menschen, dann werden Sie auch gut unterrichten und gut erziehen. Sie werden auf die einzelnen Gebiete durch einen pädagogischen Instinkt, der in Ihnen erwachen wird, dasjenige anwenden, was sich Ihnen aus diesem willentlichen Wissen vom werdenden Kinde ergibt. Aber es muß dieses Wissen eben auch ein ganz reales sein, das heißt, auf wirklicher Erkenntnis der Tatsachenwelt beruhen.

Nun haben wir ja versucht, um zu einem wirklichen Wissen vom Menschen zu kommen, diesen Menschen zuerst vom seelischen, dann vom geistigen Gesichtspunkte aus ins Auge zu fassen. Wir wollen uns vor Augen stellen, daß die geistige Erfassung des Menschen notwendig macht, auf die verschiedenen Bewußtseinszustände zu reflektieren, zu wissen, daß es, zunächst wenigstens, darauf ankommt, daß unser Leben geistig verläuft in Wachen, Träumen und Schlafen, und daß die einzelnen Lebensäußerungen so zu charakterisieren sind, daß man sie entweder als vollwachende, als träumerische oder als schlafende Lebenszustände ins Auge faßt. Nun werden wir versuchen, wiederum nach und nach hinunterzusteigen vom Geiste durch die Seele zum Leib, damit wir den ganzen Menschen vor uns haben können und zuletzt diese Betrachtungen auch auslaufen lassen können in eine gewisse Hygiene des werdenden Kindes.

Sie wissen ja, daß jenes Lebensalter, welches beim Unterricht und bei der Erziehung als Ganzes für uns in Betracht kommt, dasjenige ist, das die zwei ersten Lebensjahrzehnte in sich schließt. Wir wissen weiter, daß das Gesamtleben des Kindes mit Bezug auf diese zwei ersten Lebensjahrzehnte des jungen Menschen auch dreigeteilt ist. Bis zum Zahnwechsel trägt das Kind einen ganz bestimmten Charakter an sich, der sich namentlich dadurch ausspricht, daß es ein nachahmendes Wesen sein will; alles, was es in der Umgebung sieht, will es nachahmen. Vom siebenten Jahre bis zur Geschlechtsreife haben wir es zu tun mit dem Kinde, das auf Autorität hin dasjenige aufnehmen will, was es wissen, fühlen und wollen soll; und erst mit der Geschlechtsreife beginnt die Sehnsucht des Menschen, aus dem eigenen Urteil heraus sich mit der Umwelt in eine Beziehung zu setzen. Daher müssen wir fortwährend darauf Rücksicht nehmen, daß wir ja, wenn wir Kinder im Volksschulalter vor uns haben, *den* Menschen entwickeln, der gewissermaßen aus dem innersten Wesen seiner Natur heraus nach Autorität strebt. Wir werden schlecht erziehen, wenn wir nicht in der Lage sind, Autorität gerade in diesem Lebensalter zu halten.

Nun handelt es sich aber darum, daß wir die Gesamtlebenstätigkeit des Menschen auch geistig charakterisierend überschauen können. Diese Gesamtlebenstätigkeit des Menschen umfaßt, wie wir von den verschiedensten Gesichtspunkten her gekennzeichnet haben, das erkennende Denken auf der einen Seite, das Wollen auf der anderen Seite; Fühlen liegt zwischendrin. Nun ist der Mensch als Erdenmensch zwischen Geburt und Tod darauf angewiesen, dasjenige, was als erkennendes Denken sich äußert, allmählich zu durchdringen mit der Logik, mit alledem, was ihn befähigt, logisch zu denken. Nur werden Sie selbst, was Sie über Logik als Lehrer und Erzieher zu wissen haben, im Hintergrunde halten müssen. Denn natürlich ist Logik etwas ausgeprägt Wissenschaftliches; das soll man als solches nur durch sein ganzes Verhalten zunächst an das Kind heranbringen. Aber als Lehrer muß man das Wichtigste der Logik doch in sich tragen.

Indem wir uns logisch, das heißt, denkend-erkennend betätigen, haben wir in dieser Betätigung immer drei Glieder. Erstens haben wir immerfort dasjenige in unserem denkenden Erkennen drinnen, was wir Schlüsse nennen. Für das gewöhnliche Leben äußert sich ja das Denken in der Sprache. Wenn Sie das Gefüge der Sprache überblicken, werden Sie finden: indem Sie sprechen, bilden Sie fortwährend Schlüsse aus. Diese Tätigkeit des Schließens ist die allerbewußteste im Menschen. Der Mensch würde sich durch die Sprache nicht äußern können, wenn er nicht fortwährend Schlüsse sprechen würde; er würde nicht das, was der andere zu ihm sagt, verstehen können, wenn er nicht fortwährend Schlüsse in sich aufnehmen könnte. Die Schullogik zergliedert gewöhnlich die Schlüsse; dadurch verfälscht sie sie schon, insofern die Schlüsse im gewöhnlichen Leben vorkommen. Die Schullogik bedenkt nicht, daß wir schon einen Schluß ziehen, wenn wir ein einzelnes Ding ins Auge fassen. Denken Sie sich, Sie gehen in eine Menagerie und sehen dort einen Löwen. Was tun Sie denn zuallererst, indem Sie den Löwen wahrnehmen? Sie werden zuallererst das, was Sie am Löwen sehen, sich zum Bewußtsein bringen, und nur durch dieses Sich-zum-Bewußtsein-Bringen kommen Sie mit Ihren Wahrnehmungen gegenüber dem Löwen zurecht. Sie haben im Leben gelernt, ehe Sie in die Menagerie gegangen sind, daß solche Wesen, die sich so äußern wie der Löwe, den Sie jetzt sehen, «Tiere» sind. Was Sie da aus dem Leben gelernt haben, bringen Sie schon mit in die Menagerie. Dann schauen Sie den Löwen an und finden: der Löwe tut eben auch das, was Sie bei den Tieren kennengelernt haben. Dies verbinden Sie mit dem, was Sie aus der Lebenserkenntnis mitgebracht haben, und bilden sich dann das Urteil: Der Löwe ist ein Tier. – Erst wenn Sie dieses Urteil sich gebildet haben, verstehen Sie den einzelnen Begriff «Löwe». Das erste, was Sie ausführen, ist ein Schluß; das zweite, was Sie ausführen, ist ein Urteil; und das letzte, wozu Sie im Leben kommen, ist ein Begriff. Sie wissen natürlich nicht, daß Sie diese Betätigung fortwährend vollziehen; aber würden Sie sie nicht vollziehen, so würden Sie kein bewußtes Leben führen, das Sie geeignet macht, sich durch die Sprache mit anderen Menschenwesen zu verständigen. Man glaubt gewöhnlich, der Mensch komme zuerst zu den Begriffen. Das ist nicht wahr. Das erste im Leben sind die Schlüsse. Und wir können sagen: Wenn wir nicht unsere Wahrnehmung des Löwen, wenn wir in die Menagerie gehen, aus der gesamten übrigen Lebenserfahrung herausschälen, sondern wenn wir sie in unsere ganze übrige Lebenserfahrung hineinstellen, so ist das erste, was wir in der Menagerie vollbringen, das Ziehen eines Schlusses. –

Wir müssen uns klar sein: daß wir in die Menagerie gehen und den Löwen sehen, ist nur eine Einzelhandlung und gehört zum ganzen Leben hinzu. Wir haben nicht angefangen zu leben, als wir die Menagerie betreten und den Blick auf den Löwen gerichtet haben. Das schließt sich an das vorherige Leben an, und das vorherige Leben spielt da hinein, und wiederum wird das, was wir aus der Menagerie mitnehmen, hinausgetragen in das übrige Leben. – Wenn wir aber nun den ganzen Vorgang betrachten, was ist dann der Löwe zuerst? Er ist zuerst ein Schluß. Wir können durchaus sagen: Der Löwe ist ein Schluß. Ein bißchen später: Der Löwe ist ein Urteil. Und wieder ein bißchen später: Der Löwe ist ein Begriff.

Wenn Sie Logiken aufschlagen, namentlich solche älteren Kalibers, dann werden Sie unter den Schlüssen gewöhnlich den allerdings berühmt gewordenen Schluß angeführt finden: Alle Menschen sind sterblich; Cajus ist ein Mensch; also ist Cajus sterblich. – Cajus ist ja die allerberühmteste logische Persönlichkeit. Nun, dieses Auseinanderschälen der drei Urteile: «Alle Menschen sind sterblich», «Cajus ist ein Mensch», «also ist Cajus sterblich», findet in der Tat nur beim Logikunterricht statt. Im Leben weben diese drei Urteile ineinander, sind eins, denn das Leben verläuft fortwährend denkend-erkennend. Sie vollziehen immer alle drei Urteile gleichzeitig, indem Sie an einen Menschen «Cajus» herantreten. In dem, was Sie über ihn denken, stecken schon die drei Urteile drinnen. Das heißt, der Schluß ist zuerst da; dann erst bilden Sie das Urteil, das hier in der Conclusio ist: «also ist Cajus sterblich.» Und das letzte, was Sie bekommen, ist der individualisierte Begriff: «Der sterbliche Cajus.»

Nun haben diese drei Dinge – Schluß, Urteil, Begriff – ihr Dasein im Erkennen, das heißt im lebendigen Geiste des Menschen. Wie verhalten sie sich im lebendigen Geiste des Menschen?

Der Schluß kann nur leben im lebendigen Geiste des Menschen, nur dort hat er ein gesundes Leben; das heißt, der Schluß ist nur ganz gesund, wenn er verläuft im vollwachenden Leben. Das ist sehr wichtig, wie wir noch sehen werden.

Daher ruinieren Sie die Seele des Kindes, wenn Sie darauf hinarbeiten, daß fertige Schlüsse dem Gedächtnis anvertraut werden sollen. Was ich jetzt für den Unterricht sage, das ist, wie wir es noch im einzelnen auszuführen haben, von ganz fundamentaler Wichtigkeit. Sie werden in der Waldorfschule Kinder aller Altersstufen bekommen mit den Ergebnissen vorangehenden Unterrichtes. Es wird mit den Kindern gearbeitet worden sein – Sie werden das Ergebnis davon schon vorfinden im Schluß, Urteil, Begriff. Sie werden ja aus den Kindern das Wissen wieder heraufholen müssen, denn Sie können nicht mit jedem Kinde von neuem beginnen. Wir haben ja das Eigentümliche, daß wir die Schule nicht von unten aufbauen können, sondern gleich mit acht Klassen beginnen. Sie werden also präparierte Kinderseelen vorfinden und werden in der Methode in den allerersten Zeiten darauf Rücksicht nehmen müssen, daß Sie möglichst wenig die Kinder damit plagen, fertige Schlüsse aus dem Gedächtnis herauszuholen. Sind diese fertigen Schlüsse zu stark in die Seelen der Kinder gelegt, dann lasse man sie lieber unten liegen und bemühe sich, das gegenwärtige Leben des Kindes im Schließen leben zu lassen.

Das Urteil entwickelt sich ja zunächst auch, selbstverständlich, im vollwachenden Leben. Aber das Urteil kann schon hinuntersteigen in die Untergründe der menschlichen Seele, da, wo die Seele träumt. Der Schluß sollte nicht einmal in die träumende Seele hinunterziehen, sondern nur das Urteil kann in die träumende Seele hinunterziehen. Also alles, was wir uns als Urteil über die Welt bilden, zieht in die träumende Seele hinunter.

Ja, was ist denn diese träumende Seele eigentlich? Sie ist mehr das Gefühlsmäßige, wie wir gelernt haben. Wenn wir also im Leben Urteile gefällt haben und dann über die Urteilsfällung hinweggehen und das Leben weiterführen, so tragen wir unsere Urteile durch die Welt; aber wir tragen sie im Gefühl durch die Welt. Das heißt aber weiter: das Urteilen wird in uns eine Art Gewohnheit. Sie bilden die Seelengewohnheiten des Kindes aus durch die Art, wie Sie die Kinder urteilen lehren. Dessen müssen Sie sich durchaus bewußt sein. Denn der

Ausdruck des Urteils im Leben ist der Satz, und mit jedem Satze, den Sie zu dem Kinde sprechen, tragen Sie ein Atom hinzu zu den Seelengewohnheiten des Kindes. Daher sollte der ja Autorität besitzende Lehrer sich immer bewußt sein, daß das, was er spricht, haften werde an den Seelengewohnheiten des Kindes.

Und kommen wir vom Urteil zum Begriff, so müssen wir uns gestehen: was wir als Begriff ausbilden, das steigt hinunter bis in die tiefste Tiefe des Menschenwesens, geistig betrachtet, steigt hinunter bis in die schlafende Seele. Der Begriff steigt hinunter bis in die schlafende Seele, und dies ist die Seele, die fortwährend am Leibe arbeitet. Die wachende Seele arbeitet nicht am Leibe. Ein wenig arbeitet die träumende Seele am Leibe; sie erzeugt das, was in seinen gewohnten Gebärden liegt. Aber die schlafende Seele wirkt bis in die Formen des Leibes hinein. Indem Sie Begriffe bilden, das heißt, indem Sie Ergebnisse der Urteile bei den Menschen feststellen, wirken Sie bis in die schlafende Seele oder, mit anderen Worten, bis in den Leib des Menschen hinein. Nun ist ja der Mensch in hohem Grade dem Leibe nach fertig gebildet, indem er geboren wird, und die Seele hat nur die Möglichkeit, das, was durch die Vererbungsströmung den Menschen überliefert wird, feiner auszubilden. Aber sie bildet es feiner aus. Wir gehen durch die Welt und schauen uns Menschen an. Diese Menschen treten uns entgegen mit ganz bestimmten Gesichtsphysiognomien. Was ist in diesen Gesichtsphysiognomien enthalten? Es ist in ihnen unter anderem enthalten das Ergebnis aller Begriffe, welche die Lehrer und Erzieher während der Kindheit in den Menschen hineingebracht haben. Aus dem Gesicht des reifen Menschen strahlt uns wieder das entgegen, was an Begriffen in die Kinderseele hineingegossen ist, denn die schlafende Seele hat die Physiognomie des Menschen unter anderem auch nach den feststehenden Begriffen gebildet. Hier sehen wir die Macht des Erzieherischen und Unterrichtlichen von uns auf den Menschen. Seinen Siegelabdruck bekommt der Mensch bis in den Leib hinein durch das Begriffebilden.

Heute ist die auffälligste Erscheinung in der Welt die, daß

wir Menschen mit so wenig ausgeprägten Physiognomien finden. Recht geistreich hat einmal *Hermann Bahr* in einem Berliner Vortrage etwas erzählt aus seinen Lebenserfahrungen. Er meinte, wenn man so an den Rhein oder in die Gegend von Essen komme, in den neunziger Jahren des vorigen Jahrhunderts schon, und man ginge durch die Straßen und es begegneten einem die Menschen, die aus den Fabriken kämen, da hätte man so still das Gefühl: Ja, keiner unterscheidet sich vom anderen, es ist eigentlich nur ein einziger Mensch, der einem dort begegnet, wie durch einen Vervielfältigungsapparat im Bilde sich zeigend; man kann die Menschen eigentlich gar nicht voneinander unterscheiden. – Eine sehr wichtige Beobachtung! Und noch eine andere Beobachtung hat Hermann Bahr angeführt, die auch ganz wichtig ist. Er meinte: Wenn man in den neunziger Jahren in Berlin irgendwo eingeladen war zum Souper, man hatte rechts und links seine Tischdame, man konnte sie eigentlich nicht voneinander unterscheiden, aber man hatte wenigstens den Unterschied: die eine ist rechts, die andere ist links. Nun war man dann auch wieder woanders eingeladen, und es konnte einem dann passieren, daß man nicht unterscheiden konnte: ist das nun die Dame von gestern, oder ist es die von vorgestern?

Kurz, eine gewisse Uniformität ist in die Menschheit eingezogen. Das ist aber ein Beweis dafür, daß in den Menschen nichts heranerzogen worden ist in der vorhergehenden Zeit. An solchen Dingen muß man lernen, was notwendig ist in bezug auf die Umwandlung unseres Erziehungswesens, denn die Erziehung greift tief ein in das ganze Kulturleben. Daher können wir sagen: Wenn der Mensch durch das Leben geht und nicht gerade einer einzelnen Tatsache gegenübersteht, so leben im Unbewußten seine Begriffe.

Begriffe können also im Unbewußten leben. Urteile können nur leben als Urteilsgewohnheiten im halbbewußten, im träumerischen Leben, und Schlüsse sollen eigentlich nur im vollbewußten, wachen Leben herrschen. Das heißt, man soll recht viel Rücksicht darauf nehmen, daß man alles, was sich auf die Schlüsse bezieht, mit den Kindern bespricht und sie nicht fertige Schlüsse immer gerade bewahren läßt, sondern nur das bewahren läßt, was zum Begriff ausreift. Aber was ist dazu notwendig?

Denken Sie sich, Sie bilden Begriffe, und diese Begriffe sind tot. Dann impfen Sie den Menschen Begriffsleichname ein. Bis in seinen Leib hinein impfen Sie dem Menschen Begriffsleichname ein, wenn Sie ihm tote Begriffe einimpfen. Wie muß der Begriff sein, den wir dem Menschen beibringen? Er muß lebendig sein, wenn der Mensch mit ihm soll leben können. Der Mensch muß leben, also muß der Begriff mitleben können. Impfen Sie dem Kinde im neunten, zehnten Jahre Begriffe ein, die dazu bestimmt sind, daß sie der Mensch im dreißigsten, vierzigsten Jahre noch ebenso hat, dann impfen Sie ihm Begriffsleichname ein, denn der Begriff lebt dann nicht mit dem Menschen mit, wenn dieser sich entwickelt. Sie müssen dem Kinde solche Begriffe beibringen, die sich im Laufe des weiteren Lebens des Kindes umwandeln können. Der Erzieher muß darauf bedacht sein, solche Begriffe dem Kinde zu übermitteln, welche der Mensch dann im späteren Leben nicht mehr so hat, wie er sie einmal bekommen hat, sondern die sich selbst umwandeln im späteren Leben. Wenn Sie das machen, dann impfen Sie dem Kinde lebendige Begriffe ein. Und wann impfen Sie ihm tote Begriffe ein? Wenn Sie dem Kinde fortwährend Definitionen geben, wenn Sie sagen: Ein Löwe ist . . . – und so weiter und das auswendig lernen lassen, dann impfen Sie ihm tote Begriffe ein; dann rechnen Sie damit, daß das Kind, wenn es dreißig Jahre ist, noch ganz genau so diese Begriffe hat, wie Sie sie ihm einmal beigebracht haben. Das heißt: das viele Definieren ist der Tod des lebendigen Unterrichtes. Was müssen wir also tun? Wir sollten im Unterricht nicht definieren, wir sollten versuchen zu charakterisieren. Wir charakterisieren, wenn wir die Dinge unter möglichst viele Gesichtspunkte stellen. Wenn wir einfach in der Naturgeschichte dem Kinde das beibringen, was zum Beispiel in den heutigen Naturgeschichten von den Tieren steht, so definieren wir ihm eigentlich nur das Tier. Wir müssen versuchen, in allen Gliedern des Unterrichtes das Tier von anderen Seiten aus zu charakterisieren, zum Beispiel von der Seite, wie die Menschen allmählich dazu gekommen sind, dieses Tier kennenzulernen, sich seiner Arbeit zu bedienen und so weiter. Aber schon ein rationell eingerichteter Unterricht selber wirkt charakterisierend, wenn Sie nicht einfach nur – wenn die betreffende Etappe des Unterrichtes gerade an der Reihe ist – naturgeschichtlich den Tintenfisch beschreiben, dann wieder, wenn es drankommt, die Maus, und dann wieder den Menschen, wenn es drankommt, sondern wenn Sie nebeneinanderstellen Tintenfisch, Maus und Menschen und diese aufeinander beziehen. Dann sind diese Beziehungen so vielgliedrig, daß nicht eine Definition herauskommt, sondern eine Charakteristik. Ein richtiger Unterricht arbeitet daher von vornherein nicht auf die Definition hin, sondern auf die Charakteristik.

Das ist von ganz besonderer Wichtigkeit, daß man sich stets bewußt ist: man ertöte nichts in dem werdenden Menschen, sondern man erziehe und unterrichte ihn so, daß er lebendig bleibt, daß er nicht vertrocknet, nicht erstarrt. Sie werden daher sorgfältig unterscheiden müssen bewegliche Begriffe, die Sie dem Kinde beibringen, und solche – es gibt auch solche –, die eigentlich einer Veränderung nicht zu unterliegen brauchen. Diese Begriffe werden beim Kinde eine Art Skelett seiner Seele geben können. Darauf werden Sie allerdings auch bedacht sein müssen, daß Sie dem Kinde etwas mitgeben müssen, was doch wieder für das ganze Leben bleibt. – Sie werden ihm nicht über die Einzelheiten des Lebens tote Begriffe geben dürfen, die nicht bleiben dürfen; Sie werden ihm lebendige Begriffe über die Einzelheiten des Lebens und der Welt geben müssen, die sich mit ihm selber organisch entwickeln. Aber Sie werden alles auf den Menschen beziehen müssen. Zuletzt wird alles in der Auffassung des Kindes zusammenströmen müssen in der Idee vom Menschen. Diese Idee vom Menschen darf bleiben. Alles, was Sie dem Kinde mitgeben, wenn Sie ihm eine Fabel erzählen und sie anwenden auf den Menschen, wenn Sie in der Naturgeschichte Tintenfisch und Maus auf den Menschen beziehen, wenn Sie beim Morsetelegraph ein Gefühl erregen von dem Wunder, das sich durch die Erdleitung vollzieht – alles das sind Dinge, welche die ganze Welt in ihren Einzelheiten verbinden mit dem Menschen. Das ist etwas, was bleiben kann. Aber man baut den Begriff vom Menschen ja erst allmählich auf, man kann dem Kinde nicht einen fertigen Begriff vom Menschen beibringen. Hat man ihn aber aufgebaut, dann darf er bleiben. Es ist sogar das Schönste, was man dem Kinde von der Schule ins spätere Leben mitgeben kann, die Idee, die möglichst vielseitige, möglichst viel enthaltene Idee vom Menschen.

Das, was im Menschen lebt, hat die Tendenz, sich im Leben wirklich auch lebendig umzuwandeln. Bringen Sie es dahin bei dem Kind, daß es Begriffe hat von Ehrfurcht, von Verehrung, Begriffe von alledem, was wir in einem umfassenderen Sinn nennen können die Gebetsstimmung, dann ist eine solche Vorstellung in dem Kinde, das mit der Gebetsstimmung durchdrungen ist, eine lebendige, reicht bis ins höchste Alter und wandelt sich um im höchsten Alter in die Fähigkeit zu segnen, bei anderen wieder die Ergebnisse der Gebetsstimmung auszuteilen. Ich habe es einmal so ausgedrückt, daß ich sagte: Kein Greis, noch eine Greisin, werden im Alter wirklich gut segnen können, die nicht als Kind richtig gebetet haben. Hat man als Kind richtig gebetet, so kann man als Greis oder Greisin richtig segnen, das heißt mit stärkster Kraft.

Also solche Begriffe beibringen, die mit dem Intimsten des Menschen zusammenhängen, heißt den Menschen ausstatten mit lebendigen Begriffen; und das Lebendige geht Metamorphosen ein, wandelt sich um; mit dem Leben des Menschen selbst wandelt es sich um.

Betrachten wir einmal noch von einem etwas anderen Gesichtspunkte aus diese Dreigliederung des jugendlichen Lebensalters. Bis zum Zahnwechsel will der Mensch nachahmen, bis zur Geschlechtsreife will er unter Autorität stehen; dann will er sein Urteil auf die Welt anwenden.

Man kann das auch noch anders ausdrücken. Wenn der Mensch aus der geistig-seelischen Welt heraustritt, sich mit einem Leibe umkleidet, was will er da eigentlich? Er will das Vergangene, das er im Geistigen durchlebt hat, in der physischen Welt verwirklichen. Der Mensch ist gewissermaßen vor dem Zahnwechsel ganz auf das Vergangene noch eingestellt. Von jener Hingabe, die man in der geistigen Welt entwickelt, ist der Mensch noch erfüllt. Daher gibt er sich auch in seine Umgebung hin, indem er die Menschen nachahmt. Was ist denn nun der Grundimpuls, die noch ganz unbewußte Grundstimmung des Kindes bis zum Zahnwechsel? Diese Grundstimmung ist eigentlich eine sehr schöne, die auch gepflegt werden muß. Es ist die, welche von der Annahme, von der unbewußten Annahme ausgeht: Die ganze Welt ist moralisch. Es ist bei den heutigen Seelen nicht umfassend so; aber es ist im Menschen veranlagt, wenn er die Welt betritt, dadurch daß er ein physisches Wesen wird, von der unbewußten Annahme auszugehen: Die Welt ist moralisch. Daher ist es gut für die ganze Erziehung bis zum Zahnwechsel und noch darüber hinaus, daß man etwas Rechnung trage dieser unbewußten Annahme: Die Welt ist moralisch. Ich habe darauf Rücksicht genommen, indem ich Ihnen zwei Lesestücke vorgeführt habe, für die ich zuerst die Vorbereitung gezeigt habe, und diese Präparation lebte ganz unter der Annahme, daß man moralisch charakterisiert. Ich versuchte zu charakterisieren bei dem Stück, wo es sich um das Hirtenhündchen, das Fleischerhündchen und das Polsterhündchen handelt, wie im Tierreiche Menschenmoral widergespiegelt sein kann. Und ich versuchte es auch, in dem Gedicht über das Veilchen von *Hoffmann von Fallersleben*, ohne Pedanterie Moral auch über das siebente Lebensjahr hinaus an das kindliche Leben heranzubringen, damit man dieser Annahme, die Welt ist moralisch, entgegenkommt. Das ist ja das Erhebende und Große im Anblick der Kinder, daß die Kinder eine Menschenrasse sind, die an die Moral der Welt glaubt und daher glaubt, daß man die Welt nachahmen dürfe. – Das Kind lebt so in der Vergangenheit und ist auch vielfach ein Offenbarer der vorgeburtlichen Vergangenheit, nicht der physischen, sondern der geistig-seelischen.

Indem der Mensch als Kind durch den Zahnwechsel durchgeht, lebt er bis zur Geschlechtsreife fortwährend eigentlich in der Gegenwart und interessiert sich für das Gegenwärtige. Und darauf muß beim Unterrichten und Erziehen fortwährend Rücksicht genommen werden, daß eigentlich der Volksschüler fortwährend in der Gegenwart leben will. Wie lebt man denn in der Gegenwart? In der Gegenwart lebt man, wenn man in einer nicht animalischen, sondern menschlichen Weise die Welt um sich her genießt. Tatsächlich, das Kind als Volksschüler will auch im Unterricht die Welt genießen. Wir sollen daher nicht versäumen, so zu unterrichten, daß nicht im animalischen, aber im höheren menschlichen Sinne der Unterricht wirklich für das Kind eine Art Genießen ist, und nicht etwa, was ihm Antipathie und Ekel hervorruft. Auf diesem Gebiete hat ja die Pädagogik allerlei gute Anläufe gemacht. Aber es ist etwas Gefährliches auf diesem Gebiete. Das Gefährliche besteht darin, daß man dieses Prinzip, den Unterricht zu einem Quell der Freude und des Genießens zu machen, sehr leicht ins Hausbackene verzerren kann. Das sollte nicht geschehen. Es kann aber nur Abhilfe geschaffen werden, wenn der Lehrer, der Unterrichtende, sich selbst fortwährend herausheben will aus dem Hausbackenen, Pedantischen, Philiströsen. Das kann er eigentlich nur dadurch, daß er nie versäumt, seine Beziehung zur Kunst recht lebendig sein zu lassen. Denn man geht von einer bestimmten Voraussetzung aus, wenn man menschlich – nicht animalisch – die Welt genießen will, von der Voraussetzung, daß die Welt schön ist. Und von dieser unbewußten Voraussetzung geht eigentlich das Kind von seinem Zahnwechsel bis zur Geschlechtsreife aus, daß es die Welt schön finden dürfe. Dieser unbewußten Annahme des Kindes, daß die Welt schön ist, daß also auch der Unterricht schön sein müsse, dem kommt man wahrhaftig nicht entgegen, wenn man die oftmals so banalen, rein vom Nützlichkeitsstandpunkte aus zugerichteten Regeln für den Anschauungsunterricht beobachtet, sondern wenn man selbst versucht, einzutauchen in künstlerisches Erleben, damit der Unterricht gerade in dieser Zeit durchkunstet werde. Es tut einem manchmal fürchterlich leid, wenn man die Didaktiken der Gegenwart liest und sieht, wie der gute Ansatz, daß man den Unterricht zu einem Quell der Freude machen möchte, dadurch nicht zu seinem Rechte kommt, daß das, was der Lehrer mit seinen Schülern bespricht, einen unästhetischen, einen hausbackenen Eindruck macht. Es ist ja heute beliebt, mit den Kindern Anschauungsunterricht zu treiben so nach sokratischer Methode. Aber die Fragen, welche da an die Kinder gestellt werden, tragen einen äußersten Nützlichkeitscharakter, nicht einen Charakter, der etwas in Schönheit lebt. Da nützt dann auch alles Aufstellen von Musterbeispielen nichts. Nicht darauf kommt es an, daß man dem Lehrer aufträgt: du sollst diese oder jene Art beim Auswählen deiner Musterbeispiele für den Anschauungsunterricht einhalten, sondern daß der Lehrer selbst dafür sorgt durch sein Leben in der Kunst, daß die Dinge geschmackvoll sind, die er mit den Kindern durchspricht.

Das erste Kindesleben bis zum Zahnwechsel geht mit der unbewußten Annahme vor sich: Die Welt ist moralisch. Das zweite Lebensalter, vom Zahnwechsel bis zur Geschlechtsreife, verläuft in der unbewußten Voraussetzung: Die Welt ist schön. Und erst mit der Geschlechtsreife beginnt dann so recht die Anlage dafür, auch das in der Welt zu finden: Die Welt ist wahr. Erst dann kann daher der Unterricht damit einsetzen, «wissenschaftlichen» Charakter zu bekommen. Vor der Geschlechtsreife ist es nicht gut, dem Unterricht einen bloß systematisierenden oder wissenschaftlichen Charakter zu geben; denn einen richtigen inneren Begriff von der Wahrheit bekommt der Mensch erst, wenn er geschlechtsreif geworden ist.

Auf diese Art werden Sie zu einer Einsicht kommen, daß sich mit dem werdenden Kinde aus höheren Welten herunterlebt in diese physische Welt hinein das Vergangene, daß, indem das Kind seinen Zahnwechsel vollzogen hat, sich in dem eigentlichen Volksschüler die Gegenwart auslebt, und daß dann der Mensch in jenes Lebensalter eintritt, wo sich in seiner Seele die Zukunftsimpulse festsetzen. Vergangenheit, Gegenwart und Zukunft und das Leben darinnen: das steckt auch in dem werdenden Menschen.

Hier wollen wir halten und übermorgen mit dieser Betrachtung fortsetzen, die dann immer mehr ins praktische Unterrichten einlaufen wird.

ZEHNTER VORTRAG

Wir haben das Wesen des Menschen von dem seelischen und geistigen Gesichtspunkte aus besprochen. Wir haben wenigstens einige Streiflichter darauf geworfen, wie der Mensch zu betrachten ist vom geistigen, vom seelischen Gesichtspunkte aus. Wir werden dasjenige, was so von den zwei Gesichtspunkten aus betrachtet worden ist, dadurch zu ergänzen haben, daß wir zunächst verbinden die Gesichtspunkte des Geistigen, des Seelischen, des Leiblichen, damit wir einen vollständigen Überblick über den Menschen bekommen und dann übergehen können auf ein Erfassen, auf ein Begreifen auch der äußeren Leiblichkeit.

Zuerst wollen wir uns noch einmal ins Gedächtnis rufen, was uns von verschiedenen Seiten her aufgefallen sein muß: daß der Mensch in den drei Gliedern seines Wesens verschiedene Formen hat. Wir haben darauf aufmerksam gemacht, wie im wesentlichen die Kopfform die Form des Kugeligen ist, wie in dieser kugeligen Kopfform das eigentliche leibliche Wesen des menschlichen Hauptes liegt. Wir haben dann darauf aufmerksam gemacht, daß der Brustteil des Menschen ein Fragment einer Kugel ist, so daß also, wenn wir schematisch zeichnen, wir dem Kopfe eine Kugelform, dem Brustteil eine Mondenform geben und daß wir uns klar sind, daß in dieser Mondenform ein Kugelfragment, ein Teil einer Kugel enthalten ist. Daher werden wir uns sagen müssen: Wir können ergänzen die Mondform des menschlichen Brustgliedes. Und Sie werden nur dann dieses Mittelglied der menschlichen Wesenheit, die menschliche Brustform, richtig ins Auge fassen können, wenn Sie sie auch als eine Kugel betrachten, aber als eine Kugel, von der nur ein Teil, ein Mond sichtbar ist und der andere Teil unsichtbar ist. Sie sehen daraus vielleicht, daß in denjenigen älteren Zeiten, in denen man mehr die Fähigkeit gehabt hat als später, Formen zu sehen, man nicht unrecht hatte, von Sonne dem Kopf entsprechend, von Mond der Brustform entsprechend zu sprechen. Und wie man dann, wenn der Mond nicht voll ist, von dem Mond eben nur ein Kugelfragment sieht, so sieht man von dem menschlichen Mittelgliede in der Brustform eigentlich nur ein Fragment. Daraus können Sie ersehen, daß die Kopfform des Menschen hier in der physischen Welt etwas verhältnismäßig Abgeschlossenes ist. Die Kopfform zeigt sich physisch als etwas Abgeschlossenes. Sie ist gewissermaßen ganz dasjenige, als was sie sich gibt. Sie verbirgt am allerwenigsten von sich.

Der Brustteil des Menschen verbirgt schon sehr viel von sich; er läßt etwas von seiner Wesenheit unsichtbar. Es ist sehr wichtig für die Erkenntnis der Wesenheit des Menschen, das ins Auge zu fassen, daß vom Brustteil ein gut Stück unsichtbar ist. Und so können wir sagen: Der Brustteil zeigt uns nach der einen Seite, nach rückwärts, seine Leiblichkeit; nach vorwärts geht er in das Seelische über. Der Kopf ist ganz Leib; der Brustteil des Menschen ist Leib nach rückwärts, Seele nach vorwärts. Wir tragen also einen wirklichen Leib nur an uns, indem wir unser Haupt auf den Schultern ruhen haben. Wir haben an uns Leib und Seele, indem wir unsere Brust herausgliedern aus dem übrigen Brustteil und sie durcharbeiten, durchwirken lassen von dem Seelischen.

Nun sind eingesetzt in diese beiden Glieder des Menschen, namentlich zunächst für die äußere Betrachtung, in den Brustteil die Gliedmaßen. Das dritte ist ja der Gliedmaßenmensch. Nun, wie können wir den Gliedmaßenmenschen eigentlich verstehen? Den Gliedmaßenmenschen können wir nur verstehen, wenn wir ins Auge fassen, daß andere Stücke übriggeblieben sind von der Kugelform als beim Brustteil. Beim Brustteil ist ein Stück von der Peripherie übriggeblieben. Bei den Gliedmaßen ist mehr übriggeblieben etwas von dem Inneren, von den Radien der Kugel, so daß also die inneren Teile der Kugel angesetzt sind als Gliedmaßen.

Man kommt eben nicht zurecht, wie ich Ihnen schon oftmals gesagt habe, wenn man nur schematisch eins ins andere gliedert. Man muß immer das eine mit dem anderen verweben, denn darin besteht das Lebendige. Wir sagen: Wir haben den Gliedmaßenmenschen, der besteht aus den Gliedmaßen. Aber sehen Sie, auch der Kopf hat seine Gliedmaßen. Wenn Sie sich den Schädel ordentlich ansehen, dann finden Sie, daß zum Beispiel angesetzt sind an den Schädel die Knochen der hinteren und der vorderen Kinnlade. Sie sind richtig eingesetzt wie Gliedmaßen. Der Schädel hat auch seine Gliedmaßen, und obere und untere Kinnlade sind als Gliedmaßen am Schädel angebracht. Sie sind nur am Schädel verkümmert. Sie sind richtig groß ausgebildet beim übrigen Menschen, am Schädel sind sie verkümmert, sind eigentlich nur Knochengebilde. Und noch einen Unterschied gibt es: wenn Sie die Gliedmaßen des Schädels betrachten, also obere und untere Kinnlade, so werden Sie sehen, daß es bei ihnen ankommt im wesentlichen darauf, daß der Knochen seine Wirksamkeit ausführt. Wenn Sie die Gliedmaßen, die an unserem gesamten Leib angesetzt sind, also die eigentliche Wesenheit des Gliedmaßenmenschen ins Auge fassen, dann werden Sie in der Umkleidung mit Muskeln und mit Blutgefäßen das Wesentliche suchen müssen. Gewissermaßen sind unserem Muskel- und Blutsystem für Arme und Beine, Hände und Füße nur eingesetzt die Knochen. Und gewissermaßen sind an der oberen und unteren Kinnlade als Gliedmaßen des Kopfes ganz verkümmert die Muskeln und die Blutgefäße. Was bedeutet das? – Sehen Sie, in Blut und Muskeln liegt die Organik des Willens, wie wir schon gehört haben. Daher sind ausgebildet für den Willen hauptsächlich Arme und Beine, Hände und Füße. Das, was dem Willen vorzugsweise dient, Blut und Muskeln, das ist ja bis zu einem gewissen Grade genommen den Gliedmaßen des Hauptes, weil in ihnen ausgebildet sein soll dasjenige, was zum Intellekt, zum denkerischen Erkennen hinneigt. Wollen Sie daher studieren, wie sich in den äußeren Leibesformen der Wille der Welt offenbart, so studieren Sie Arme und Beine, Hände und Füße. Wollen Sie studieren, wie sich das Intelligente der Welt offenbart, dann studieren Sie das Haupt als Schädel, als Knochengerüst, und wie sich dem Haupt angliedert obere Kinnlade, untere Kinnlade und auch anderes, was gliedmaßenähnlich aussieht am Haupte. Sie können nämlich überall die äußeren Formen als Offenbarungen des Inneren ansehen. Und Sie verstehen nur dann die äußeren Formen, wenn Sie sie als Offenbarungen des Inneren ansehen.

Nun, sehen Sie, ich habe immer gefunden, daß für die meisten Menschen eine große Schwierigkeit darin liegt, wenn sie begreifen sollen, welche Beziehung zwischen den Röhrenknochen der Arme und Beine und zwischen den Schalknochen des Kopfes, des Hauptes besteht. Es ist nun gerade für den Lehrer gut, hier sich einen Begriff anzueignen, der dem gewöhnlichen Leben fernliegt. Und wir kommen dabei an ein sehr, sehr schwieriges Kapitel, vielleicht das schwierigste für die Vorstellung, das wir zu überschreiten haben in diesen pädagogischen Vorträgen.

Sie wissen, *Goethe* hat zuerst seine Aufmerksamkeit zugewendet der sogenannten Wirbeltheorie des Schädels. Was ist damit gemeint? Damit ist gemeint die Anwendung des Metamorphosengedankens auf den Menschen und seine Gestalt. Wenn man die menschliche Wirbelsäule betrachtet, so liegt ja ein Knochenwirbel über dem anderen. Wir können so einen Knochenwirbel mit seinen Fortsätzen, in dem dann das Rükkenmark durchgeht, herausnehmen (es wird gezeichnet). Nun hat Goethe an einem Schöpsenschädel in Venedig zuerst beobachtet, wie alle Kopfknochen umgebildete Rückenwirbelknochen sind. Das heißt, wenn man sich irgendwelche Organe aufgeplustert und andere zurückgegangen denkt, so bekommt man aus dieser Wirbelform den schalgeformten Kopfknochen. Auf Goethe hat das einen großen Eindruck gemacht, denn er hat daraus den Schluß ziehen müssen – was für ihn sehr bedeutungsvoll war –, daß der Schädel eine umgebildete, eine höhergebildete Wirbelsäule ist.

Man kann nun verhältnismäßig leicht einsehen, daß die Schädelknochen durch Umwandlung, durch Metamorphose aus den Wirbelknochen des Rückgrats hervorgehen. Aber nun wird es sehr schwierig, auch die Gliedmaßenknochen, schon die Gliedmaßenknochen des Kopfes, obere und untere Kinnlade – Goethe hat es versucht, aber auf äußerliche Weise noch – als Umformung, als Metamorphose der Wirbelknochen beziehungsweise der Kopfknochen aufzufassen. Warum ist das so?

Ja, sehen Sie, das beruht darauf, daß ja allerdings ein röhriger Knochen, den Sie irgendwo haben, auch eine Metamorphose, eine Umwandlung des Kopfknochens ist, aber auf ganz besondere Art. Sie können verhältnismäßig leicht den Rückgratwirbel sich umgewandelt denken zum Kopfknochen, indem Sie sich einzelne Teile vergrößert, andere verkleinert denken. Aber Sie kriegen nicht so leicht aus dem Röhrenknochen der Arme oder der Beine heraus die Kopfknochen, die schaligen Kopfknochen. Da müssen Sie nämlich zuerst eine gewisse Prozedur vornehmen, wenn Sie die herausbekommen wollen. Sie müssen mit dem Röhrenknochen der Arme oder der Beine dieselbe Prozedur vornehmen, die Sie vornehmen würden, wenn Sie beim Anziehen eines Strumpfes oder eines Handschuhes das Innere zuerst nach außen wenden würden, also wenn Sie es umwenden würden. Nun ist es verhältnismäßig leicht, sich vorzustellen, wie ein Handschuh oder ein Strumpf aussieht, wenn das Innere nach außen gewendet wird. Aber der Röhrenknochen ist nicht gleichmäßig. Er ist nicht so dünn, daß er gleichmäßig im Inneren und außen gebaut wäre. Er ist verschieden im Inneren und außen gebaut. Würden Sie Ihren Strumpf so konstruieren und dann elastisch machen, daß Sie ihm äußerlich eine künstlerische Form geben würden mit allerlei Vorsprüngen und Einbuchtungen und ihn dann wenden, dann würden Sie nach außen nicht mehr dieselbe Form erhalten, wie die, die dann im Inneren ist, wenn Sie ihn umgewendet haben. Und so ist es bei dem Röhrenknochen. Man muß das Innere nach außen und das Äußere nach innen kehren, dann kommt die Form des Kopfknochens heraus, so daß die menschlichen Gliedmaßen nicht nur umgewandelte Kopfknochen sind, sondern außerdem noch umgewendete Kopfknochen. Woher rührt das? Das rührt davon her, daß der Kopf seinen Mittelpunkt irgendwo im Inneren hat; er hat ihn konzentrisch. Nicht hat in der Mitte der Kugel die Brust ihren Mittelpunkt; die Brust hat den Mittelpunkt sehr weit weg. Das ist hier in der Zeichnung nur fragmentarisch angesetzt, denn es wäre sehr groß, wenn es ganz gezeichnet würde. Also weit weg hat die Brust den Mittelpunkt.

Und wo hat denn das Gliedmaßensystem den Mittelpunkt? Jetzt kommen wir auf die zweite Schwierigkeit. Das Gliedmaßensystem hat den Mittelpunkt im ganzen Umkreis. Der Mittelpunkt des Gliedmaßensystems ist überhaupt eine Kugel, also das Gegenteil von einem Punkt. Eine Kugelfläche. Überall ist der Mittelpunkt eigentlich; daher können Sie sich überallhin drehen und von überallher strahlen die Radien ein. Sie vereinigen sich mit Ihnen.

Was im Kopfe ist, geht vom Kopfe aus; was durch die Gliedmaßen geht, vereinigt sich in Ihnen. Deshalb mußte ich auch in den anderen Vorträgen sagen: Sie müssen sich die Gliedmaßen eingesetzt denken. Wir sind wirklich eine ganze Welt,

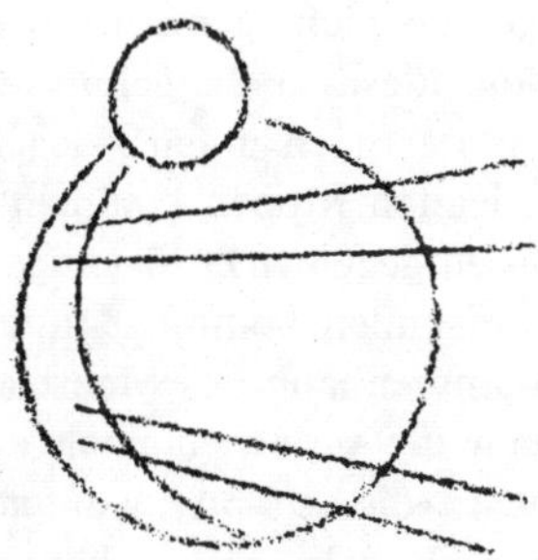

nur daß dasjenige, was da von außen in uns herein will, an seinem Ende sich verdichtet und sichtbar wird. Ein ganz winziger Teil von dem, was wir sind, wird in unseren Gliedmaßen sichtbar, so daß die Gliedmaßen etwas Leibliches sind, das aber nur ein ganz winziges Atom ist von dem, was eigentlich da ist im Gliedmaßensystem des Menschen: Geist. Leib, Seele und Geist ist im Gliedmaßensystem des Menschen. Der Leib ist in den Gliedmaßen nur angedeutet; aber in den Gliedmaßen ist ebenso das Seelische drinnen (siehe Zeichnung Seite 162), und es ist drinnen das Geistige, das im Grunde genommen die ganze Welt umfaßt.

Nun könnte man auch noch eine andere Zeichnung vom Menschen machen. Man könnte sagen: Der Mensch ist zunächst eine riesengroße Kugel, die die ganze Welt umfaßt, dann eine kleinere Kugel, und dann eine kleinste Kugel. Nur die kleinste Kugel wird ganz sichtbar; die etwas größere Kugel wird nur zum Teil sichtbar; die größte Kugel wird nur in ihren Einstrahlungen am Ende hier sichtbar, das übrige bleibt unsichtbar. So ist der Mensch aus der Welt heraus gebildet in seiner Form.

Und wiederum im mittleren System, im Brustsystem, haben wir die Vereinigung des Kopfsystems und des Gliedmaßensystems. Wenn Sie das Rückgrat mit den Ansätzen der Rippen betrachten, so werden Sie sehen, daß das der Versuch ist, sich abzuschließen nach vorne. Nach rückwärts ist das Ganze abgeschlossen, nach vorne ist nur der Versuch gemacht des Abschließens; er gelingt nicht ganz. Je mehr die Rippen dem Kopfe zugeneigt sind, desto mehr gelingt es ihnen, sich abzuschließen, aber je weiter nach unten gelegen, desto mehr mißlingt es ihnen. Die letzten Rippen kommen nicht mehr zusammen, weil ihnen da entgegenwirkt diejenige Kraft, die dann in den Gliedmaßen von außen kommt.

Von diesem Zusammenhang des Menschen mit dem ganzen Makrokosmos haben die Griechen noch ein sehr starkes Bewußtsein gehabt. Und die Ägypter wußten das sehr gut, nur wußten sie es etwas abstrakt. Daher können Sie sehen, wenn Sie ägyptische oder überhaupt ältere Plastiken anschauen, daß dieser Gedanke des Kosmos zum Ausdruck kommt. Sie verstehen sonst nicht, was die Menschen in alten Zeiten gemacht haben, wenn Sie nicht wissen, daß sie das gemacht haben, was ihrem Glauben entsprach: Der Kopf ist eine kleine Kugel, ein Weltkörper im Kleinen; die Gliedmaßen sind ein Stück vom großen Weltenkörper, wo er sich überall mit den Radien hineindrängt in die menschliche Gestalt. Die Griechen haben eine schöne, in sich harmonisch ausgebildete Vorstellung davon gehabt, daher waren sie gute Plastiker, gute Bildhauer. Und heute kann noch niemand die plastische Kunst der Menschen wirklich durchdringen, der sich nicht bewußt wird dieses Zusammenhanges des Menschen mit dem Weltall. Sonst patzt er immer nur äußerlich die Naturformen nach.

Nun werden Sie gerade aus dem, was ich Ihnen so gesagt habe, erkennen, meine lieben Freunde, daß die Gliedmaßen eben mehr der Welt zugeneigt sind, der Kopf mehr dem einzelnen Menschen zugeneigt ist. Wozu werden dann also die Gliedmaßen besonders neigen? Sie werden zur Welt neigen, in der der Mensch sich bewegt und selbst seine Stellung immerfort verändert. Sie werden zur Bewegung der Welt Beziehung haben. Fassen Sie das gut auf: die Gliedmaßen haben Beziehung zur Bewegung der Welt.

Indem wir in der Welt herumgehen, indem wir handelnd auftreten in der Welt, sind wir der Mensch der Gliedmaßen. Was hat denn nun der Bewegung der Welt gegenüber der Kopf, unser Haupt, für eine Aufgabe? Er ruht auf den Schultern, das habe ich Ihnen ja von einem anderen Gesichtspunkte aus gesagt. Er hat auch die Aufgabe, in sich fortwährend die Bewegung der Welt zur Ruhe zu bringen. Wenn Sie sich mit Ihrem Geiste in den Kopf hineinversetzen, so können Sie sich wirklich von diesem Sich-Versetzen ein Bild machen dadurch, daß Sie sich denken für eine Weile, Sie säßen in einem Eisenbahnzug; er bewegt sich vorwärts, Sie sitzen ruhig drinnen. So sitzt Ihre Seele im Kopf, der sich von den Gliedmaßen weiterbefördern läßt, ruhig drinnen und bringt die Bewegung innerlich zur Ruhe. Wie Sie sich sogar hinstrecken können, wenn Sie in dem Eisenbahnwagen Platz haben, und ruhen können, trotzdem diese Ruhe eigentlich eine Unwahrheit ist, denn Sie sausen ja in dem Zuge, vielleicht im Schlafwagen, durch die Welt; dennoch, Sie haben das Gefühl der Ruhe – so beruhigt in Ihnen der Kopf dasjenige, was die Gliedmaßen als Bewegung vollbringen können in der Welt. Und der Brustteil steht mitten darinnen. Der vermittelt die Bewegung der Außenwelt mit dem, was das Haupt, der Kopf zur Ruhe bringt.

Denken Sie sich jetzt: es geht geradezu unsere Absicht als Mensch darauf hin, die Bewegung der Welt durch unsere Gliedmaßen nachzuahmen, aufzunehmen. Was tun wir denn da? Wir tanzen. Sie tanzen in Wirklichkeit; das andere Tanzen ist nur ein fragmentarisches Tanzen. Alles Tanzen ist davon ausgegangen, Bewegungen, die die Planeten, die anderen Weltenkörper ausführen, die die Erde selbst ausführt, in den Bewegungen, in den Gliederbewegungen der Menschen zur Nachahmung zu bringen.

Aber wie ist denn das nun mit dem Kopfe und mit der Brust, wenn wir die kosmischen Bewegungen tanzend nachbilden in unseren Bewegungen als Mensch? Sehen Sie, da ist es so, im Kopfe und in der Brust, als wenn sich die Bewegungen, die wir in der Welt ausführen, stauen würden. Sie können sich nicht fortsetzen durch die Brust in den Kopf hinein, denn der Kerl ruht auf den Schultern, der läßt die Bewegungen nicht sich fortsetzen in die Seele hinein. Die Seele muß in Ruhe an den Bewegungen teilnehmen, weil der Kopf auf den Schultern ruht. Was tut sie daher? Sie fängt an, von sich aus dasjenige zu reflektieren, was die Glieder tanzend ausführen. Sie fängt an zu brummen, wenn die Glieder unregelmäßige Bewegungen ausführen; sie fängt an zu lispeln, wenn die Glieder regelmäßige Bewegungen ausführen, und sie fängt gar an zu singen, wenn die Glieder ausführen die harmonischen kosmischen Bewegungen des Weltalls. So setzt sich um die tanzende Bewegung nach außen in den Gesang und in das Musikalische nach innen.

Die Sinnesphysiologie wird es, wenn sie den Menschen nicht als kosmisches Wesen nimmt, nie dahin bringen, die Empfindung zu begreifen; sie wird immer sagen: Draußen sind die Bewegungen der Luft, im Inneren nimmt der Mensch den Ton wahr. Wie die Bewegungen der Luft mit dem Ton zusammenhängen, das kann man nicht wissen. – Das steht in den Physiologien und in den Psychologien, in den einen am Ende, in den anderen am Anfang; das ist der ganze Unterschied.

Woher rührt denn das? Das rührt davon her, daß die Leute, die Psychologie oder Physiologie ausüben, nicht wissen, daß das, was der Mensch äußerlich in Bewegungen hat, im Inneren der Seele zur Ruhe gebracht wird und dadurch anfängt, in Töne überzugehen. Und so ist es mit allen anderen Sinnesempfindungen auch. Weil die Hauptesorgane nicht mitmachen die äußeren Bewegungen, strahlen sie diese Bewegung in die Brust zurück und machen sie zum Ton, zur anderen Sinnesempfindung. Da liegt der Ursprung der Empfindungen. Da liegt aber auch der Zusammenhang der Künste. Die musischen, die musikalischen Künste entstehen aus den plastischen und architektonischen Künsten, indem das, was plastische und architektonische Künste nach außen sind, die musikalischen Künste nach innen sind. Die Reflexion der Welt von innen nach außen, das sind die musikalischen Künste. – So steht der Mensch drinnen im Weltenall. Empfinden Sie eine Farbe als zur Ruhe gekommene Bewegung. Die Bewegung nehmen Sie äußerlich nicht wahr, wie wenn Sie in einem Eisenbahnzug hingestreckt liegen und die Illusion haben könnten, Sie seien in Ruhe. Sie lassen den Zug draußen sich bewegen. So lassen Sie Ihren Leib durch feine Bewegungen der Gliedmaßen, die Sie nicht wahrnehmen, mitmachen die äußere Welt, und Sie selbst nehmen drinnen die Farben und Töne wahr. Sie verdanken das dem Umstand, daß Sie Ihr Haupt als Form tragen lassen in Ruhe von dem Gliedmaßenorganismus.

Ich sagte Ihnen, es ist das, was ich Ihnen da mitteilte, eine gewisse schwierige Sache. Es ist das aus dem Grunde besonders schwierig, weil für das Begreifen dieser Dinge ja in unserer Zeit überhaupt nichts getan wird. Es wird durch alles das, was wir heute als Zeitbildung aufnehmen, dafür gesorgt, daß die Menschen über so etwas unwissend bleiben, wie es die Dinge sind, die ich Ihnen heute vorgebracht habe. Was geschieht denn eigentlich durch unsere heutige Bildung? Ja, der Mensch lernt wirklich nicht einen Strumpf oder Handschuh ganz kennen, wenn er ihn nicht einmal auch umdreht, denn er weiß dann nie, was eigentlich vom Strumpf oder vom Handschuh seine Haut berührt; er weiß nur dasjenige, was nach außen gewendet ist. So weiß durch unsere heutige Bildung der Mensch auch nur, was nach außen gewendet ist. Er bekommt nur Begriffe für den halben Menschen. Denn nicht einmal die Gliedmaßen kann er begreifen. Denn die hat schon der Geist umgewendet.

Wir können dasjenige, was wir heute dargestellt haben, auch so bezeichnen, wir können sagen: Betrachten wir den ganzen, vollen Menschen, wie er in der Welt vor uns steht, zunächst als

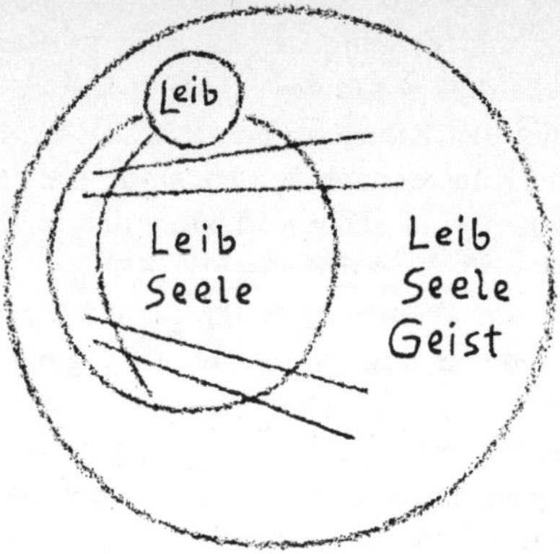

Gliedmaßenmenschen, so zeigt er sich als solcher nach Geist, Seele und Leib. Betrachten wir ihn als Brustmenschen, so zeigt er sich uns als Seele und Leib. Die große Kugel (siehe Zeichnung): Geist, Leib, Seele; die kleinere Kugel: Leib, Seele; die kleinste Kugel: bloß Leib. Auf dem Konzil des Jahres 869 haben die Bischöfe der katholischen Kirche der Menschheit verboten, etwas über die große Kugel zu wissen. Sie haben dazumal erklärt, es sei Dogma der katholischen Kirche, daß nur vorhanden sei die mittlere Kugel und die kleinste Kugel, daß der Mensch nur bestehe aus Leib und Seele, daß die Seele nur als ihre Eigenschaft etwas Geistiges enthalte; die Seele sei nach der einen Seite auch geistartig. Geist gibt es seit dem Jahre 869 für die vom Katholizismus ausgehende Kultur des Abendlandes nicht mehr. – Aber mit der Beziehung zum Geiste ist abgeschafft worden die Beziehung des Menschen zur Welt. Der Mensch ist mehr und mehr in seine Egoität hineingetrieben worden. Daher wurde die Religion selbst immer egoistischer und egoistischer, und heute leben wir in einer Zeit, wo man, ich möchte sagen, wiederum aus der geistigen Beobachtung heraus die Beziehung des Menschen zum Geiste und damit zur Welt kennenlernen muß.

Wer hat denn eigentlich die Schuld, daß wir einen naturwissenschaftlichen Materialismus bekommen haben? Daß wir einen naturwissenschaftlichen Materialismus bekommen haben, daran hat die Hauptschuld die katholische Kirche, denn sie hat im Jahre 869 auf dem Konzil von Konstantinopel den Geist abgeschafft. Was ist damals eigentlich geschehen? Betrachten Sie den menschlichen Kopf. Er hat sich innerhalb der Tatsachenwelt des Weltgeschehens so ausgebildet, daß er heute das älteste Glied an dem Menschen ist. Der Kopf ist entsprungen zuerst aus höheren, dann weiter zurückgehend aus niederen Tieren. Mit Bezug auf unseren Kopf stammen wir ab von der Tierwelt. Da ist nichts zu sagen – der Kopf ist nur ein weiter ausgebildetes Tier. Wir kommen zur niederen Tierwelt zurück, wenn wir die Ahnen unseres Kopfes suchen wollen. Unsere Brust ist erst später dem Kopf angesetzt worden; die ist nicht mehr so tierisch wie der Kopf. Die Brust haben wir erst in einem späteren Zeitalter bekommen. Und die Gliedmaßen haben wir Menschen als die spätesten Organe bekommen; die sind die allermenschlichsten Organe. Die sind nicht umgebildet von den tierischen Organen, sondern die sind später angesetzt. Die tierischen Organe sind selbständig gebildet aus dem Kosmos zu den Tieren hin, und die menschlichen Organe sind später selbständig hinzugebildet zu der Brust. Aber indem die katholische Kirche das Bewußtsein des Menschen von seiner Beziehung zum Weltall, von der eigentlichen Natur seiner Gliedmaßen also, hat verbergen lassen, hat sie nur ein bißchen überliefert den folgenden Zeitaltern von der Brust und hauptsächlich vom Kopf, vom Schädel. Und da ist der Materialismus darauf gekommen, daß der Schädel von den Tieren abstammt. Und nun redet er davon, daß der ganze Mensch von den Tieren abstammt, während sich die Brustorgane und die Gliedmaßenorgane erst später hinzugebildet haben. Gerade indem die katholische Kirche dem Menschen verborgen hat die Natur seiner Gliedmaßen, seinen Zusammenhang mit der Welt, hat sie verursacht, daß die spätere materialistische Zeit verfallen ist in die Idee, die nur für den Kopf eine Bedeutung hat, die sie aber für den ganzen Menschen anwendet. Die katholische Kirche ist in Wahrheit die Schöpferin des Materialismus auf diesem Gebiet der Evolutionslehre. Es geziemt insbesondere dem heutigen Lehrer der Jugend, solche Dinge zu wissen. Denn er soll sein Interesse verknüpfen mit dem, was in der Welt geschehen ist. Und er soll die Dinge, die in der Welt geschehen, aus den Fundamenten heraus wissen.

Wir haben heute versucht, uns klarzumachen, wie es kommt, daß unsere Zeit materialistisch geworden ist, indem wir begonnen haben mit etwas ganz anderem: mit der Kugelform und Mondenform und mit der Radienform der Gliedmaßen. Das heißt, wir haben mit dem scheinbar ganz Entgegengesetzten begonnen, um eine große, gewaltige, kulturhistorische Tatsache uns klarzumachen. Das ist aber notwendig, daß insbesondere der Lehrer, der sonst mit dem werdenden Menschen gar nichts machen kann, die Kulturtatsachen aus den Fundamenten heraus zu erfassen in der Lage ist. Dann wird er etwas in sich aufnehmen, was notwendig ist, wenn er aus seinem Inneren heraus durch die un- und unterbewußten Beziehungen zum Kinde in der richtigen Weise erziehen will. Denn dann wird er vor dem Menschengebilde die richtige Achtung haben. Er wird in dem Menschengebilde überall die Beziehungen zur großen Welt sehen. Er wird anders an dieses menschliche Gebilde herantreten, als wenn er nur so etwas wie ein besser ausgebildetes Viehchelchen, einen besser ausgebildeten Tierleib im Menschen sieht. Heute tritt der Lehrer im Grunde genommen, wenn er sich auch manchmal in seinem Oberstübchen Illusionen darüber hingibt, er tritt mit dem deutlichen Bewußtsein vor den anderen Menschen hin, daß der aufwachsende Mensch ein kleines Viehchelchen, ein Tierlein ist, und daß er dieses Tierlein zu entwickeln hat – etwas weiter, als es die Natur schon entwickelt hat. Anders wird er fühlen, wenn er sagt: Da ist ein Mensch, von dem gehen Beziehungen aus zur ganzen Welt, und in jedem einzelnen aufwachsenden Kind habe ich etwas, wenn ich daran etwas arbeite, tue ich etwas, was in der ganzen Welt eine Bedeutung hat. Wir sind da im Schulzimmer: in jedem Kinde liegt ein Zentrum von der Welt aus, vom Makrokosmos aus. Dieses Schulzimmer ist der Mittelpunkt, ja viele Mittelpunkte für den Makrokosmos. – Denken Sie sich, lebendig das gefühlt, was das bedeutet! Wie da die Idee vom Weltenall und seinem Zusammenhang mit dem Menschen übergeht in ein Gefühl, welches durchheiligt alle einzelnen Vornahmen des Unterrichtes. Ohne daß wir solche Gefühle vom Menschen und vom Weltenall haben, kommen wir nicht dazu, ernsthaftig und richtig zu unterrichten. In dem Augenblick, wo wir solche Gefühle haben, übertragen sich diese durch unterirdische Verbindungen auf die Kinder. Ich habe Ihnen in anderem Zusammenhange gesagt, daß es auf einen immer wunderbar wirken muß, wenn man sieht, wie die Drähte in die Erde hinein zu Kupferplatten gehen und die Erde die Elektrizität ohne Drähte weiterleitet. Gehen Sie in die Schule hinein nur mit egoistischen Menschengefühlen, dann brauchen Sie alle möglichen Drähte – die Worte –, um sich mit den Kindern zu verständigen. Haben Sie die großen kosmischen Gefühle, wie sie entwickeln solche Ideen, wie wir sie eben entwickelt haben, dann geht eine unterirdische Leitung zu dem Kinde. Dann sind Sie mit den Kindern eins. Darin liegt etwas von geheimnisvollen Beziehungen von Ihnen zum Schulkinderganzen. Aus solchen Gefühlen heraus muß auch das aufgebaut sein, was wir Pädagogik nennen. Die Pädagogik darf nicht eine Wissenschaft sein, sie muß eine Kunst sein. Und wo gibt es eine Kunst, die man lernen kann, ohne daß man fortwährend in Gefühlen lebt? Die Gefühle aber, in denen man leben muß, um jene große Lebenskunst auszuüben, die Pädagogik ist, diese Gefühle, die man haben muß zur Pädagogik, die feuern sich nur an an der Betrachtung des großen Weltalls und seines Zusammenhanges mit dem Menschen.

ELFTER VORTRAG

Können Sie von dem im vorigen Vortrag geltend gemachten Gesichtspunkte aus überschauen zunächst wie vom Geiste und von der Seele aus die menschliche Leibeswesenheit, dann werden Sie rasch eingliedern können all dasjenige in den Aufbau und die Entwickelung dieser menschlichen Leibeswesenheit, was Sie brauchen. Wir werden daher, bevor wir dann in den restlichen Vorträgen übergehen zu der körperlichen Beschreibung des Menschen, diese Beleuchtung von der geistig-seelischen Seite her fortsetzen.

Sie haben ja gestern erkennen können, wie der Mensch dreigegliedert ist: als Kopfmensch, als Rumpfmensch, als Gliedmaßenmensch. Und Sie haben gesehen, daß die Beziehungen jedes dieser drei Glieder zu der Welt des Seelischen und des Geistigen verschieden sind.

Betrachten wir einmal zunächst die Kopfbildung des Menschen. Da haben wir ja gestern gesagt: der Kopf ist vorzugsweise Leib. Den Brustmenschen haben wir als «leibig» und seelisch anzusehen gehabt. Und den Gliedmaßenmenschen als «leibig», seelisch und geistig. Aber damit ist natürlich die Kopfwesenheit nicht erschöpft, wenn wir sagen: der Kopf ist vorzugsweise Leib. Es ist ja schon einmal in der Wirklichkeit so, daß die Dinge nicht scharf voneinander getrennt sind, und wir dürfen daher ebensogut sagen: der Kopf ist nur in anderer Weise seelisch und geistig als die Brust und die Gliedmaßen. Der Kopf ist schon, wenn der Mensch geboren wird, vorzugsweise Leib, das heißt, es hat sich gewissermaßen dasjenige, was ihn als Kopf zunächst zusammensetzt, in der Form des leiblichen Kopfes ausgeprägt. Daher sieht der Kopf so aus – er ist ja auch das erste, was sich in der menschlichen Embryonalentwickelung ausbildet –, daß das allgemein Menschliche geistig-seelisch zunächst im Kopfe zum Vorschein kommt. Welche Beziehung hat der Leib Kopf zu dem Seelischen und zu dem Geistigen? Weil der Kopf ein möglichst schon vollkommen ausgebildeter Leib ist, weil er alles, was zur

Ausbildung notwendig ist, durch das Tierische zum Menschen hindurch schon durchgemacht hat in früheren Entwickelungsstadien, deshalb kann er in leiblicher Beziehung am vollkommensten ausgebildet sein. Das Seelische ist so verbunden mit diesem Kopfe, daß das Kind, indem es geboren wird und auch noch während es sich entwickelt in den ersten Lebensjahren, im Kopfe alles Seelische träumt. Und der Geist schläft im Kopfe.

Jetzt haben wir eine merkwürdige Zusammengliederung von Leib, Seele und Geist im menschlichen Haupte. Wir haben einen sehr, sehr ausgebildeten Leib als Kopf. Wir haben darin eine träumende Seele, eine deutlich träumende Seele und einen noch schlafenden Geist. Nun handelt es sich darum, mit der ganzen Entwickelung des Menschen diese eben charakterisierte Tatsache in Einklang zu sehen. Diese Entwickelung ist ja bis zum Zahnwechsel hin so, daß der Mensch vorzugsweise ein nachahmendes Wesen ist. Es tut der Mensch alles dasjenige, was er seiner Umgebung absieht. Daß er das tun kann, verdankt er eben gerade dem Umstande, daß sein Kopfgeist schläft. Dadurch kann er mit diesem Kopfgeiste außerhalb des Kopfleibes weilen. Er kann sich in der Umgebung aufhalten. Denn wenn man schläft, so ist man mit seinem Geistig-Seelischen außerhalb des Leibes. Das Kind ist mit seinem Geistig-Seelischen, mit seinem schlafenden Geiste und mit seiner träumenden Seele außerhalb des Kopfes. Es ist bei denen, die in seiner Umgebung sind, es lebt mit denen, die in seiner Umgebung sind. Daher ist das Kind ein nachahmendes Wesen. Daher entwickelt sich auch aus der träumenden Seele heraus die Liebe zur Umgebung, vorzugsweise die Liebe zu den Eltern. Wenn nun der Mensch die zweiten Zähne bekommt, wenn er den Zahnwechsel durchmacht, so bedeutet das in seiner Entwickelung eigentlich den letzten Abschluß der Kopfentwickelung. Wenn der Kopf auch vollständig schon als Leib geboren wird, so macht er doch eine letzte Entwickelung erst durch in den ersten sieben Lebensjahren des Menschen. Was er da durchmacht, das findet seinen Abschluß, setzt sich gewissermaßen seinen Schlußpunkt mit dem Zahnwechsel.

Was ist denn da eigentlich abgeschlossen? Sehen Sie, da ist abgeschlossen die Formbildung. Da hat der Mensch dasjenige, was ihn erhärtet, was ihn vorzugsweise zur Form macht, in seinen Leib hineingegossen. Sehen wir die zweiten Zähne aus dem Menschen herauskommen, so können wir sagen: Es ist die erste Auseinandersetzung mit der Welt vollendet. – Der Mensch hat dasjenige getan, was zu seiner Formgebung, zu seiner Gestaltung gehört. Indem der Mensch vom Kopf aus sich in dieser Zeit seine Form, seine Gestalt eingliedert, geschieht mit ihm als Brustmensch etwas anderes.

In der Brust, da liegen die Dinge wesentlich anders als für den Kopf. Die Brust ist ein Organismus, der von vorneherein, wenn der Mensch geboren wird, leiblich-seelisch ist. Die Brust ist nicht bloß leiblich wie der Kopf; die Brust ist leiblich-seelisch, nur den Geist hat sie noch als einen träumenden außer sich. Wenn wir das Kind also in seinen ersten Jahren beobachten, so müssen wir die größere Wachheit, die größere Lebendigkeit der Brustglieder gegenüber den Kopfgliedern scharf ins Auge fassen. Es wäre durchaus nicht richtig, wenn wir den Menschen zusammengeworfen als einziges chaotisches Wesen ansehen würden.

Bei den Gliedmaßen liegt die Sache wieder anders. Da ist von dem ersten Augenblick des Lebens an Geist, Seele und Leib miteinander innig verbunden; sie durchdringen sich gegenseitig. Da ist auch das Kind am allerfrühesten ganz wach. Das merken diejenigen, die das zappelnde, das strampelnde Wesen zu erziehen haben in den ersten Jahren. Da ist alles wach, nur daß alles unausgebildet ist. Das ist überhaupt das Geheimnis des Menschen: sein Kopfgeist ist, wenn er geboren wird, sehr, sehr ausgebildet schon, aber er schläft. Seine Kopfseele ist, wenn er geboren wird, sehr ausgebildet, aber sie träumt nur. Sie müssen erst nach und nach erwachen. Als Gliedmaßenmensch ist der Mensch, indem er geboren wird, zwar ganz wach, aber noch unausgebildet, unentwickelt.

Eigentlich brauchen wir nur den Gliedmaßenmenschen auszubilden und einen Teil des Brustmenschen. Denn der Gliedmaßenmensch und der Brustmensch, die haben dann die Aufgabe, den Kopfmenschen aufzuwecken, so daß Sie also hier eigentlich erst die wirkliche Charakteristik des Erziehens und Unterrichtens bekommen. Sie entwickeln den Gliedmaßenmenschen und einen Teil des Brustmenschen, und Sie lassen von dem Gliedmaßenmenschen und einem Teil des Brustmenschen den anderen Teil des Brustmenschen und den Kopfmenschen aufwecken. Daraus sehen Sie, daß Ihnen das Kind schon etwas Beträchtliches entgegenbringt. Es bringt Ihnen das entgegen, was es in seinem vollkommenen Geiste und in seiner relativ vollkommenen Seele durch die Geburt trägt. Und Sie haben nur auszubilden dasjenige, was es Ihnen entgegenbringt an unvollkommenem Geist und noch unvollkommenerer Seele.

Wenn das anders wäre, dann wäre das Erziehen, das wirkliche Erziehen und Unterrichten überhaupt unmöglich. Denn denken Sie, wenn wir den ganzen Geist, den ein Mensch mit auf die Welt bringt in der Anlage, heranerziehen und heranunterrichten wollten, dann müßten wir ja immer als Erzieher vollkommen gewachsen sein dem, was aus einem Menschen werden kann. Nun, da könnten Sie bald das Erziehen aufgeben, denn Sie könnten ja nur so gescheite und so geniale Menschen heranerziehen, als Sie selber sind. Sie kommen selbstverständlich in die Lage, viel gescheitere und viel genialere Menschen heranerziehen zu müssen auf irgendeinem Gebiete, als Sie selber sind. Das ist nur möglich, weil wir es in der Erziehung eben nur mit einem Teil des Menschen zu tun haben; mit jenem Teil des Menschen, den wir auch dann heranerziehen können, wenn wir nicht so gescheit und nicht so genial sind und vielleicht nicht einmal so gut sind, als er selbst zur Genialität, zur Gescheitheit, zur Güte veranlagt ist. Dasjenige, was wir als das Beste der Erziehung bewirken können, das ist eben die Willenserziehung und ein Teil der Gemütserziehung. Denn das, was wir durch den Willen erziehen, das heißt durch die Gliedmaßen, was wir durch das Gemüt erziehen, das heißt durch einen Teil des Brustmenschen, das können wir bis zu dem Grade von Vollkommenheit bringen, den wir selbst haben. Und wie sich schließlich nicht nur der Diener, sondern auch die Weckeruhr abrichten läßt, einen viel gescheiteren Menschen als er selbst ist, aufzuwecken, so kann auch ein viel weniger genialer und sogar viel weniger guter Mensch einen Menschen erziehen, der zu besserem als er selbst veranlagt ist. Allerdings, darüber werden wir uns klar sein müssen, daß mit Bezug auf alles Intellektuelle wir dem sich entwickelnden Menschen durchaus nicht gewachsen zu sein brauchen; daß wir aber, weil es auf die Willensentwickelung ankommt – wie wir jetzt auch aus diesem Gesichtspunkte sehen –, in dem Gutsein alles mögliche anstreben müssen, was wir nur anstreben können. Der Zögling kann besser werden als wir selber, wird es aber höchstwahrscheinlich nicht, wenn nicht zu unserer Erziehung eine andere durch die Welt oder durch andere Menschen dazukommt.

Ich habe Ihnen in diesen Vorträgen angedeutet, daß in der Sprache ein gewisser Genius lebt. Der Genius der Sprache ist, sagte ich, genial; er ist gescheiter als wir selbst. Wir können viel lernen von der Art, wie die Sprache gefügt ist, wie die Sprache ihren Geist enthält.

Aber Genius ist auch noch in anderem in unserer Umgebung, als in der Sprache. Bedenken wir das, was wir uns eben angeeignet haben: daß der Mensch eintritt in die Welt mit schlafendem Geiste, mit träumender Seele in bezug auf den Kopf; daß wir also eigentlich nötig haben, schon von ganz früh ab, von der Geburt ab, den Menschen durch den Willen zu erziehen, weil wir, wenn wir nicht durch den Willen auf ihn wirken könnten, wir an seinen schlafenden Kopfgeist gar nicht herankommen könnten. Wir würden aber eine große Lücke in der menschlichen Entwickelung schaffen, wenn wir nicht an seinen Kopfgeist irgendwie herankommen könnten. Der Mensch würde geboren werden, sein Kopfgeist wäre schlafend. Wir können noch nicht das Kind mit den zappelnden Beinen veranlassen, etwa zu turnen oder Eurythmie zu treiben. Das geht nicht. Wir können ihm auch noch nicht gut, wenn es erst mit den Beinen zappelt und höchstens mit dem Munde etwas brüllt, eine musikalische Erziehung angedeihen lassen. Mit der Kunst können wir auch noch nicht heran. Wir finden noch nicht eine deutlich ausgesprochene Brücke von dem Willen zu dem schlafenden Geiste des Kindes hin. Später, wenn wir irgendwie herankommen an den Willen des Kindes, dann können wir auf den schlafenden Geist wirken, wenn wir nur ihm die ersten Worte vorsprechen können, denn da ist schon ein Angriff auf den Willen da. Dann setzt sich dasjenige, was wir durch die ersten Worte in den Stimmorganen loslösen, schon als Willensbetätigung in den schlafenden Kopfgeist hinein fort und beginnt ihn aufzuwecken. Aber in der allerersten Zeit haben wir gar keine rechte Brücke zunächst. Es geht nicht ein Strom hinüber von den Gliedmaßen, in denen der Wille wach ist, der Geist wach ist, zum schlafenden Geist des Kopfes. Da braucht es einen anderen Vermittler noch. Da können wir als menschliche Erzieher in der ersten Zeit des Menschen nicht viele Mittel schaffen.

Da tritt etwas auf, was auch Genius ist, was auch Geist ist außerhalb unser. Die Sprache enthält ihren Genius, aber wir können in den allerersten Zeiten der kindlichen Entwickelung noch gar nicht an den Sprachgeist appellieren. Aber es enthält die Natur selber ihren Genius, ihren Geist. Hätte sie ihn nicht, müßten wir Menschen durch die Lücke, die in unserer Entwickelung geschaffen wird erzieherisch in den allerersten Kinderzeiten, wir müßten verkümmern. Da schafft der Genius der Natur etwas, was diese Brücke bilden kann. Er läßt aus der Gliedmaßenentwickelung heraus, aus dem Gliedmaßenmenschen heraus eine Substanz entstehen, welche, weil sie auch mit dem Gliedmaßenmenschen in ihrer Entwickelung verbunden ist, etwas von diesem Gliedmaßenmenschen in sich hat – das ist die Milch. Die Milch entsteht ja im weiblichen Menschen zusammenhängend mit den oberen Gliedmaßen, mit den Armen. Die milcherzeugenden Organe sind gleichsam dasjenige, was sich nach innen von den Gliedmaßen aus fortsetzt. Die Milch ist im Tier- und Menschenreich die einzige Substanz, welche innere Verwandtschaft hat mit der Gliedmaßenwesenheit, welche gewissermaßen aus der Gliedmaßenwesenheit heraus geboren ist, welche daher auch die Kraft der Gliedmaßenwesenheit in sich noch enthält. Und indem wir dem Kinde die Milch geben, wirkt die Milch als die einzige Substanz, wenigstens im wesentlichen, weckend auf den schlafenden Geist. Das ist, meine lieben Freunde, der Geist, der in aller Materie ist, der sich äußert da, wo er sich äußern soll. Die Milch trägt ihren Geist in sich, und dieser Geist hat die Aufgabe, den schlafenden Kindesgeist zu wecken. Es ist kein bloßes Bild, sondern es ist eine tiefbegründete naturwissenschaftliche Tatsache, daß der in der Natur sitzende Genius, der aus dem geheimnisvollen Untergrund der Natur heraus die Substanz Milch entstehen läßt, der Wecker des schlafenden Menschengeistes im Kinde ist. Solche tief geheimnisvollen Zusammenhänge im Weltendasein müssen durchschaut werden. Dann begreift man erst, was für wunderbare Gesetzmäßigkeiten in diesem Weltenall eigentlich enthalten sind. Dann begreift man nach und nach, daß wir eigentlich entsetzlich unwissend werden, wenn wir uns Theorien ausbilden von der materiellen Substanz so, als ob diese materielle Substanz nur ein gleichgültig Ausgedehntes wäre, das in Atome und Moleküle zerfällt. Nein, das ist diese Materie nicht. Diese Materie ist so etwas, daß ein solches Glied dieser Materie, wie die Milch, indem sie erzeugt wird, das innigste Bedürfnis hat, den schlafenden Menschengeist zu wecken. Wie wir im Menschen und im Tiere von Bedürfnis reden können, das heißt von der Kraft, die dem Willen zugrunde liegt, so können wir auch bei der Materie im allgemeinen von «Bedürfnis» reden. Und wir schauen die Milch umfassend nur dann an, wenn wir sagen: Die Milch, indem sie erzeugt wird, begehrt der Auferwecker des kindlichen Menschengeistes zu sein. So belebt sich alles dasjenige, was in unserer Umgebung ist, wenn wir es recht anschauen. So kommen wir eigentlich niemals frei von der Beziehung von allem, was da ist in der Welt draußen, zum Menschen.

Sie sehen daraus, daß für die erste Zeit der menschlichen Entwickelung gesorgt ist durch den Genius der Natur selbst. Und wir nehmen, indem wir das Kind weiterentwickeln und erziehen, dem Genius der Natur in einer gewissen Weise seine Arbeit ab. Indem wir beginnen, durch die Sprache und durch unser Tun, welche das Kind nachmacht, auf das Kind durch den Willen zu wirken, setzen wir jene Tätigkeit fort, welche wir den Genius der Natur haben ausführen sehen, indem er das Kind mit der Milch nährt und den Menschen nur Mittel sein läßt, diese Ernährung auszuführen. Damit sehen Sie aber auch, daß die Natur natürlich erzieht. Denn ihre Ernährung durch die Milch ist das erste Erziehungsmittel. Die Natur erzieht natürlich. Wir Menschen beginnen, indem wir durch die Sprache und durch unser Tun auf das Kind erzieherisch wirken, wir Menschen beginnen seelisch zu erziehen. Daher ist es so wichtig, daß wir im Unterricht und in der Erziehung uns bewußt werden: wir können eigentlich als Erzieher und Unterrichter mit dem Kopf selbst nicht allzuviel anfangen. Der bringt uns das, was er werden soll in der Welt, schon durch die Geburt in diese Welt herein. Wir können wecken dasjenige, was in ihm ist, aber wir können es nicht durchaus in ihn hineinversetzen.

Da beginnt aber natürlich die Notwendigkeit, sich klarzuwerden darüber, daß nur ganz Bestimmtes durch die Geburt in das physische Erdendasein hereingebracht werden kann. Was nur im Laufe der Kulturentwickelung durch äußere Konvention entstanden ist, damit gibt sich die geistige Welt nicht ab. Das heißt, unsere konventionellen Mittel zum Lesen, unsere konventionellen Mittel zum Schreiben – ich habe das von anderen Gesichtspunkten aus schon ausgeführt –, die bringt natürlich das Kind nicht mit. Die Geister schreiben nicht. Die Geister lesen auch nicht. In Büchern lesen sie nicht, und mit der Feder schreiben sie nicht. Das ist nur eine Erfindung der Spiritisten, daß die Geister eine menschliche Sprache führen und sogar schreiben. Dasjenige, was in der Sprache und im Schreiben enthalten ist, ist Kulturkonvention. Das lebt hier auf der Erde. Und nur dann, wenn wir nicht bloß diese Kulturkonvention, dieses Lesen und Schreiben, dem Kinde beibringen durch den Kopf, sondern wenn wir dem Kinde dieses Lesen und Schreiben beibringen auch durch Brust und Gliedmaßen, dann tun wir ihm Gutes.

Natürlich, wenn das Kind sieben Jahre alt geworden ist und zur Volksschule kommt – wir haben es ja nicht immer in die

Wiege gelegt, sondern es hat etwas getan, es hat sich selbst durch Nachahmung der Alten fortgeholfen, es hat dafür gesorgt, daß sein Kopfgeist aufgewacht ist in einer gewissen Beziehung –, dann können wir das, was es sich selbst im Kopfgeist aufgeweckt hat, dazu benützen, um ihm Lesen und Schreiben in konventioneller Weise beizubringen; aber dann beginnen wir, diesen Kopfgeist durch unseren Einfluß zu schädigen. Deshalb habe ich Ihnen gesagt: Es darf der Lese- und Schreibunterricht nicht anders erteilt werden, im guten Unterrichten, als von der Kunst her. – Die ersten Elemente des Zeichnens und Malens, die ersten Elemente des Musikalischen, die müssen vorangehen. Denn die wirken auf den Gliedmaßen- und auf den Brustmenschen und nur mittelbar auf den Kopfmenschen. Dann aber wecken sie dasjenige auf, was im Kopfmenschen drinnen ist. Sie malträtieren nicht den Kopfmenschen, wie wir ihn malträtieren, wenn wir bloß das Lesen und Schreiben so, wie sie konventionell geworden sind, auf intellektuelle Weise dem Kinde beibringen. Lassen wir das Kind erst zeichnen und dann aus dem, was es gezeichnet hat, die Schriftformen entwickeln, so erziehen wir es durch den Gliedmaßenmenschen zum Kopfmenschen hin. Wir machen dem Kinde vor, sagen wir ein F. Muß es dann das F anschauen und nachfahren, dann wirken wir im Anschauen zunächst auf den Intellekt, und dann dressiert sich der Intellekt den Willen. Das ist der verkehrte Weg. Der richtige Weg ist, soviel als möglich durch den Willen den Intellekt zu wecken. Das können wir nur, wenn wir vom Künstlerischen übergehen in die intellektuelle Bildung. So müssen wir schon in diesen ersten Jahren des Unterrichts, wo uns das Kind übergeben wird, so verfahren, daß wir Schreiben und Lesen in künstlerischer Art dem Kinde beibringen.

Sie müssen bedenken, daß ja das Kind, während Sie es unterrichten und erziehen, auch noch etwas anders zu tun hat als dasjenige, was Sie mit ihm machen. Das Kind hat allerlei zu tun, was gewissermaßen nur indirekt in Ihr Ressort gehört. Das Kind muß wachsen. Wachsen muß es, und Sie müssen sich klar darüber sein, daß, während Sie erziehen und unterrichten, das Kind richtig wachsen muß. Was heißt das aber? Das heißt: Sie dürfen durch Ihren Unterricht und durch Ihr Erziehen das Wachstum nicht stören. Sie dürfen nicht störend in das Wachstum eingreifen. Sie dürfen nur so erziehen und unterrichten, daß sie mit diesem Erziehen und Unterrichten neben dem Bedürfnis des Wachstums einhergehen. Das, was ich jetzt sage, ist von ganz besonderer Wichtigkeit für die Volksschuljahre. Denn, ist zunächst die Formbildung da bis zum Zahnwechsel vom Kopfe ausgehend, so ist während der Volksschulzeit da die Lebensentwickelung, das heißt, das Wachstum und alles, was damit zusammenhängt bis zur Geschlechtsreife, also gerade während der Volksschulzeit. Die Geschlechtsreife bildet erst den Abschluß der Lebensentwickelung, die von dem Brustmenschen ausgeht. Sie haben es daher sogar während der Volksschulentwickelung vorzugsweise mit dem Brustmenschen zu tun. Sie kommen nicht anders zurecht, als wenn Sie wissen: während Sie das Kind unterrichten und erziehen, wächst es und entwickelt sich durch seinen Brustorganismus. Sie müssen gewissermaßen der Kamerad der Natur werden, denn die Natur entwickelt das Kind durch die Brustorganisation, durch Atmung, Ernährung, Bewegung und so weiter. Und Sie müssen ein guter Kamerad der Naturentwickelung werden. Aber wenn Sie diese Naturentwickelung gar nicht kennen, wie sollen Sie ein guter Kamerad der Naturentwickelung werden? Wenn Sie zum Beispiel gar nicht wissen, wodurch Sie seelisch im Unterricht oder in der Erziehung das Wachstum verlangsamen oder beschleunigen, wie können Sie gut erziehen und unterrichten? Bis zu einem gewissen Grade haben Sie es sogar seelisch in der Hand, diejenigen Kräfte des Wachstums im heranwachsenden Kinde zu stören, so daß sie es aufschießen lassen zum Rixen, was unter Umständen schädlich sein könnte. Bis zu einem gewissen Grade haben Sie es in der Hand, das Wachstum des Kindes ungesund zu hemmen, so daß es klein und stupsig bleibt, allerdings nur bis zu einem gewissen Grade, aber Sie haben es in der Hand. Sie müssen also Einsicht haben gerade in die Wachstumsverhältnisse des Menschen. Sie müssen diese Einsicht haben vom Seelischen und auch vom Leiblichen aus.

Wie können wir nun vom Seelischen aus Einblick haben in die Wachstumsverhältnisse? Da müssen wir uns eben an eine bessere Psychologie wenden, als die gewöhnliche Psychologie ist. Die bessere Psychologie sagt uns, daß mit alledem, was die Wachstumskräfte des Menschen beschleunigt, was die Wachstumskräfte des Menschen so gestaltet, daß der Mensch rixig aufschießt, mit alledem zusammenhängt dasjenige, was in gewisser Beziehung Gedächtnisbildung ist. Muten wir nämlich dem Gedächtnis zuviel zu, dann machen wir den Menschen innerhalb gewisser Grenzen zum schmalaufschießenden Wesen. Und muten wir der Phantasie zuviel zu, dann halten wir den Menschen in seinem Wachstum zurück. Gedächtnis und Phantasie stehen mit den Lebensentfaltungskräften des Menschen in einem geheimnisvollen Zusammenhang. Und wir müssen uns die Augen dafür aneignen, diesen Zusammenhängen etwas Aufmerksamkeit zuzuwenden.

Der Lehrer muß zum Beispiel in der Lage sein, folgendes zu tun: er muß eine Art zusammenfassenden Blick über seine Schülerzahl am Beginn des Schuljahres werfen, insbesondere im Beginn der Lebensepochen, die ich Ihnen angegeben habe, die mit dem neunten und zwölften Jahr zusammenhängen. Da muß er gewissermaßen Revue halten über die leibliche Entwickelung, und er muß sich merken, wie seine Kinder ausschauen. Und dann am Ende des Schuljahres oder einer anderen Periode muß er wiederum Revue halten und die Veränderung sich anschauen, die sich da vollzogen hat. Und das Ergebnis dieser zwei Revuen muß das sein, daß er weiß: das eine Kind ist nicht so gut gewachsen während der Zeit, wie es hätte wachsen sollen; das andere ist ein Stück aufgeschossen. Dann muß er sich fragen: Wie richte ich im nächsten Schuljahr oder in der nächsten Schulperiode das Gleichgewicht zwischen Phantasie und Gedächtnis ein, damit ich der Anomalie entgegenarbeite?

Sehen Sie, deshalb ist es auch so wichtig, daß man die Schüler behält durch alle Schuljahre hindurch, und deshalb ist es eine so wahnsinnige Einrichtung, jedes Jahr die Schüler einem anderen Lehrer in die Hand zu geben. Aber die Sache ist auch umgekehrt. Der Lehrer lernt nach und nach im Beginn des Schuljahres und am Anfang der Entwickelungsepochen (siebenten, neunten, zwölften Jahr) seine Schüler kennen. Er lernt solche Schüler kennen, die ausgesprochen den Typus von Phantasiekindern haben, die alles umgestalten. Und er lernt solche Schüler kennen, die ausgesprochen den Typus von Gedächtniskindern haben, die sich gut alles merken können. Auch damit muß sich der Lehrer bekanntmachen. Er macht sich ja bekannt durch die beiden Revuen, die ich angeführt habe. Aber er muß diese Bekanntschaft noch in der Weise ausbauen, daß er nicht nur durch das Wachstum äußerlich-leiblich, sondern wiederum durch Phantasie und Gedächtnis selbst kennenlernt, ob das Kind droht, zu schnell aufzuschießen – das würde es tun, wenn es ein zu gutes Gedächtnis hat –, oder ob es droht, zu untersetzt zu werden, wenn es zuviel Phantasie hat. Man muß nicht nur durch allerlei Redensarten und Phrasen den Zusammenhang von Leib und Seele anerkennen, sondern man muß auch im werdenden Menschen das Zusammenwirken von Leib und Seele und Geist beobachten können. Phantasievolle Kinder wachsen anders, als gedächtnisbegabte Kinder wachsen.

Heute ist für die Psychologen alles fertig; das Gedächtnis ist da, das wird dann in den Psychologien beschrieben; die Phantasie ist da, die wird dann beschrieben; während in der wirklichen Welt alles in gegenseitiger Beziehung ist. Und wir lernen diese gegenseitigen Beziehungen nur kennen, wenn wir uns auch ein bißchen anbequemen mit unserer Auffassungsgabe diesen gegenseitigen Beziehungen. Das heißt, wenn wir diese Auffassungsgabe nicht so gebrauchen, daß wir alles richtig definieren wollen, sondern daß wir diese Auffassung selbst beweglich machen, so daß sie das, was sie erkannt hat, auch wiederum ändern kann, innerlich, begrifflich ändern kann.

Sie sehen, das Geistig-Seelische führt von selbst hinüber ins Körperlich-Leibliche. Es führt sogar in dem Grade hinüber, daß wir sagen können: Durch Leibeseinwirkung, durch die Milch, erzieht der Genius der Natur in der allerersten Zeit das Kind. So erziehen wir dann, indem wir Kunst volksschulmäßig dem Kinde einträufeln, von dem Zahnwechsel ab das Kind.

Und indem das Ende der Volksschulzeit herannaht, ändert sich das wieder in einer gewissen Weise. Da schillert schon immer mehr und mehr hinein aus der späteren Zeit die selbständige Urteilskraft, das Persönlichkeitsgefühl, der selbständige Willensdrang. Dem tragen wir Rechnung, indem wir den Lehrplan so ausgestalten, daß wir das, was da hereinkommen soll. auch wirklich benützen.

ZWÖLFTER VORTRAG

Wenn wir den menschlichen Leib betrachten, müssen wir ihn in Beziehung bringen zu unserer physisch-sinnlichen Umwelt, denn mit der steht er in einem fortwährenden Wechselverhältnis, durch die wird er unterhalten. Wenn wir hinausblicken in unsere physisch-sinnliche Umwelt, dann nehmen wir in dieser physisch-sinnlichen Umwelt wahr mineralische Wesen, pflanzliche Wesen, tierische Wesen. Mit den Wesen des Mineralischen, des Pflanzlichen, des Tierischen ist unser physischer Leib verwandt. Aber die besondere Art der Verwandtschaft wird nicht ohne weiteres durch eine Oberflächenbetrachtung klar, sondern es ist notwendig, da tiefer in das Wesen der Naturreiche überhaupt einzudringen, wenn man die Wechselbeziehung des Menschen mit seiner physisch-sinnlichen Umgebung kennenlernen will.

Wir nehmen am Menschen, insofern er physisch-leiblich ist, wahr zunächst sein festes Knochengerüst, seine Muskeln. Wir nehmen dann, wenn wir weiter in ihn eindringen, den Blutkreislauf wahr mit den Organen, die zum Blutkreislauf gehören. Wir nehmen die Atmung wahr. Wir nehmen die Ernährungsvorgänge wahr. Wir nehmen wahr, wie aus den verschiedensten Gefäßformen – wie man es in der Naturlehre nennt – die Organe sich herausbilden. Wir nehmen wahr Gehirn und Nerven, die Sinnesorgane, und es entsteht die Aufgabe, diese verschiedenen Organe des Menschen und die Vorgänge, die sie vermitteln, in die äußere Welt, in der er drinnensteht, hineinzugliedern.

Gehen wir da aus von demjenigen, was am Menschen zunächst als das vollkommenste erscheint – wie es sich in Wirklichkeit damit verhält, haben wir ja schon gesehen –, gehen wir aus von seinem Gehirn-Nervensystem, das sich zusammengliedert mit den Sinnesorganen. Wir haben ja darin diejenige Organisation des Menschen, die die längste zeitliche Entwickelung hinter sich hat, so daß sie hinausgeschritten ist über die Form, welche die Tierwelt entwickelt hat. Der Mensch ist gewissermaßen durchgeschritten durch die Tierwelt in bezug auf dieses sein eigentliches Hauptsystem, und er ist hinweggeschritten über das Tiersystem zu dem eigentlich menschlichen System, das ja am deutlichsten in der Hauptesbildung zum Ausdruck kommt.

Nun haben wir gestern davon gesprochen, inwiefern unsere Hauptesbildung an der individuellen menschlichen Entwickelung teilnimmt, inwiefern die Formung, die Gestaltung des menschlichen Leibes ausgeht von den Kräften, die im Haupte, im Kopfe veranlagt sind. Und wir haben gesehen, daß gewissermaßen dem Kopfwirken eine Art Schlußpunkt gesetzt wird mit dem Zahnwechsel gegen das siebente Jahr zu. Wir sollten uns klar werden, was da eigentlich geschieht, indem der menschliche Kopf in Wechselwirkung steht mit den Brustorganen und mit den Gliedmaßenorganen. Wir sollten die Frage beantworten: Was tut denn eigentlich der Kopf, indem er seine Arbeit verrichtet in Zusammenhang mit dem Brust-Rumpfsystem und dem Gliedmaßensystem? Er formt, er gestaltet fortwährend. Unser Leben besteht eigentlich darin, daß in den ersten sieben Lebensjahren eine starke Gestaltung ausgeht, die sich auch bis in die physische Form hineinergießt, daß dann aber der Kopf immer noch nachhilft, die Gestalt erhält, die Gestalt. durchseelt, die Gestalt durchgeistigt.

Der Kopf hängt mit der Gestaltbildung des Menschen zusammen. Ja aber – bildet der Kopf unsere eigentliche Menschengestalt? Das tut er nämlich nicht. Sie müssen sich schon bequemen zu der Anschauung, daß der Kopf fortwährend im geheimen etwas anderes aus Ihnen machen will, als Sie sind. Da gibt es Augenblicke, in denen Sie der Kopf so gestalten möchte, daß Sie aussehen wie ein Wolf. Da gibt es Augenblicke, in denen Sie der Kopf so gestalten möchte, daß Sie aussehen wie ein Lamm, dann wiederum, daß Sie aussehen wie ein Wurm; zum Wurm, zum Drachen möchte er Sie machen. All die Gestaltungen, die eigentlich Ihr Haupt mit Ihnen vorhat, die finden Sie ausgebreitet draußen in der Natur in den verschiedenen Tierformen. Schauen Sie das Tierreich an, so können Sie sich sagen: Das bin ich selbst, nur erweist mir mein

Rumpfsystem und mein Gliedmaßensystem die Gefälligkeit, fortwährend, indem vom Kopf ausgeht zum Beispiel die Wolfsgestalt, diese Wolfsgestalt umzuwandeln zur Menschenform. Sie überwinden in sich fortwährend das Animalische. Sie bemächtigen sich seiner so, daß Sie es in sich nicht ganz zum Dasein kommen lassen, sondern es metamorphosieren, umgestalten. Es ist also der Mensch durch sein Kopfsystem mit der tierischen Umwelt in einer Beziehung, aber so, daß er in seinem leiblichen Schaffen über diese tierische Umwelt fortwährend hinausgeht. Was bleibt denn da eigentlich in Ihnen? Sie können einen Menschen anschauen. Stellen Sie sich den Menschen vor. Sie können die interessante Betrachtung anstellen, daß Sie sagen: Da ist der Mensch. Oben hat er seinen Kopf. Da bewegt sich eigentlich ein Wolf, aber es wird kein Wolf; er wird gleich durch den Rumpf und die Gliedmaßen aufgelöst. Da bewegt sich eigentlich ein Lamm; es wird durch den Rumpf und die Gliedmaßen aufgelöst.

Fortwährend bewegen sich da übersinnlich die tierischen Formen im Menschen und werden aufgelöst. Was wäre es denn, wenn es einen übersinnlichen Photographen gäbe, der diesen Prozeß festhielte, der also diesen ganzen Prozeß auf die Photographenplatte oder auf fortwährend wechselnde Photographenplatten brächte? Was würde man denn da auf der Photographenplatte sehen? Die Gedanken des Menschen würde man sehen. Diese Gedanken des Menschen sind nämlich das übersinnliche Korrelat desjenigen, was sinnlich nicht zum Ausdruck kommt. Sinnlich kommt nicht zum Ausdruck diese fortwährende Metamorphose aus dem Tierischen, vom Kopfe nach unten strömend, aber übersinnlich wirkt sie im Menschen als der Gedankenprozeß. Als ein übersinnlich realer Prozeß ist das durchaus vorhanden. Ihr Kopf ist nicht nur der Faulenzer auf den Schultern, sondern er ist derjenige, der Sie eigentlich gerne in der Tierheit erhalten möchte. Er gibt Ihnen die Formen des ganzen Tierreiches, er möchte gerne, daß fortwährend Tierreiche entstehen. Aber Sie lassen es durch Ihren Rumpf und die Gliedmaßen nicht dazu kommen, daß durch Sie ein ganzes Tierreich im Laufe Ihres Lebens entsteht, sondern

Sie verwandeln dieses Tierreich in Ihre Gedanken. So stehen wir zum Tierreich in Beziehung. Wir lassen übersinnlich dieses Tierreich in uns entstehen und lassen es dann nicht zur sinnlichen Wirklichkeit kommen, sondern halten es im Übersinnlichen zurück. Rumpf und Gliedmaßen lassen diese entstehenden Tiere in ihr Gebiet nicht herein. Wenn der Kopf zu sehr die Neigung hat, etwas von diesem Tierischen zu erzeugen, dann sträubt sich der übrige Organismus, das aufzunehmen, und dann muß der Kopf zur Migräne greifen, um es wiederum auszurotten, und zu ähnlichen Dingen, die sich im Kopfe abspielen.

Auch das Rumpfsystem steht zur Umgebung in Beziehung. Aber es steht nicht zu dem Tiersystem der Umgebung in Beziehung, sondern es steht in Beziehung zu dem gesamten Umfang der Pflanzenwelt. Eine geheimnisvolle Beziehung ist zwischen dem Rumpfsystem des Menschen, dem Brustsystem und der Pflanzenwelt. In dem Rumpfsystem, in dem Brustsystem, Rumpf-Brustsystem spielt sich ja ab das Hauptsächlichste des Blutkreislaufes, die Atmung, die Ernährung. All diese Prozesse sind in einer Wechselbeziehung zu dem, was draußen in der physisch-sinnlichen Natur, in der Pflanzenwelt vor sich geht, aber in einer sehr eigenartigen Beziehung.

Nehmen wir zunächst die Atmung. Was tut der Mensch, indem er atmet? Sie wissen, er nimmt den Sauerstoff auf, und er verwandelt durch seinen Lebensprozeß den Sauerstoff, indem er ihn verbindet mit dem Kohlenstoff, zur Kohlensäure. Der Kohlenstoff ist im Organismus durch die umgewandelten Ernährungsstoffe. Dieser Kohlenstoff nimmt den Sauerstoff auf. Dadurch, daß sich der Sauerstoff mit dem Kohlenstoff verbindet, entsteht die Kohlensäure. Ja, jetzt wäre eine schöne Gelegenheit in dem Menschen, wenn er die Kohlensäure da in sich hat, diese nicht herauszulassen, sondern sie drinnen zu behalten. Und wenn er jetzt den Kohlenstoff wiederum loslösen könnte vom Sauerstoff – ja, was würde denn dann geschehen? Wenn der Mensch zunächst durch seinen Lebensprozeß den Sauerstoff einatmet und ihn da drinnen sich verbinden läßt mit dem Kohlenstoff zur Kohlensäure, und wenn der Mensch jetzt in der Lage wäre, innerlich den Sauerstoff wieder fortzuschaffen, auszuschalten, aber den Kohlenstoff drinnen zu verarbeiten, was würde denn da im Menschen entstehen? Die Pflanzenwelt. Im Menschen würde plötzlich die ganze Vegetation wachsen. Sie könnte wachsen. Denn wenn Sie die Pflanze ansehen, was tut sie denn? Die atmet nämlich nicht in derselben regelmäßigen Weise wie der Mensch den Sauerstoff ein, sondern sie assimiliert die Kohlensäure. Die Pflanze ist bei Tage erpicht auf die Kohlensäure, den Sauerstoff gibt sie ab. Es wäre schlimm, wenn sie es nicht tun würde; wir hätten ihn dann nicht, und auch die Tiere hätten ihn nicht. Aber den Kohlenstoff behält sie zurück. Daraus bildet sie sich Stärke und Zukker und alles was in ihr ist; daraus baut sie sich ihren ganzen Organismus auf. Die Pflanzenwelt entsteht eben dadurch, daß sie sich aufbaut aus dem Kohlenstoff, den sich die Pflanzen durch ihre Assimilation absondern von der Kohlensäure. Wenn Sie die Pflanzenwelt ansehen, ist sie metamorphosierter Kohlenstoff, der abgesondert ist aus dem Assimilationsprozeß, der dem menschlichen Atmungsprozeß entspricht. Die Pflanze atmet auch etwas, aber das ist etwas anderes als beim Menschen. Nur eine äußerliche Betrachtung sagt, die Pflanze atme auch. Sie atmet zwar ein wenig, namentlich in der Nacht; aber das ist gerade so, wie wenn einer sagt: Da ist ein Rasiermesser, ich werde Fleisch damit schneiden. – Der Atmungsprozeß ist bei den Pflanzen anders als beim Menschen und bei den Tieren, wie das Rasiermesser etwas anderes ist als das Tischmesser. Dem menschlichen Atmungsprozesse entspricht bei den Pflanzen der umgekehrte Prozeß, der Assimilationsprozeß.

Daher werden Sie es begreifen: wenn Sie in sich den Prozeß fortsetzen, wodurch Kohlensäure entstanden ist, das heißt, wenn Sauerstoff wieder weggegeben würde und die Kohlensäure in Kohlenstoff umgewandelt würde, wie die Natur es draußen macht – die Stoffe hätten Sie auch dazu in sich –, dann könnten Sie in sich die ganze Vegetation wachsen lassen. Sie könnten es bewirken, daß Sie plötzlich aufgingen als Pflanzenwelt. Sie verschwänden und die ganze Pflanzenwelt entstünde. Diese Fähigkeit ist nämlich im Menschen, daß er fortwährend eine Pflanzenwelt erzeugt; er läßt es nur nicht dazu kommen. Sein Rumpfsystem hat stark die Neigung, fortwährend die Pflanzenwelt zu erzeugen. Kopf und Gliedmaßen lassen es nicht dazu kommen; sie wehren sich dagegen. Und so treibt der Mensch die Kohlensäure heraus und läßt das Pflanzenreich in sich nicht entstehen. Er läßt draußen das Pflanzenreich entstehen aus der Kohlensäure.

Es ist das eine merkwürdige Wechselbeziehung zwischen dem Brust-Rumpfsystem und der sinnlich-physischen Umgebung, daß da draußen das Reich der Vegetabilien ist, und daß der Mensch fortwährend genötigt ist, damit er nicht zur Pflanze wird, den Vegetationsprozeß nicht in sich aufkommen zu lassen, sondern wenn er entsteht, ihn gleich nach außen zu schikken. Wir können also sagen: Mit Bezug auf das Brust-Rumpfsystem ist der Mensch in der Lage, das Gegenreich des Pflanzlichen zu schaffen. Wenn Sie sich das Pflanzenreich vorstellen als positiv, so erzeugt der Mensch das Negativ vom Pflanzenreich. Er erzeugt gewissermaßen ein umgekehrtes Pflanzenreich.

Und was ist es denn, wenn das Pflanzenreich in ihm beginnt, sich schlecht aufzuführen und Kopf und Gliedmaßen nicht die Kraft haben, sein Entstehen im Keime gleich zu ersticken, es wegzuschicken? Dann wird der Mensch krank! Und im Grunde genommen bestehen die inneren Erkrankungen, die herrühren vom Brust-Rumpfsystem, darin, daß der Mensch zu schwach ist, um die in ihm entstehende Pflanzlichkeit sogleich zu verhindern. In dem Augenblick, wo nur ein bißchen in uns entsteht, was nach dem Pflanzenreich hintendiert, wo wir nicht in der Lage sind, gleich dafür zu sorgen, daß das, was als Pflanzenreich in uns entstehen will, herauskommt und draußen sein Reich aufrichtet, in dem Augenblick werden wir krank. So daß man das Wesen der Erkrankungsprozesse darin suchen muß, daß Pflanzen im Menschen anfangen zu wachsen. Sie werden natürlich nicht zu Pflanzen, weil schließlich für die Lilie das menschliche Innere keine angenehme Umgebung ist. Aber die Tendenz kann durch eine Schwäche der anderen Systeme sich ergeben, daß das Pflanzenreich entsteht, und dann wird der Mensch krank. Richten wir daher unseren Blick auf die ganze pflanzliche Umwelt unserer menschlichen Umgebung, so müssen wir uns sagen: In einem gewissen Sinne haben wir in der pflanzlichen Umwelt auch die Bilder unserer sämtlichen Krankheiten. Das ist das merkwürdige Geheimnis im Zusammenhang des Menschen mit der Naturumwelt, daß er nicht nur, wie wir bei anderen Gelegenheiten ausgeführt haben, in den Pflanzen zu sehen hat Bilder seiner Entwickelung bis zur Geschlechtsreife, sondern daß er in den Pflanzen draußen, namentlich insofern diese Pflanzen in sich die Anlage tragen zum Fruchtwerden, die Bilder zu sehen hat seiner Erkrankungsprozesse. Das ist etwas, was vielleicht der Mensch gar nicht gerne hört, weil er selbstverständlich die Pflanzenwelt ästhetisch liebt und weil, wenn die Pflanzenwelt ihr Wesen außerhalb des Menschen entfaltet, der Mensch mit dieser Ästhetik recht hat. In dem Augenblick aber, wo die Pflanzenwelt innerhalb des Menschen ihr Wesen entfalten will, in dem Augenblick, wo es im Menschen anfangen will zu vegetarisieren, in dem Augenblick wirkt das, was draußen in der farbenschönen Pflanzenwelt wirkt, im Menschen als Krankheitsursache. Die Medizin wird dann einmal eine Wissenschaft sein, wenn sie jede einzelne Krankheit in Parallele bringen wird zu irgendeiner Form der Pflanzenwelt. Es ist einmal so, daß, indem der Mensch die Kohlensäure ausatmet, er im Grunde genommen um seines eigenen Daseins willen die ganze Pflanzenwelt fortwährend ausatmet, die in ihm entstehen will. Daher braucht es Ihnen auch nicht verwunderlich zu sein, daß dann, wenn die Pflanze beginnt, über ihr gewöhnliches Pflanzendasein hinauszugehen und Gifte in sich zu erzeugen, daß diese Gifte auch zusammenhängen mit den Gesundheits- und Erkrankungsprozessen des Menschen. Aber es hängt ja auch mit dem normalen Ernährungsprozeß zusammen.

Ja, meine lieben Freunde, die Ernährung, die sich ebenso vollzieht im Brust-Rumpfsystem, wenigstens ihrem Ausgangspunkt nach, wie der Atmungsvorgang, sie muß in einer ganz ähnlichen Art betrachtet werden wie die Atmung. Bei der Ernährung nimmt der Mensch auch die Stoffe seiner Umwelt in sich auf, aber er läßt sie nicht so, wie sie sind; er verwandelt sie. Er verwandelt sie gerade mit Hilfe des Sauerstoffes der Atmung. Es verbinden sich die Stoffe, die der Mensch durch seine Ernährung aufnimmt, nachdem er sie verwandelt hat, mit dem Sauerstoff. Das sieht so aus wie ein Verbrennungsprozeß, und es sieht aus, als ob der Mensch in seinem Inneren fortwährend brennen würde. Das sagt auch vielfach die Naturwissenschaft, daß im Menschen ein Verbrennungsprozeß wirke. Es ist aber nicht wahr. Es ist kein wirklicher Verbrennungsprozeß, was da im Menschen vorgeht, sondern es ist ein Verbrennungsprozeß – beachten Sie das wohl –, dem der Anfang und das Ende fehlt. Es ist bloß die mittlere Stufe des Verbrennungsprozesses; es fehlt ihm der Anfang und das Ende. Im menschlichen Leibe darf niemals Anfang und Ende des Verbrennungsprozesses vor sich gehen, sondern nur das Mittelstück des Verbrennungsprozesses. Es ist für den Menschen zerstörend, wenn die allerersten Stadien eines Verbrennungsprozesses, wie er in der Fruchtbereitung vor sich geht, im menschlichen Organismus vollzogen werden; zum Beispiel, wenn der Mensch ganz unreifes Obst genießt. Diesen Anfangsprozeß, der der Verbrennung ähnlich ist, den kann der Mensch nicht durchmachen. Das gibt es nicht in ihm, das macht ihn krank. Und kann er viel unreifes Obst essen, wie die starken Landleute zum Beispiel, dann muß er schon sehr, sehr viel von Verwandtschaft mit der umgebenden Natur haben, daß er die unreifen Äpfel und Birnen in sich so verdauen kann, wie er das schon von der Sonne reifgekochte Obst verdaut. Also nur den mittleren Prozeß kann er mitmachen. Von allen Verbrennungsprozessen kann der Mensch im Ernährungsvorgang nur den mittleren Prozeß mitmachen. Wird der Prozeß zu seinem Ende getrieben, kommt es dahin, wohin es zum Beispiel das reife Obst draußen bringt, daß es fault, das darf der Mensch nicht mehr mitmachen. Also das Ende darf er auch nicht mitmachen; da muß er vorher die Ernährungsstoffe ausscheiden. Der Mensch vollzieht tatsächlich nicht die Naturprozesse so, wie sie sich in der Umgebung abspielen, sondern er vollzieht nur das Mittelstück; Anfang und Ende kann er nicht in sich vollziehen.

Und jetzt sehen wir etwas höchst Merkwürdiges. Betrachten Sie die Atmung. Sie ist das Gegenstück zu alledem, was in der Pflanzenwelt draußen vor sich geht. Sie ist gewissermaßen das Anti-Pflanzenreich. Die Atmung des Menschen ist das Anti-Pflanzenreich, und sie verbindet sich innerlich mit dem Ernährungsprozeß, der ein Mittelstück zu dem Prozeß draußen ist. Sehen Sie, da lebt zweierlei in unserem leiblichen Brust-Rumpfsystem: dieser Anti-Pflanzenprozeß, der sich da abspielt durch die Atmung, wirkt immer zusammen mit dem Mittelstück der übrigen Naturprozesse draußen. Das wirkt durcheinander. Da, sehen Sie, hängen zusammen Seele und Leib. Da ist der geheimnisvolle Zusammenhang zwischen Seele und Leib. Indem sich dasjenige, was sich durch den Atmungsprozeß abspielt, verbindet mit den übrigen Naturprozessen, deren Ausführung nur in ihrem Mittelstück erfolgt, da verbindet sich das Seelische, das der Anti-Pflanzenprozeß ist, mit dem menschlich gewordenen Leiblichen, das immer das Mittelstück ist der Naturprozesse. Die Wissenschaft kann lange nachdenken, welches die Wechselbeziehung zwischenLeib und Seele ist, wenn sie sie nicht sucht in dem geheimnisvollen Zusammenhange zwischen dem seelisch gewordenen Atmen und dem leiblich gewordenen Dasein des Mittelstückes der Naturprozesse. Diese Naturprozesse entstehen im Menschen nicht und vergehen im Menschen nicht. Ihr Entstehen läßt er außerhalb; ihr Vergehen darf erst sein, wenn er sie ausgeschieden hat. Der Mensch verbindet sich leiblich nur mit einem mittleren Teil der Naturprozesse, und er durchseelt diese Naturprozesse im Atmungsprozeß.

Hier entsteht jenes feine Gewebe von Vorgängen, welches die Zukunftsmedizin, die Zukunftshygiene ganz besonders wird studieren müssen. Die Zukunftshygiene wird sich fragen müssen: Wie wirken im Weltall draußen die verschiedenen Wärmeabstufungen ineinander? Wie wirkt die Wärme beim Übergang von einem kühleren Ort zu einem wärmeren und umgekehrt? Und wie wirkt das, was da draußen wirkt als Wärmevorgang, im menschlichen Organismus, wenn er in diesen Wärmevorgang hineingestellt ist? – Ein Zusammenspiel von Luft und Wasser findet der Mensch im äußeren Vegetationsprozeß.

Er wird studieren müssen, wie das auf den Menschen wirkt, wenn der Mensch da hineingestellt ist und so weiter.

Mit Bezug auf solche Dinge ist die Medizin von heute ein ganz klein wenig im Anfang, aber kaum noch im Anfang. Die Medizin von heute legt zum Beispiel viel größeren Wert darauf, daß sie, wenn irgend so etwas da ist wie eine Krankheitsform, den Krankheitserreger aus der Bazillen- oder Bakterienform findet. Dann, wenn sie ihn hat, ist sie zufrieden. Es kommt aber viel mehr darauf an, zu erkennen, wie es kommt, daß der Mensch imstande ist, in einem Augenblick seines Lebens ein klein wenig einen Vegetationsprozeß in sich zu entwickeln, so daß die Bazillen darin dann einen angenehmen Aufenthaltsort wittern. Es kommt darauf an, daß wir unsere Leibeskonstitution so erhalten, daß für all das vegetabilische Gezücht kein angenehmer Aufenthaltsort mehr da ist; wenn wir das tun, dann werden diese Herrschaften nicht allzugroße Verheerungen bei uns selbst anrichten können.

Nun bleibt uns noch die Frage: Wie stehen nun eigentlich Knochengerüst und Muskeln zum gesamten menschlichen Lebensprozeß, wenn wir den Menschen betrachten leiblich in seiner Beziehung zur Außenwelt?

Sehen Sie, da kommen wir auf etwas, was Sie unbedingt begreifen müssen, wenn Sie den Menschen verstehen wollen, worauf aber in der gegenwärtigen Wissenschaft fast gar nicht gesehen wird. Beachten Sie einmal, was geschieht, indem Sie den Arm beugen. Da bewirken Sie ja durch die Muskelanziehung, die den Vorderarm beugt, einen ganz maschinellen Vorgang. Stellen Sie sich jetzt vor, das wäre einfach dadurch geschehen, daß Sie zuerst gehabt hätten eine Stellung wie diese (siehe erste Zeichnung).

Sie würden nun ein Band spannen (c) und würden es zusammenrollen; dann würde diese Stange diese Bewegung ausführen (siehe zweite Zeichnung). Es ist eine ganz maschinelle Bewegung. Solche maschinelle Bewegungen führen Sie auch aus, wenn Sie Ihr Knie beugen und auch, wenn Sie gehen. Denn beim Gehen kommt fortwährend die ganze Maschinerie Ihres Leibes in Bewegung, und fortwährend wirken Kräfte. Es

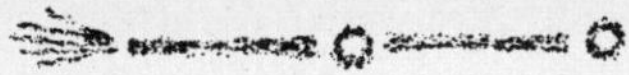

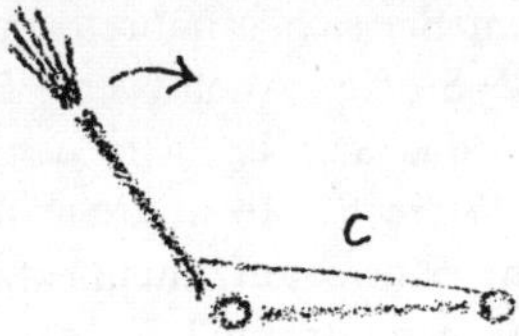

sind vorzugsweise Hebelkräfte, aber es wirken eben Kräfte. Denken Sie sich jetzt einmal, Sie könnten durch irgendeinen kniffligen photographischen Vorgang bewirken, daß, wenn der Mensch geht, vom Menschen nichts photographiert würde, aber all die Kräfte, die er anwendet, photographiert würden. Also die Kräfte, die er anwendet, um das Bein zu heben, es wieder aufzustellen, das andere Bein nachzusetzen. Vom Menschen würde also nichts photographiert als nur die Kräfte. Es würde da zunächst, wenn Sie diese Kräfte sich würden entwickeln sehen, ein Schatten photographiert und beim Gehen sogar ein ganzes Schattenband. Sie sind groß im Irrtum, wenn Sie glauben, daß Sie mit Ihrem Ich in Muskeln und Fleisch leben. Sie leben mit Ihrem Ich, auch wenn Sie wachen, nicht in Muskeln und Fleisch, sondern Sie leben mit Ihrem Ich hauptsächlich in diesem Schatten, den Sie da abphotographieren, in den Kräften, durch die Ihr Leib seine Bewegungen ausführt. So grotesk es Ihnen klingt: wenn Sie sich setzen, dann drücken Sie Ihren Rücken an die Stuhllehne an; mit Ihrem Ich leben Sie in der Kraft, die sich in diesem Zusammendrücken entwickelt. Und wenn Sie stehen, leben Sie in der Kraft, mit der Ihre Füße auf die Erde drücken. Sie leben fortwährend in Kräften. Es ist gar nicht wahr, daß wir in unserem sichtbaren Körper mit unserem Ich leben. Wir leben mit unserem Ich in Kräften. Unseren sichtbaren Körper tragen wir nur mit; den schleppen wir nur mit während unseres physischen Erdenlebens bis zum Tode. Wir leben aber auch im wachen Zustand lediglich in einem Kraftleib. Und was tut denn eigentlich dieser Kraftleib? Er setzt sich fortwährend eine sonderbare Aufgabe.

Nicht wahr, indem Sie sich ernähren, nehmen Sie auch auf allerlei mineralische Stoffe. Auch wenn Sie sich nicht stark Ihre Suppe salzen – das Salz ist ja in den Speisen drinnen –, nehmen Sie mineralische Stoffe auf. Sie haben auch das Bedürfnis, mineralische Stoffe aufzunehmen. Was tun Sie denn mit diesen mineralischen Stoffen? Ja, sehen Sie, Ihr Kopfsystem kann nicht viel mit diesen mineralischen Stoffen anfangen. Ihr Rumpf-Brust-System auch nicht. Aber Ihr Gliedmaßensystem; das verhindert, daß diese mineralischen Stoffe in Ihnen die ihnen eigene Kristallform annehmen. Wenn Sie nicht die Kräfte Ihres Gliedmaßensystems entwickeln, so würden Sie, wenn Sie Salz essen, zum Salzwürfel werden. Ihr Gliedmaßensystem, das Knochengerüst und das Muskelsystem haben die fortwährende Tendenz, der Mineralbildung der Erde entgegenzuwirken, das heißt, die Minerale aufzulösen. Die Kräfte, die die Mineralien auflösen im Menschen, die kommen vom Gliedmaßensystem.

Wenn der Krankheitsprozeß über das bloß Vegetative hinausgeht, das heißt, wenn der Körper die Tendenz hat, nicht nur das Pflanzliche in sich beginnen zu lassen, sondern auch den mineralischen Kristallisationsprozeß, dann ist eine höhere, sehr zerstörerische Form von Krankheit vorhanden, zum Beispiel Zuckerkrankheit. Dann ist der menschliche Leib nicht in der Lage, aus der Kraft seiner Gliedmaßen heraus, die er von der Welt aufnimmt, das Mineral, das er fortwährend auflösen soll, wirklich aufzulösen. Und wenn heute die Menschen gerade jener Krankheitsformen, die vielfach von krankhaftem Mineralisieren im Menschenleibe herrühren, nicht Herr werden können, so rührt das vielfach davon her, daß wir nicht genügend anwenden können, die Gegenmittel gegen diese Erkrankungsform, die wir alle hernehmen müßten aus den Zusammenhängen der Sinnesorgane oder des Gehirns, der Nervenstränge und dergleichen. Wir müßten die Scheinstoffe - ich nenne sie aus gewissen Gründen Scheinstoffe –, die in den Sinnesorganen sind, die in Gehirn und Nerven sind, diese zerfallende Materie, die müßten wir in irgendeiner Form verwenden, um solcher Krankheiten Herr zu werden, wie Gicht, Zuckerkrankheit und dergleichen. Auf diesem Gebiete kann erst das wirklich der Menschheit Heilsame erreicht werden, wenn einmal der Zusammenhang des Menschen mit der Natur ganz durchschaut wird von dem Gesichtspunkte aus, den ich Ihnen heute angegeben habe.

Der Leib des Menschen wird auf keine andere Weise erklärlich, als indem man zuerst seine Vorgänge, seine Prozesse kennt, indem man weiß, daß der Mensch in sich auflösen muß das Mineral, in sich umkehren muß das Pflanzenreich, über sich hinausführen muß, das heißt, vergeistigen muß das Tierreich. Und alles dasjenige, was der Lehrer wissen soll über die Leibesentwickelung, das hat zur Grundlage eine solche anthropologische, anthroposophische Betrachtung, wie ich sie hier mit Ihnen angestellt habe. Was nun pädagogisch darauf aufgebaut werden kann, das wollen wir morgen weiterbesprechen.

Wir können den Menschen in seinem Verhalten zur Außenwelt begreifen und können Einblick gewinnen, wie wir uns zum Kinde bezüglich seines Verhaltens zur Außenwelt verhalten sollen, wenn wir solche Einsichten zugrunde legen, wie wir sie in diesen Vorträgen uns verschafft haben. Es handelt sich nur darum, diese Einsichten in entsprechender Weise im Leben anzuwenden. Bedenken Sie, daß wir geradezu ein zweifaches Verhalten des Menschen zur Außenwelt ins Auge fassen müssen dadurch, daß wir sprechen können von einer ganz entgegengesetzten Gestaltung des Gliedmaßenmenschen zum Kopfmenschen.

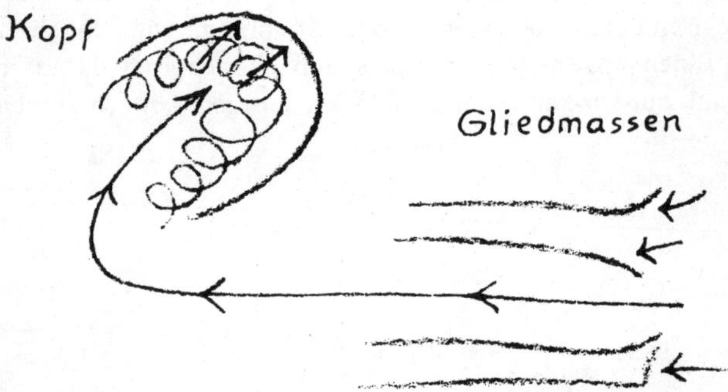

Wir müssen uns die schwierige Vorstellung aneignen, daß wir die Formen des Gliedmaßenmenschen nur begreifen, wenn wir uns vorstellen, daß die Kopfformen wie ein Handschuh oder wie ein Strumpf umgestülpt werden. Das, was damit zum Ausdruck kommt, ist von einer großen Bedeutung im ganzen Leben des Menschen. Wenn wir es schematisch hinzeichnen, so ist es so, daß wir uns sagen können: Die Kopfform wird so gebildet, daß sie gewissermaßen von innen nach außen gedrückt wird, daß sie aufgeplustert wird von innen nach außen. Wenn wir uns die Gliedmaßen des Menschen denken, so können wir uns vorstellen, daß sie von außen nach innen gedrückt werden, durch die Umstülpung – das bedeutet sehr viel im Leben des Menschen – an Ihrer Stirne. Und vergegenwärtigen Sie sich, daß Ihr inneres Menschliches hinstrebt von innen aus nach Ihrer Stirne. Besehen Sie sich Ihre innere Handfläche und besehen Sie sich Ihre innere Fußfläche: es wird auf diese fortwährend eine Art von Druck ausgeübt, der gleich ist dem Druck, der auf Ihre Stirne von innen ausgeübt wird, nur in der entgegengesetzten Richtung. Indem Sie also Ihre Handfläche der Außenwelt entgegenhalten, indem Sie Ihre Fußsohlenfläche auf den Boden aufsetzen, strömt von außen durch diese Sohle dasselbe ein, was von innen strömt gegen die Stirne zu. Das ist eine außerordentlich wichtige Tatsache. Es ist deshalb so wichtig, weil wir dadurch sehen, wie es eigentlich mit dem Geistig-Seelischen im Menschen ist. Dieses Geistig-Seelische, das sehen Sie ja daraus, ist eine Strömung. Es geht eigentlich dieses Geistig-Seelische als Strömung durch den Menschen durch.

Und was ist denn der Mensch gegenüber diesem Geistig-Seelischen? Denken Sie sich, ein Wasserstrom fließt hin und wird durch ein Wehr aufgehalten, so daß er sich staut und in sich zurückwellt. So übersprudelt das Geistig-Seelische sich im Menschen. Der Mensch ist ein Stauapparat für das Geistig-Seelische. Es möchte eigentlich ungehindert durch den Menschen durchströmen, aber er hält es zurück und verlangsamt es. Er läßt es in sich aufstauen. Nun ist aber allerdings diese Wirkung, die ich als Strömung bezeichnet habe, eine sehr merkwürdige. Ich habe Ihnen diese Wirkung des Geistig-Seelischen, das da den Menschen durchströmt, als eine Strömung bezeichnet, aber was ist es eigentlich gegenüber der äußeren Leiblichkeit? Es ist ein fortwährendes Aufsaugen des Menschen.

Der Mensch steht der Außenwelt gegenüber. Das Geistig-Seelische strebt danach, ihn fortwährend aufzusaugen. Daher blättern wir außen fortwährend ab, schuppen ab. Und wenn der Geist nicht stark genug ist, müssen wir uns Stücke, wie zum Beispiel die Fingernägel, abschneiden, weil der Geist sie, von außen kommend, saugend zerstören will. Er zerstört alles, und der Leib hält diese Zerstörung des Geistes auf. Und es muß im Menschen ein Gleichgewicht geschaffen werden zwischen dem zerstörenden Geistig-Seelischen und dem fortwährenden Aufbauenden des Leibes. Es ist eingeschoben in diese Strömung das Brust-Bauchsystem. Und das Brust-Bauchsystem ist dasjenige, welches sich entgegenwirft der Zerstörung des eindringenden Geistig-Seelischen und welches von sich aus den Menschen durchdringt mit Materiellem. Daraus aber ersehen Sie, daß die Gliedmaßen des Menschen, die hinausragen über das Brust-Bauchsystem, wirklich auch das Geistigste sind, denn da in den Gliedmaßen wird noch am wenigsten der Materie erzeugende Prozeß im Menschen vorgenommen. Nur dasjenige, was vom Bauch-Brustsystem hineingeschickt wird an Stoffwechselvorgängen in die Glieder, das macht, daß unsere Glieder materiell sind. Unsere Glieder sind in hohem Grade geistig, und sie sind es, welche an unserem Leib zehren, wenn sie sich bewegen. Und der Leib ist darauf angewiesen, in sich dasjenige zu entwickeln, wozu der Mensch eigentlich veranlagt ist von seiner Geburt an. Bewegen sich die Glieder zuwenig, oder bewegen sie sich nicht entsprechend, dann zehren sie nicht genug am Leibe. Das Brust-Bauchsystem ist dann in der glücklichen Lage – in der für es glücklichen Lage –, daß ihm nicht genügend weggezehrt wird von den Gliedern. Das, was es so übrig behält, verwendet es dazu, um überschüssige Materialität im Menschen zu erzeugen. Diese überschüssige Materialität durchdringt dann dasjenige, was im Menschen veranlagt ist von seiner Geburt aus, was er also eigentlich haben sollte zu der Leiblichkeit, weil er als seelisch-geistiges Wesen geboren wird. Es durchdringt das, was er haben sollte, mit etwas, was er nicht haben sollte, was er nur als irdischer Mensch hat materiell, was nicht geistig-seelisch veranlagt ist im wahren Sinne des Wortes; es durchdringt ihn immer mehr und mehr mit Fett. Wenn aber dieses Fett in abnormer Weise eingelagert wird in den Menschen, dann stellt sich ja eigentlich dem geistig-seelischen Prozeß, der als ein Saugprozeß, als ein verzehrender

Prozeß eindringt, zuviel entgegen, und dann wird ihm sein Weg erschwert zum Kopfsystem hin. Daher ist es nicht richtig, wenn man den Kindern erlaubt, zuviel fetterzeugende Nahrung zu nehmen. Dadurch wird ihr Kopf abgegliedert vom Geistig-Seelischen. Denn das Fett legt sich in den Weg des Geistig-Seelischen, und der Kopf wird leer. Es handelt sich darum, daß man den Takt entwickelt, so zusammenzuwirken mit der gesamten sozialen Lage des Kindes, daß das Kind in der Tat nicht zu fett wird. Später im Leben hängt ja das Fettwerden von allerlei anderen Dingen ab, aber in der Kindheit hat man es bei nicht abnorm gebildeten, das heißt besonders schwach gebildeten Kindern, die, weil sie schwach sind, leicht fett werden, also bei normal gebildeten Kindern immerhin in der Hand, nachzuhelfen durch eine entsprechende Ernährung gegen das zu starke Fettwerden.

Aber man wird diesen Dingen gegenüber nicht die rechte Verantwortlichkeit haben, wenn man nicht ihre ganz große Bedeutung ermißt; wenn man nicht ermißt, daß man in dem Fall, wo man dem Kinde erlaubt, zuviel Fett ansammeln zu lassen, dem Weltenprozeß, der etwas vorhat mit dem Menschen, was er zum Ausdruck bringt dadurch, daß er sein Geistig-Seelisches durchströmen läßt durch den Menschen, daß man da diesem Weltenprozeß ins Handwerk pfuscht. Man pfuscht tatsächlich dem Weltenprozeß ins Handwerk, wenn man das Kind zu fett werden läßt.

Denn, sehen Sie, in diesem Haupt des Menschen, da geschieht etwas höchst Merkwürdiges: indem da sich alles staut im Menschen von dem Geistig-Seelischen, spritzt es zurück wie das Wasser, wenn es an ein Wehr kommt. Das heißt, es spritzt dasjenige, was das Geistig-Seelische von der Materie mitträgt, so wie der Mississippi den Sand, auch im Inneren des Gehirns zurück, so daß da sich überschlagende Strömungen im Gehirn sind, wo das Geistig-Seelische sich staut. Und im Zurückschlagen des Materiellen, da fällt im Gehirn fortwährend Materie in sich selbst zusammen. Und wenn Materie, die noch vom Leben durchdrungen ist, in sich selbst zusammenfällt, also so zurückschlägt, wie ich es Ihnen gezeigt habe, dann entsteht der Nerv. Der Nerv entsteht immer, wenn vom Geiste durch das Leben getriebene Materie in sich selbst zusammenfällt und im lebendigen Organismus drinnen abstirbt. Deshalb ist der Nerv im lebendigen Organismus drinnen abgestorbene Materie, so daß sich also das Leben verschiebt, sich in sich selbst staut, Materie abbröckelt, zusammenfällt. So entstehen Kanäle im Menschen, die überall hingehen, die ausgefüllt sind von erstorbener Materie, die Nerven; da kann dann das Geistig-Seelische zurücksprudeln in den Menschen. Längs der Nerven sprudelt das Geistig-Seelische durch den Menschen durch, weil das Geistig-Seelische die zerfallende Materie braucht. Es läßt die Materie an der Oberfläche des Menschen zerfallen, bringt sie zum Abschuppen. Dieses Geistig-Seelische läßt sich nur darauf ein, den Menschen zu erfüllen, wenn in ihm die Materie zuerst erstirbt. Längs der materiell erstorbenen Nervenbahnen bewegt sich im Inneren das Geistig-Seelische des Menschen.

Auf diese Weise sieht man hinein in die Art, wie das Geistig-Seelische eigentlich im Menschen arbeitet. Man sieht es herandringen von außen, saugende, zehrende Tätigkeit entwickelnd. Man sieht es eindringen; man sieht, wie es gestaut wird, wie es zurückbrodelt, wie es die Materie ertötet. Man sieht, wie die Materie zerfällt in den Nerven und dadurch von innen heraus das Geistig-Seelische nun auch an die Haut dringen kann, indem es sich selbst Wege bereitet, durch die es durch kann. Denn durch das, was organisch lebt, geht das Geistig-Seelische nicht durch.

Wie können Sie sich denn also das Organische, das Lebendige vorstellen? Sehen Sie, das Lebendige können Sie sich auch vorstellen wie etwas, was das Geistig-Seelische aufnimmt, was es nicht durchläßt. Das Tote, Materielle, das Mineralische können Sie sich vorstellen wie etwas, was das Geistig-Seelische durchläßt, so daß Sie eine Art Definition des Leiblich-Lebendigen und eine Definition des Knöcherig-Nervösen, wie überhaupt des Mineralisch-Materiellen bekommen können: Das Lebendig-Organische ist geistundurchlässig; das Physisch-Tote ist geistdurchlässig. – «Blut ist ein ganz besonderer Saft», denn es ist so gegenüber dem Geiste, wie undurchsichtige Materie gegenüber dem Lichte ist; es läßt den Geist nicht durch, es behält ihn in sich. Nervensubstanz ist eigentlich auch eine ganz besondere Substanz. Sie ist wie durchsichtiges Glas gegenüber dem Lichte. Wie durchsichtiges Glas das Licht durchläßt, so läßt materiell physische Materie, auch Nervenmaterie, den Geist durch.

Sehen Sie, da haben Sie den Unterschied zwischen zwei Bestandteilen des Menschen: zwischen dem, was in ihm Mineral ist, was geistdurchlässig ist, und dem, was in ihm mehr tierisch, mehr organisch-lebendig ist, was den Geist aufhält in ihm, was den Geist veranlaßt, die Formen hervorzubringen, die den Organismus gestalten.

Nun folgt aber daraus für die Behandlung des Menschen allerlei. Wenn der Mensch, sagen wir, körperlich arbeitet, so bewegt er seine Glieder, das heißt, er schwimmt ganz und gar im Geiste herum. Das ist nicht der Geist, der sich in ihm schon gestaut hat; das ist der Geist, der draußen ist. Ob Sie Holz hacken, ob Sie gehen, wenn Sie nur Ihre Glieder bewegen, indem Sie Ihre Glieder zur Arbeit bewegen, zur nützlichen oder unnützlichen Arbeit bewegen, plätschern Sie fortwährend im Geiste herum, haben es fortwährend mit dem Geiste zu tun. Das ist sehr wichtig. Und wichtig ist ferner, sich zu fragen: Wenn wir nun geistig arbeiten, wenn wir denken oder lesen oder dergleichen, wie ist es dann? – Ja, da haben wir es mit dem Geistig-Seelischen zu tun, das in uns drinnen ist. Da plätschern nicht wir mit unseren Gliedern im Geiste, da arbeitet das Geistig-Seelische in uns und bedient sich fortwährend unseres Leiblichen, das heißt, es kommt ganz in uns in einem leiblich-körperlichen Prozeß zum Ausdruck. Da wird fortwährend drinnen durch dieses Stauen Materie in sich zurückgeworfen. Bei der geistigen Arbeit ist unser Leib in einer übermäßigen Tätigkeit; bei der körperlichen Arbeit ist dagegen unser Geist in einer übermäßigen Tätigkeit. Wir können nicht geistig-seelisch arbeiten, ohne daß wir fortwährend mit unserem Leib innerlich mitarbeiten. Wenn wir körperlich arbeiten, da ist höchstens, indem wir uns durch die Gedanken die Richtung zum Gehen geben, durch die Gedanken orientierend wirken, unser Geistig-Seelisches im Inneren beteiligt; aber das Geistig-Seelische von außen ist beteiligt. Wir arbeiten fortwährend in den Geist der Welt hinein. Wir verbinden uns fortwährend mit dem Geiste der Welt, indem wir körperlich arbeiten. Körperliche Arbeit ist geistig, geistige Arbeit ist leiblich, am und im Menschen. Dieses Paradoxon muß man sich aneignen und es verstehen, daß körperliche Arbeit geistig und geistige Arbeit leiblich ist im Menschen und am Menschen. Der Geist umspült uns, indem wir körperlich arbeiten. Die Materie ist bei uns tätig, rege, indem wir geistig arbeiten.

Diese Dinge muß man wissen in dem Augenblick, wo man verständnisvoll denken will über Arbeit, sei es nun geistige oder leibliche Arbeit, über Erholung und Ermüdung. Man kann nicht verständig denken über Arbeit und Erholung und Ermüdung, wenn man nicht das wirklich verständig durchschaut, was wir eben besprochen haben. Denn denken Sie einmal, meine lieben Freunde, ein Mensch arbeite zuviel mit seinen Gliedern, er arbeitet zuviel körperlich, was wird denn das für eine Folge haben? Das bringt ihn in eine zu große Verwandtschaft mit dem Geiste. Es umspült ihn ja der Geist fortwährend, wenn er körperlich arbeitet. Die Folge davon ist, daß der Geist über den Menschen eine zu große Gewalt gewinnt, der Geist, der von außen an den Menschen herankommt. Wir machen uns zu geistig, wenn wir zuviel körperlich arbeiten. Von außen machen wir uns zu geistig. Die Folge davon ist: wir müßen uns zu lange dem Geiste übergeben, das heißt, wir müssen zu lange schlafen. Arbeiten wir zuviel körperlich, so müssen wir zu lange schlafen. Und zu langer Schlaf fördert wiederum zu stark die leibliche Tätigkeit, die vom Brust-Bauchsystem ausgeht, die nicht vom Kopfsystem ausgeht. Sie wirkt zu stark das Leben anregend, wir werden zu fiebrig, zu heiß. Das Blut wallt zu sehr in uns, es kann nicht verarbeitet werden in seiner Tätigkeit im Leibe, wenn wir zuviel schlafen. Demnach erzeugen wir die Lust, zuviel zu schlafen, durch übermäßige körperliche Arbeit.

Aber die Trägen, die schlafen doch so gerne und schlafen so viel; woher kommt denn das? Ja, das kommt davon her, daß der Mensch eigentlich gar nicht die Arbeit unterlassen kann. Er kann sie gar nicht unterlassen. Der Träge hat seinen Schlaf nicht davon, weil er zuwenig arbeitet, denn der Träge muß ja auch den ganzen Tag seine Beine bewegen, und irgendwie fuchtelt er doch mit seinen Armen herum. Er tut auch etwas, der Träge; er tut eigentlich, äußerlich angeschaut, gar nicht weniger als der Fleißige, aber er tut es sinnlos. Der Fleißige wendet sich an die Außenwelt; er verbindet mit seinen Tätigkeiten einen Sinn. Und das ist der Unterschied. Sinnloses Sich-Betätigen, wie es der Träge tut, das ist dasjenige, was mehr zum Schlaf verleitet, als sinnvolles Sich-Betätigen. Denn sinnvolles Sich-Betätigen läßt uns nicht nur im Geiste herumplätschern, sondern indem wir uns sinnvoll bewegen mit unserer Arbeit, ziehen wir den Geist auch allmählich hinein. Indem wir die Hand ausstrecken zu sinnvoller Arbeit, verbinden wir uns mit dem Geiste, und der Geist braucht wiederum nicht zuviel unbewußt arbeiten im Schlafe, weil wir bewußt mit ihm arbeiten. Also nicht darauf kommt es an, daß der Mensch tätig ist, denn das ist auch der Träge, sondern darauf kommt es an, inwiefern der Mensch sinnvoll tätig ist. Sinnvoll tätig – diese Worte müssen uns auch schon durchdringen, indem wir Erzieher des Kindes werden. Wann ist der Mensch sinnlos tätig? Sinnlos tätig ist er, wenn er nur so tätig ist, wie es sein Leib erfordert. Sinnvoll tätig ist er, wenn er so tätig ist, wie es seine Umgebung erfordert, wie es nicht bloß sein eigener Leib erfordert. Darauf müssen wir beim Kinde Rücksicht nehmen. Wir können auf der einen Seite die äußere Leibestätigkeit des Kindes immer mehr und mehr überführen zu dem, was bloß nach dem Leiblichen hin liegt, nach dem physiologischen Turnen, wo wir bloß den Leib fragen: Welche Bewegungen sollen wir ausführen lassen? – Und wir können die äußere Bewegung des Kindes hinführen zu sinnvollen Bewegungen, zu sinndurchdrungenen Bewegungen, so daß es mit seinen Bewegungen nicht plätschert im Geiste, sondern dem Geiste in seinen Richtungen folgt. Dann entwickeln wir die Leibesbewegungen hinüber nach der Eurythmie. Je mehr wir bloß leiblich turnen lassen, desto mehr verleiten wir das Kind dazu, eine übermäßige Schlafsucht zu entfalten, eine übermäßige Tendenz nach der Verfettung zu entfalten. Je mehr wir abwechseln lassen dieses Hinüberschwingen nach dem Leiblichen – was wir natürlich nicht ganz vernachlässigen dürfen, weil der Mensch im Rhythmus leben muß –, je mehr wir dieses Hinüberschwingen nach dem Leibe wiederum zurückschwingen lassen nach dem sinnvollen Durchdrungensein der Bewegungen wie in der Eurythmie, wo jede Bewegung einen Laut ausdrückt, wo jede Bewegung einen Sinn hat: je mehr wir abwechseln lassen das Turnen mit der Eurythmie, desto mehr rufen wir Einklang hervor zwischen dem Schlaf- und Wachbedürfnis; desto normaler erhalten wir von der Willensseite her, von der Außenseite her das Leben auch des Kindes. Daß wir allmählich auch das Turnen bloß sinnlos gemacht haben, zu einer Tätigkeit, die bloß dem Leibe folgt, das war eine Begleiterscheinung des materialistischen Zeitalters. Daß wir es gar erhöhen wollen zum Sport, wo wir nicht bloß sinnlose Bewegungen, bedeutungslose, bloß vom Leibe hergenommene Bewegungen sich auswirken lassen, sondern auch noch den Widersinn, den Gegensinn hineinlegen – das entspricht dem Bestreben, den Menschen nicht nur bis zum materiell denkenden Menschen, sondern ihn herunterzuziehen bis zum viehisch empfindenden Menschen. Übertriebene Sporttätigkeit ist praktischer Darwinismus. Theoretischer Darwinismus heißt behaupten, der Mensch stamme vom Tier ab. Praktischer Darwinismus ist Sport und heißt, die Ethik aufstellen, den Menschen wiederum zum Tiere zurückzuführen.

Man muß diese Dinge heute in dieser Radikalität sagen, weil der heutige Erzieher sie verstehen muß, weil er sich nicht bloß zum Erzieher der ihm anvertrauten Kinder machen muß, sondern weil er auch sozial wirken soll, weil er zurückwirken soll auf die ganze Menschheit, damit nicht solche Dinge mehr und mehr aufkommen, welche eigentlich auf die Menschheit nach und nach wirklich vertierend wirken müssen. Das ist nicht falsche Askese, das ist etwas, was aus dem Objektiven der wirklichen Einsicht herausgeholt ist, und was durchaus so wahr ist wie irgendeine andere naturwissenschaftliche Erkenntnis.

Wie ist es denn mit der geistigen Arbeit? Mit der geistigen Arbeit, also mit Denken, Lesen und so weiter ist es so, daß sie fortwährend begleitet ist von leiblich-körperlicher Tätigkeit, von fortwährendem innerem Zerfall der organischen Materie, von Totwerden der organischen Materie. Wir haben daher, indem wir uns zuviel geistig-seelisch beschäftigen, zerfallende organische Materie in uns. Verbringen wir unseren Tag restlos nur in gelehrter Tätigkeit, so haben wir am Abend zuviel zerfallene Materie in uns, zerfallene organische Materie. Die wirkt in uns. Die stört uns den ruhigen Schlaf. Übertriebene geistig-seelische Arbeit zerstört ebenso den Schlaf, wie übertriebene körperliche Arbeit einen schlaftrunken macht. Aber wenn wir uns zu stark geistig-seelisch anstrengen, wenn wir Schwieriges lesen, so daß wir beim Lesen auch denken müssen – was ja bei den heutigen Menschen nicht gerade beliebt ist –, wenn wir also zuviel denkend lesen wollen, schlafen wir darüber ein. Oder wenn wir nicht dem wasserklaren Geschwafle der Volksredner oder anderer Leute zuhören, die nur das sagen, was man schon weiß, sondern wenn wir zuhören denjenigen Leuten, deren Worten man mit seinem Denken folgen muß, weil sie einem etwas sagen, was man noch nicht weiß, dann wird man müde und schlaftrunken. Es ist ja eine bekannte Erscheinung, daß die Menschen, wenn sie, weil es «sich so gehört», in Vorträge, in Konzerte gehen und nicht gewohnt sind, wirklich denkend und empfindend das zu erfassen, was ihnen geboten wird, beim ersten Ton oder beim ersten Wort einschlafen. Sie verschlummern oft den ganzen Vortrag oder das ganze Konzert, dem sie pflichtgemäß oder standesgemäß beigewohnt haben.

Nun, da ist wiederum ein Zweifaches vorhanden. Wie ein Unterschied ist zwischen der sinnvollen äußeren Tätigkeit und der sinnlosen äußeren Geschäftigkeit, so ist auch ein Unterschied zwischen der mechanisch verlaufenden inneren Denk- und Anschauungstätigkeit und zwischen der fortwährend mit Gefühlen begleiteten inneren Denk- und Anschauungstätigkeit. Wird unsere geistig-seelische Arbeit so getrieben, daß wir fortwährendes Interesse mit ihr verbinden, dann belebt das Interesse, belebt die Aufmerksamkeit unsere Brusttätigkeit und läßt die Nerven nicht im Übermaße absterben. Je mehr Sie bloß dahinlesen, je weniger Sie sich bemühen, das Gelesene in sich mit tiefgehendem Interesse aufzunehmen, desto mehr fördern Sie das Absterben Ihrer inneren Materie. Je mehr sie mit Interesse, mit Wärme alles verfolgen, desto mehr fördern Sie die Bluttätigkeit, das Lebendig-erhaltenwerden der Materie, desto mehr verhindern Sie auch, daß Ihnen die geistige Tätigkeit den Schlaf stört. Wenn man dem Examen entgegenbüffeln muß – man kann auch ochsen sagen, je nach dem Klima –, nimmt man eben viel auf gegen das Interesse. Denn würde man nur nach seinem Interesse aufnehmen, dann würde man – nach den heutigen Zeitverhältnissen mindestens – durchfallen. Die Folge ist, daß einem das Büffeln oder Ochsen zum Examen den Schlaf zerstört, daß es in unser normales Menschendasein Unordnung hineinbringt. Das muß insbesondere bei Kindern beachtet werden. Daher ist es bei Kindern am allerbesten, und es wird dem Ideal der Erziehung am meisten entsprechen, wenn wir überhaupt das sich aufstauende Lernen, das immer vor dem Examen getrieben wird, ganz weglassen, das heißt, die Examina ganz weglassen; wenn das Ende des Schuljahres geradeso verläuft wie der Anfang. Wenn wir uns als Lehrer die Verpflichtung auferlegen, uns zu sagen: Wozu soll denn das Kind geprüft werden? Ich habe das Kind ja immer vor Augen gehabt und weiß ganz gut, was es weiß oder nicht weiß. – Natürlich kann das unter den heutigen Verhältnissen vorläufig bloß ein Ideal sein, wie ich Sie überhaupt bitte, nicht Ihre Rebellennatur zu stark nach außen zu kehren. Kehren Sie zunächst dasjenige, was Sie vorzubringen haben gegen unsere gegenwärtige Kultur, wie Stacheln nach innen, damit Sie langsam dahin wirken – denn auf diesem Gebiet können wir nur langsam wirken –, daß die Menschen anders denken lernen, dann werden auch die äußeren sozialen Verhältnisse in andere Formen eintreten, als sie jetzt sind.

Aber man muß alles im Zusammenhang denken. Man muß wissen, daß Eurythmie, von Sinn durchzogene äußere Tätigkeit, Vergeistigen der körperlichen Arbeit, und Interessantmachen des Unterrichts in nicht banaler Weise, Beleben – wörtlich genommen –, Beleben, Durchbluten der intellektuellen Arbeit ist.

Wir müssen die Arbeit nach außen vergeistigen; wir müssen die Arbeit nach innen, die intellektuelle Arbeit, durchbluten! Denken Sie über diese zwei Sätze nach, dann werden Sie sehen, daß der erstere eine bedeutsame erzieherische und auch eine bedeutsame soziale Seite hat; daß der letztere eine bedeutsame erzieherische und auch eine bedeutsame hygienische Seite hat.

Wenn wir den Menschen in der Art betrachten, wie wir das bisher zur Ausbildung einer wirklichen pädagogischen Kunst getan haben, dann fällt uns ja durch das Allerverschiedenste auch die äußere leibliche Dreigliederung des Menschen in die Augen. Wir unterscheiden deutlich alles dasjenige, was mit der Kopfbildung, der Kopfgestaltung des Menschen zusammenhängt, von dem, was mit der Brustbildung und Rumpfbildung überhaupt zusammenhängt, und wiederum von dem, was mit der Gliedmaßenbildung zusammenhängt, wobei wir uns aber allerdings vorzustellen haben, daß die Gliedmaßenbildung viel komplizierter ist, als man sich gewöhnlich vorstellt, weil das, was in den Gliedmaßen veranlagt ist und, wie wir gesehen haben, eigentlich von außen nach innen gebildet ist, sich in das Innere des Menschen fortsetzt, und wir daher beim Menschen zu unterscheiden haben dasjenige, was von innen nach außen gebaut ist und dasjenige, was von außen nach innen gewissermaßen in den menschlichen Leib hineingeschoben ist.

Wenn wir diese Dreigliederung des menschlichen Leibes ins Auge fassen, dann wird es uns ganz besonders deutlich werden, wie das Haupt, der Kopf des Menschen, ein ganzer Mensch schon ist, ein aus der Tierreihe heraufgehobener ganzer Mensch.

Wir haben am Kopfe den eigentlichen Kopf. Wir haben am Kopf den Rumpf: das ist alles dasjenige, was zur Nase gehört. Und wir haben am Kopf den Gliedmaßenteil, der sich in die Leibeshöhle fortsetzt: das ist alles dasjenige, was den Mund umschließt. So daß wir am menschlichen Haupte sehen können, wie da der ganze Mensch leiblich vorhanden ist. Nur ist die Brust des Kopfes schon verkümmert. Sie ist so verkümmert, daß gewissermaßen alles, was zur Nase gehört, nur noch undeutlich erkennen läßt, wie es mit dem Lungenartigen zusammenhängt. Aber es hängt dasjenige, was zur Nase gehört, mit dem Lungenartigen zusammen. Es ist gewissermaßen diese menschliche Nase etwas wie eine metamorphosierte Lunge.

Sie gestaltet daher auch den Atmungsprozeß so um, daß sie ihn mehr nach dem Physischen hin ausbildet. Daß Sie die Lunge vielleicht als weniger geistig ansehen als die Nase, das ist ein Irrtum. Die Lunge ist kunstvoller gebaut. Sie ist mehr vom Geistigen, wenigstens vom Seelischen durchdrungen als die Nase, die eigentlich, wenn man die Sache wirklich richtig auffaßt, mit einer großen Unverschämtheit sich nach außen hin in das menschliche Antlitz stellt, während die Lunge ihr Dasein, trotzdem sie seelischer ist als die Nase, viel keuscher verbirgt.

Verwandt mit allem, was dem Stoffwechsel, was der Verdauung und Ernährung angehört und sich aus den Gliedmaßenkräften in den Menschen herein fortsetzt, verwandt mit alledem ist dasjenige, was zum menschlichen Munde gehört, der ja auch seine Verwandtschaft mit der Ernährung und mit alledem, was zu den menschlichen Gliedmaßen gehört, nicht verleugnen kann. So ist das Haupt, der Kopf des Menschen ein ganzer Mensch, bei dem nur das Nichtkopfliche verkümmert ist. Brust und Unterleib sind am Kopfe, aber sie sind am Kopfe verkümmert.

Wenn wir im Gegensatz dazu den Gliedmaßenmenschen ansehen, so ist der in alledem, was er uns äußerlich darbietet, in seiner äußerlichen gestaltlichen Bildung im wesentlichen die Umgestaltung der beiden Kinnladen des Menschen, der oberen und unteren Kinnlade. Was unten und oben Ihren Mund einschließt, das ist, nur verkümmert, dasjenige, was Ihre Beine und Füße und Ihre Arme und Hände sind. Nur müssen Sie sich die Sache richtig gelagert denken. Sie können nun sagen: Wenn ich mir nun vorstelle, daß meine Arme und Hände seien obere Kinnlade, meine Beine und Füße untere Kinnlade, dann muß ich die Frage aufwerfen: Ja, wohin richtet sich denn dasjenige, was in diesen Kinnladen ausgesprochen ist? Wo beißt es denn? Wo ist denn der Mund? – Und da müssen Sie sich die Antwort erteilen: Da, wo Ihr Oberarm auf Ihrem Leib aufsitzt, und da, wo Ihre Oberbeine, die Oberschenkelknochen an Ihrem Leibe aufsitzen. So daß, wenn Sie sich vorstellen wollen, das sei der menschliche Rumpf (es wird gezeichnet), so müssen Sie sich vorstellen, da draußen irgendwo sei das eigentliche Haupt; es öffne nach der oberen Seite den Mund und es öffne nach der unteren Seite den Mund, so daß Sie sich vorstellen können eine merkwürdige Tendenz dieses unsichtbaren Kopfes, der seine Kiefer nach Ihrer Brust und nach Ihrem Bauche hin öffnet.

Was tut denn dieser unsichtbare Kopf? Er frißt Sie ja fortwährend, er sperrt sein Maul gegen Sie auf. Und hier haben Sie in der äußeren Gestalt ein wunderbares Bild des Tat-

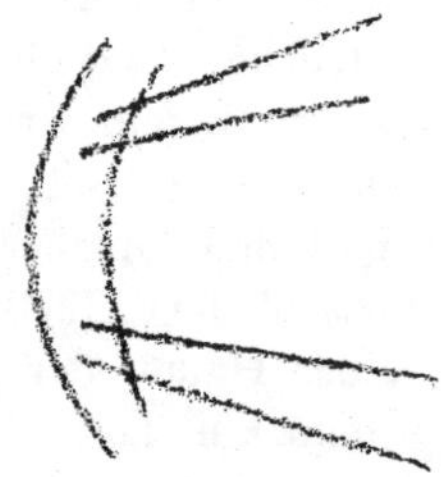

sächlichen. Während der richtige Kopf des Menschen ein leiblich-materieller Kopf ist, ist der Kopf, der zu den Gliedmaßen dazugehört, der geistige Kopf. Aber er wird ein Stückchen materiell, damit er fortwährend den Menschen verzehren kann. Und im Tode, wenn der Mensch stirbt, hat er ihn ganz aufgezehrt. Das ist in der Tat der wunderbare Prozeß, daß unsere Gliedmaßen so gebaut sind, daß sie uns fortwährend aufessen. Wir schlüpfen fortwährend mit unserem Organismus in den aufgesperrten Mund unserer Geistigkeit hinein. Das Geistige verlangt von uns fortwährend das Opfer unserer Hingabe. Und auch in unserer Leibesgestaltung ist dieses Opfer unserer Hingabe ausgedrückt. Wir verstehen die menschliche Gestalt nicht, wenn wir nicht dieses Opfer der Hingabe an den Geist schon ausgedrückt finden in der Beziehung der menschlichen Glieder zu dem übrigen menschlichen Leib. So daß wir sagen können: Kopf- und Gliedmaßennatur des Menschen sind entgegengesetzt, und die Brust- oder Rumpfnatur des Menschen, die in der Mitte liegt, ist in gewisser Beziehung dasjenige, was zwischen diesen beiden Gegensätzen die Waage hält.

In der Brust des Menschen ist in der Tat ebensoviel Kopf- wie Gliedmaßennatur. Gliedmaßennatur und Kopfnatur vermischen sich miteinander in der Brustnatur. Die Brust hat nach oben hin fortwährend die Anlage, Kopf zu werden und nach unten hin fortwährend die Anlage, den entgegengestreckten Gliedmaßen, der Außenwelt, sich anzuorganisieren, sich anzupassen, also, mit anderen Worten, Gliedmaßennatur zu werden. Der obere Teil der Brustnatur hat fortwährend die Tendenz, Kopf zu werden, der untere Teil hat fortwährend die Tendenz, Gliedmaßenmensch zu werden. Also der obere Teil des menschlichen Rumpfes will fortwährend Kopf werden, er kann es nur nicht. Der andere Kopf verhindert ihn daran. Daher bringt er nur fortwährend ein Abbild des Kopfes hervor, man möchte sagen, etwas, was ausmacht den Beginn der Kopfbildung. Können wir nicht deutlich erkennen, wie im oberen Teil der Brustbildung der Ansatz gemacht wird zur Kopfbildung? Ja, da ist der Kehlkopf da, der ja aus der naiven Sprache heraus sogar Kehlkopf genannt wird. Der Kehlkopf des Menschen ist ganz und gar ein verkümmertes Haupt des Menschen, ein Kopf, der nicht ganz Kopf werden kann und der daher seine Kopfesnatur auslebt in der menschlichen Sprache. Die menschliche Sprache ist der fortwährend vom Kehlkopf in der Luft unternommene Versuch, Kopf zu werden. Wenn der Kehlkopf versucht, der oberste Teil des Kopfes zu werden, da kommen zum Vorschein diejenigen Laute, welche deutlich zeigen, daß sie am stärksten von der menschlichen Natur zurückgehalten werden. Wenn der menschliche Kehlkopf versucht, Nase zu werden, da kann er nicht Nase werden, weil ihn die wirklich vorhandene Nase daran verhindert. Aber er bringt hervor in der Luft den Versuch, Nase zu werden, in den Nasenlauten. Die vorhandene Nase staut also die Luftnase, die da entstehen will, in den Nasenlauten. Es ist außerordentlich bedeutungsvoll, wie der Mensch, indem er spricht, fortwährend in der Luft den Versuch macht, Stücke von einem Kopf hervorzubringen, und wie sich wiederum diese Stücke von dem Kopf in welligen Bewegungen fortsetzen, die sich dann stauen an dem leiblich ausgebildeten Kopf. Da haben Sie dasjenige, was die menschliche Sprache ist.

Sie werden sich daher nicht wundern, daß in dem Augenblick, wo der Kopf gewissermaßen leiblich fertig geworden ist, so gegen das siebente Jahr hin, mit dem Zahnwechsel dann schon die Gelegenheit geboten ist, den seelischen Kopf, der aus dem Kehlkopf hervorgetrieben wird, mit einer Art von Knochensystem zu durchsetzen. Es muß nur ein seelisches Knochensystem sein. Das tun wir, indem wir nicht mehr bloß wild durch Nachahmung die Sprache entwickeln, sondern indem wir angehalten werden, die Sprache durch das Grammatikalische zu entwickeln. Haben wir doch, meine lieben Freunde, das Bewußtsein, daß wir, wenn das Kind uns zur Volksschule übergeben wird, seelisch bei ihm eine ähnliche Tätigkeit auszuüben haben wie der Leib ausgeübt hat, indem er die zweiten Zähne in diese Organisation hineingetrieben hat! So machen wir fest, aber nur seelisch fest, die Sprachbildung, indem wir in vernünftiger Weise das Grammatikalische hineinbringen: dasjenige, was aus der Sprache hineinwirkt in Schreiben und Lesen. Wir werden zu dem menschlichen Sprechen das richtige Gemütsverhältnis bekommen, wenn wir wissen, daß die Worte, die der Mensch formt, in der Tat veranlagt sind, Haupt zu werden.

Nun, so wie der menschliche Brustteil nach oben die Tendenz hat, Haupt zu werden, so hat er nach unten die Tendenz, Gliedmaßen zu werden. So wie dasjenige, was als Sprache aus dem Kehlkopf hervorgeht, ein verfeinerter Kopf ist, ein noch luftig gebliebener Kopf, so ist alles dasjenige, was nach unten von dem Brustwesen des Menschen ausgeht und sich nach den Gliedmaßen hin organisiert, vergröberte Gliedmaßennatur. Verdichtete, vergröberte Gliedmaßennatur ist dasjenige, was die Außenwelt gewissermaßen in den Menschen schiebt. Und wenn einmal die Naturwissenschaft dazu kommen wird, das Geheimnis zu ergründen, wie Hände und Füße, Arme und Beine vergröbert und mehr nach innen geschoben sind in den Menschen, als sie nach außen hervortreten, dann wird diese Naturwissenschaft das Rätsel der Sexualität erkundet haben.

Und dann wird der Mensch erst den richtigen Ton finden, über so etwas zu sprechen. Es ist daher gar nicht zu verwundern, daß all das Gerede, das heute getrieben wird über die Art, wie sexuelle Aufklärung gepflogen werden soll, ziemlich wesenlos ist. Denn man kann nicht gut dasjenige erklären, was man selber nicht versteht. Was die Wissenschaft der Gegenwart ganz und gar nicht versteht, das ist dasjenige, was nur angedeutet wird, wenn man so den Gliedmaßenmenschen im Zusammenhang mit dem Rumpfmenschen charakterisiert, wie ich es eben getan habe. Aber man muß dann wissen, daß eben so, wie man gewissermaßen in den ersten Volksschuljahren dasjenige in das Seelische hineingeschoben hat, was sich in die Zahnnatur hineindrängt vor dem siebenten Lebensjahre, so hat man in den letzten Jahren der Volksschule alles dasjenige, was aus der Gliedmaßennatur stammt, und was erst nach der Geschlechtsreife voll zum Ausdruck kommt, hineingeschoben in das kindliche Seelenleben.

Und so wie sich anzeigt in der Fähigkeit, Schreiben und Lesen zu lernen in den ersten Schuljahren, das seelische Zahnen, so kündigt sich an in alledem, was Phantasietätigkeit ist und was von innerer Wärme durchzogen ist, alles dasjenige, was die Seele entwickelt am Ende der Volksschuljahre vom zwölften, dreizehnten, vierzehnten und fünfzehnten Lebensjahre an. Da tritt ganz besonders hervor alles dasjenige, was an seelischen Fähigkeiten darauf angewiesen ist, von innerer seelischer Liebe durchströmt zu werden, das heißt also dasjenige, was als Phantasiekraft sich zum Ausdruck bringt. Die Kraft der Phantasie, an sie müssen wir appellieren insbesondere in den letzten Jahren des Volksschulunterrichts. Wir dürfen dem Kinde viel mehr zumuten, wenn es durch das siebente Jahr in die Volksschule eintritt, an Schreiben und Lesen die Intellektualität zu entwickeln, als wir unterlassen dürfen, in die herankommende Urteilskraft – denn die Urteilskraft kommt dann langsam heran vom zwölften Jahr ab – die Phantasie fortwährend hineinzubringen. Die Phantasie des Kindes anregend, so müssen wir an das Kind heranbringen alles dasjenige, was es in diesen Jahren lernen muß; so müssen wir an das Kind alles heranbringen, was zum geschichtlichen, zum geographischen Unterricht gehört.

Und auch dann appellieren wir ja eigentlich an die Phantasie, wenn wir zum Beispiel dem Kinde beibringen: Sieh, du hast gesehen die Linse, die Sammellinse, welche das Licht ansammelt; solch eine Linse hast du in deinem Auge. Du kennst die Dunkelkammer, in der äußere Gegenstände abgebildet werden; solch eine Dunkelkammer ist dein Auge. – Auch da, wenn wir zeigen, wie hineingebaut ist die äußere Welt durch die Sinnesorgane in den menschlichen Organismus, auch da appellieren wir eigentlich an die Phantasie des Kindes. Denn dasjenige, was da hineingebaut ist, es wird ja nur in seiner äußeren Totheit gesehen, wenn wir es aus dem Körper herausnehmen; das können wir ja am lebenden Körper nicht sehen.

Ebenso muß der ganze Unterricht, der dann erteilt wird in bezug auf Geometrie, sogar in bezug auf Arithmetik, nicht unterlassen, an die Phantasie zu appellieren. Wir appellieren an die Phantasie, wenn wir uns immer bemühen, so wie wir es versucht haben im praktisch-didaktischen Teil, dem Kinde Flächen nicht nur für den Verstand begreiflich zu machen, sondern die Flächennatur wirklich so begreiflich zu machen, daß das Kind seine Phantasie anwenden muß selbst in der Geometrie und Arithmetik. Deshalb sagte ich gestern, ich wunderte mich, daß niemand darauf gekommen ist, den pythagoreischen Lehrsatz auch so zu erklären, daß er gesagt hätte: Nehmen wir an, da wären drei Kinder. Das eine Kind hat so viel Staub zu blasen, daß das eine der Quadrate mit Staub überdeckt ist; das zweite Kind hat so viel Staub zu blasen, daß das zweite Quadrat mit Staub bedeckt ist und das dritte so viel, daß das kleine Quadrat mit Staub überdeckt ist. Da würde man dann der Phantasie des Kindes nachhelfen, indem man ihm zeigte: die große Fläche, die muß mit so viel Staub bepustet werden, daß der Staub, der zu der kleinsten Fläche und der, der zur größeren Fläche gehört, ganz gleich ist dem Staub, der in der ersten Fläche ist. Da würde dann, wenn auch nicht mit mathematischer Genauigkeit, aber mit phantasievoller Gestaltung, das Kind seine Auffassekraft in den ausgepusteten Staub hineinbringen. Es würde die Fläche verfolgen mit seiner Phantasie. Es würde den pythagoreischen Lehrsatz durch den fliegenden und sich setzenden Staub, der auch noch quadratförmig gepustet werden müßte – das kann natürlich nicht in Wirklichkeit geschehen, die Phantasie muß angestrengt werden –, es würde das Kind mit der Phantasie den pythagoreischen Lehrsatz begreifen.

So muß man fortwährend darauf Rücksicht nehmen, daß insbesondere in diesen Jahren noch anregend ausgebildet werden muß, was, die Phantasie gebärend, von dem Lehrer auf den Schüler übergeht. Der Lehrer muß in sich selber lebendig erhalten den Unterrichtsstoff, muß ihn mit Phantasie durchdringen. Das kann man nicht anders, als indem man ihn durchdringt mit gefühlsmäßigem Willen. Das wirkt manchmal noch in späteren Jahren ganz merkwürdig. Was gesteigert werden muß in den letzten Volksschulzeiten, was ganz besonders wichtig ist, das ist das Zusammenleben, das ganz zusammenstimmende Leben zwischen dem Lehrer und den Schülern. Daher wird keiner ein guter Volksschullehrer werden, der nicht sich immer wiederum bemüht, phantasievoll seinen ganzen Lehrstoff zu gestalten, immer neu und neu seinen Lehrstoff zu gestalten. Denn in der Tat, es ist so: wenn man dasjenige, was man einmal phantasievoll gestaltet hat, nach Jahren genau so wiedergibt, dann ist es verstandesmäßig eingefroren. Die Phantasie muß notwendig fortwährend lebendig erhalten werden, sonst frieren ihre Produkte verstandesmäßig ein.

Das aber wirft ein Licht auf die Art, wie der Lehrer selber sein muß. Er darf in keinem Momente seines Lebens versauern. Und zwei Begriffe gibt es, die nie zusammenpassen, wenn das Leben gedeihen soll, das ist Lehrerberuf und Pedanterie. Wenn jemals im Leben zusammenkommen würden Lehrerberuf und Pedanterie, so gäbe diese Ehe ein größeres Unheil, als sonst irgendwie im Leben entstehen könnte. Ich glaube nicht, meine lieben Freunde, daß man das Absurde anzunehmen hat, daß jemals im Leben sich vereinigt haben Lehrerberuf und Pedanterie!

Sie sehen daraus auch, daß es eine gewisse innere Moralität des Unterrichtens gibt, eine innere Verpflichtung des Unterrichtens. Ein wahrer kategorischer Imperativ für den Lehrer! Und dieser kategorische Imperativ für den Lehrer ist der: Halte deine Phantasie lebendig. Und wenn du fühlst, daß du pedantisch wirst, dann sage: Pedanterie mag für die anderen Menschen ein Übel sein – für mich ist es eine Schlechtigkeit, eine Unmoral! – Das muß Gesinnung für den Lehrer werden. Wenn es nicht Gesinnung für den Lehrer wird, dann, meine lieben Freunde, dann müßte eben der Lehrer daran denken, dasjenige, was er für den Lehrerberuf sich erworben hat, für einen anderen Beruf im Leben nach und nach anwenden zu lernen. Natürlich können diese Dinge im Leben nicht dem vollen Ideal gemäß durchgeführt werden, aber man muß das Ideal doch kennen.

Sie werden aber nicht den richtigen Enthusiasmus für diese pädagogische Moral gewinnen, wenn Sie sich nicht durchdringen lassen wiederum von Fundamentalem: von der Erkenntnis, wie schon der Kopf selber ein ganzer Mensch ist, dessen Gliedmaßen und Brust nur verkümmert sind; wie jedes Glied des Menschen ein ganzer Mensch ist, nur daß beim Gliedmaßenmenschen der Kopf ganz verkümmert ist und im Brustmenschen Kopf und Gliedmaßen sich das Gleichgewicht halten. Wenn Sie dieses Fundamentale anwenden, dann bekommen Sie aus diesem Fundamentalen heraus jene innere Kraft, die Ihnen durchdringen kann Ihre pädagogische Moral mit dem nötigen Enthusiasmus.

Dasjenige, was der Mensch als Intellektualität ausbildet, das hat einen starken Hang, träge, faul zu werden. Und es wird am faulsten, wenn der Mensch es nur immer fort und fort speist mit materialistischen Vorstellungen. Es wird aber beflügelt, wenn der Mensch es speist mit aus dem Geiste gewonnenen Vorstellungen. Die bekommen wir aber nur in unsere Seele hinein auf dem Umweg durch die Phantasie.

Was hat die zweite Hälfte des 19. Jahrhunderts gewettert gegen das Hereindringen der Phantasie in das Unterrichtswesen! Wir haben in der ersten Hälfte des 19. Jahrhunderts solche leuchtende Gestalten wie zum Beispiel *Schelling;* Menschen, die auch in Pädagogik gesunder gedacht haben. Lesen Sie die schöne, anregende Ausführung Schellings über die Methode des akademischen Studiums – was allerdings nicht für die Volksschule, was für die höhere Schule ist –, worin aber der Geist der Pädagogik von der ersten Hälfte des 19. Jahrhunderts lebt. Er ist dann im Grunde genommen in einer etwas maskierten Form in der zweiten Hälfte des 19. Jahrhunderts begeifert worden, wo man alles dasjenige verschimpfte, was irgendwie auf dem Umweg durch die Phantasie in die menschliche Seele einziehen will, weil man feige geworden war in bezug auf das seelische Leben, weil man glaubte, in dem Augenblick, wo man sich irgendwie der Phantasie hingibt, werde man gleich der Unwahrheit in die Arme fallen. Man hatte nicht den Mut, selbständig zu sein, frei zu sein im Denken und dennoch der Wahrheit sich zu vermählen statt der Unwahrheit. Man fürchtete, sich frei zu bewegen im Denken, weil man glaubte, dann würde man gleich die Unwahrheit in seine Seele aufnehmen. So muß der Lehrer zu dem, was ich eben gesagt habe, zu dem phantasievollen Durchdringen seines Unterrichtsstoffes, hinzufügen Mut zur Wahrheit. Ohne diesen Mut zur Wahrheit kommt er mit seinem Willen im Unterrichte, insbesondere bei den größer gewordenen Kindern, nicht aus. Das, meine lieben Freunde, was sich als Mut zur Wahrheit entwickelt, muß aber auch gepaart sein auf der anderen Seite mit einem starken Verantwortlichkeitsgefühl gegenüber der Wahrheit.

Phantasiebedürfnis, Wahrheitssinn, Verantwortlichkeitsgefühl, das sind die drei Kräfte, die die Nerven der Pädagogik sind. Und wer Pädagogik in sich aufnehmen will, der schreibe sich vor diese Pädagogik als Motto:

Durchdringe dich mit Phantasiefähigkeit,

habe den Mut zur Wahrheit,

schärfe dein Gefühl für seelische Verantwortlichkeit.

ANHANG

Ansprache am Vorabend des Kurses
Stuttgart, 20. August 1919

Heute Abend soll nur etwas Präliminarisches gesagt werden. Die Waldorfschule muß eine wirkliche Kulturtat sein, um eine Erneuerung unseres Geisteslebens der Gegenwart zu erreichen. Wir müssen mit Umwandlung in allen Dingen rechnen; die ganze soziale Bewegung geht ja zuletzt auf Geistiges zurück (die soziale Bewegung ist zuletzt aufs Geistige zurückgeworfen), und die Schulfrage ist ein Unterglied der großen geistigen brennenden Fragen der Gegenwart. Die Möglichkeit der Waldorfschule muß dabei ausgenützt werden, um reformierend, revolutionierend im Schulwesen zu wirken.

Das Gelingen dieser Kulturtat ist in Ihre Hand gegeben. Viel ist damit in Ihre Hand gegeben, um, ein Muster aufstellend, mitzuwirken. Viel hängt davon ab, daß diese Tat gelingt. Die Waldorfschule wird ein praktischer Beweis sein für die Durchschlagskraft der anthroposophischen Weltorientierung. Sie wird eine Einheitsschule sein in dem Sinne, daß sie lediglich darauf Rücksicht nimmt, so zu erziehen und zu unterrichten, wie es der Mensch, wie es die menschliche Gesamtwesenheit erfordert. Alles müssen wir in den Dienst dieses Zieles stellen.

Aber wir haben es nötig, Kompromisse zu schließen. Kompromisse sind notwendig, denn wir sind noch nicht so weit, um eine wirklich freie Tat zu vollbringen. Schlechte Lehrziele, schlechte Abschlußziele werden uns vom Staat vorgeschrieben. Diese Ziele sind die denkbar schlechtesten, und man wird sich das denkbar Höchste auf sie einbilden. Die Politik, die politische Tätigkeit von jetzt wird sich dadurch äußern, daß sie den Menschen schablonenhaft behandeln wird, daß sie viel weitergehend als jemals versuchen wird, den Menschen in Schablonen einzuspannen. Man wird den Menschen behandeln wie einen Gegenstand, der an Drähten gezogen werden muß, und wird sich einbilden, daß das einen denkbar größten Fortschritt bedeutet. Man wird unsachgemäß und möglichst hochmütig solche Dinge einrichten, wie es Erziehungsanstalten sind. Ein Beispiel und Vorgeschmack davon ist die Konstruktion der russischen bolschewistischen Schulen, die eine wahre Begräbnisstätte sind für alles wirkliche Unterrichtswesen. Wir werden einem harten Kampf entgegengehen, und müssen doch diese Kulturtat tun.

Zwei widersprechende Kräfte sind dabei in Einklang zu bringen. Auf der einen Seite müssen wir wissen, was unsere Ideale sind, und müssen doch noch die Schmiegsamkeit haben, uns anzupassen an das, was weit abstehen wird von unseren Idealen. Wie diese zwei Kräfte in Einklang zu bringen sind, das wird schwierig sein für jeden einzelnen von Ihnen. Das wird nur zu erreichen sein, wenn jeder seine volle Persönlichkeit einsetzt. Jeder muß seine volle Persönlichkeit einsetzen von Anfang an.

Deshalb werden wir die Schule nicht regierungsgemäß, sondern verwaltungsgemäß einrichten und sie republikanisch verwalten. In einer wirklichen Lehrer-Republik werden wir nicht hinter uns haben Ruhekissen, Verordnungen, die vom Rektorat kommen, sondern wir müssen hineintragen (in uns tragen) dasjenige, was uns die Möglichkeit gibt, was jedem von uns die volle Verantwortung gibt für das, was wir zu tun haben. Jeder muß selbst voll verantwortlich sein.

Ersatz für eine Rektoratsleitung wird geschaffen werden können dadurch, daß wir diesen Vorbereitungskurs einrichten und hier dasjenige arbeitend aufnehmen, was die Schule zu einer Einheit macht. Wir werden uns das Einheitliche erarbeiten durch den Kurs, wenn wir recht ernstlich arbeiten.

Für den Kurs ist anzukündigen, daß er enthalten wird:

erstens eine fortlaufende Auseinandersetzung über allgemeinpädagogische Fragen;

zweitens eine Auseinandersetzung über speziell-methodische Fragen der wichtigsten Unterrichtsgegenstände;

drittens eine Art seminaristisches Arbeiten innerhalb dessen, was unsere Lehraufgaben sein werden. Solche Lehraufgaben werden wir ausarbeiten und in Disputationsübungen zur Geltung bringen.

An jedem Tag werden wir vormittags das mehr Theoretische haben und nachmittags dann das Seminaristische.

Wir werden also morgen um 9 Uhr beginnen mit der allgemeinen Pädagogik, haben dann um 1/2 11 die speziell-methodische Unterweisung und am Nachmittag von 3 bis 6 Uhr die seminaristischen Übungen.

Wir müssen uns voll bewußt sein, daß eine große Kulturtat nach jeder Richtung hin getan werden soll.

Wir wollen hier in der Waldorfschule keine Weltanschauungsschule einrichten. Die Waldorfschule soll keine Weltanschauungsschule sein, in der wir die Kinder möglichst mit anthroposophischen Dogmen vollstopfen. Wir wollen keine anthroposophische Dogmatik lehren, Anthroposophie ist kein Lehrinhalt, aber wir streben hin auf praktische Handhabung der Anthroposophie. Wir wollen umsetzen dasjenige, was auf anthroposophischem Gebiet gewonnen werden kann, in wirkliche Unterrichtspraxis.

Auf den Lehrinhalt der Anthroposophie wird es viel weniger ankommen als auf die praktische Handhabung dessen, was in pädagogischer Richtung im allgemeinen und im speziell-Methodischen im besonderen aus Anthroposophie werden kann, wie Anthroposophie in Handhabung des Unterrichts übergehen kann.

Die religiöse Unterweisung wird in den Religionsgemeinschaften erteilt werden. Die Anthroposophie werden wir nur betätigen in der Methodik des Unterrichts. Wir werden also die Kinder an die Religionslehrer nach den Konfessionen verteilen.

Das ist der andere Teil des Kompromisses. Durch berechtigte Kompromisse beschleunigen wir unsere Kulturtat.

Wir müssen uns bewußt sein der großen Aufgaben. Wir dürfen nicht bloß Pädagogen sein, sondern wir werden Kulturmenschen im höchsten Grade, im höchsten Sinne des Wortes sein müssen. Wir müssen lebendiges Interesse haben für alles, was heute in der Zeit vor sich geht, sonst sind wir für diese Schule schlechte Lehrer. Wir dürfen uns nicht nur einsetzen für unsere besonderen Aufgaben. Wir werden nur dann gute Lehrer sein, wenn wir lebendiges Interesse haben für alles, was in der Welt vorgeht. Durch das Interesse für die Welt müssen wir erst den Enthusiasmus gewinnen, den wir gebrauchen für die Schule und für unsere Arbeitsaufgaben. Dazu sind nötig Elastizität des Geistigen und Hingabe an unsere Aufgabe.

Nur aus dem können wir schöpfen, was heute gewonnen werden kann, wenn Interesse zugewendet wird

erstens der großen Not der Zeit,

zweitens den großen Aufgaben der Zeit, die man sich beide nicht groß genug vorstellen kann.

ANMERKUNGEN ZU DIESER AUSGABE

(GA = Rudolf Steiner Gesamtausgabe)

Textgrundlagen: Zur Textgestaltung dieser Ausgabe des Kurses wurden folgende Unterlagen berücksichtigt:
- die Maschinenübertragung der stenographischen Nachschrift; das Stenogramm selbst ist nicht mehr vorhanden;
- eine spätere hektographierte Vervielfältigung, die einige Ergänzungen aus den Nachschriften der Teilnehmer enthält;
- die erste Druckauflage 1932, insofern weitere wesentliche Ergänzungen aus den Nachschriften der Teilnehmer aufgenommen worden sind.

In der Gestaltung der Sätze jedoch wurde nach Möglichkeit der ursprüngliche Duktus des gesprochenen Wortes wieder hergestellt.

Die Wandtafelzeichnungen Rudolf Steiners wurden jeweils nach der Kursstunde ausgelöscht. Den Zeichnungen dieser Ausgabe liegen als Vorlage die Nachzeichnungen zugrunde, die sich die Teilnehmer in ihre Notizhefte gemacht hatten.

Notizen und Aufzeichnungen Rudolf Steiners zu den Stuttgarter Lehrerkursen sind abgedruckt in «Beiträge zur Rudolf Steiner Gesamtausgabe», Heft 31, Michaeli 1970 (Rudolf Steiner Verlag).

Werke Rudolf Steiners innerhalb der Gesamtausgabe (GA) werden in den Hinweisen mit der Bibliographie-Nummer angegeben. Siehe auch die Übersicht am Schluß des Bandes.

zu Seite

9 *in seiner Ansprache zur Eröffnungsfeier:* am 7. September 1919. Der Wortlaut der Rede ist abgedruckt in «Rudolf Steiner in der Waldorfschule», GA Bibl.-Nr. 298.

18 *unserem lieben Herrn Molt:* Emil Molt, 1876–1936. Inhaber der Waldorf-Astoria Zigaretten-Fabrik. Als solcher gründete er die Waldorfschule, die zunächst für die Kinder der Angestellten und Arbeiter der Fabrik gedacht war. Er bat Rudolf Steiner, Einrichtung und Leitung der Schule zu übernehmen.

Nach den Dankesworten Rudolf Steiners sagte Emil Molt: «Wenn ich in diesem feierlichen Augenblick das Wort nehmen darf, so geschieht es, um den herzlichen Dank auszudrücken dafür, daß es mir vergönnt war, diesen Moment hier zu erleben, und daß ich geloben will, was in meiner schwachen Kraft liegt, mitzuwirken an diesem großen Werke, das wir heute beginnen.»

30 *Herbartsche Pädagogik und Psychologie:* Johann Friedrich Herbart, 1776–1841. «Allgemeine Pädagogik» (1806); «Lehrbuch zur Psychologie» (1816); «Umriß pädagogischer Vorlesungen» (1835).

31 *Cogito, ergo sum:* René Descartes (Renatus Cartesius), 1596 bis 1650; in: «Principia Philosophiae» (Amsterdam 1644), I, 7 u. 10.

34 *Arthur Schopenhauer,* 1788–1860. «Über das Sehen und die Farben» (1816); «Die Welt als Wille und Vorstellung» (1819).

47 *die im Jahre 869 gefallen ist:* Achtes ökumenisches Konzil von 869 in Konstantinopel.

Julius Robert Mayer, 1814–1878, Arzt und Naturforscher, stellte 1842 das Gesetz von der Erhaltung der Energie auf. Vgl. «Bemerkungen über die Kräfte der unbelebten Natur» (1842); «Die organische Bewegung in ihrem Zusammenhang mit dem Stoffwechsel» (1845); «Bemerkungen über das mechanische Aequivalent der Wärme» (1851).

49 *Plato,* 428–348 v. Chr. Siehe «Timaios». Herausgegeben von O. Apelt. Philosophische Bibliothek. Felix Meiner, Leipzig 1922.

50 *Lokalzeichen der Lotzeschen Philosophie:* Rudolf Hermann Lotze, 1817–1881. «Allgemeine Physiologie des körperlichen Lebens» (1851); «System der Philosophie. I. Logik (1874); II. Metaphysik» (1879). Die «Lotzeschen Lokalzeichen» werden genannt in seinem Werk «Mikrokosmus. Ideen zur Naturgeschichte und Geschichte der Menschheit. Versuch einer Anthropologie.» Erster Band: 1. Der Leib, 2. Die Seele, 3. Das Leben, (4. Auflage, Leipzig 1894), und zwar im 3. Buch (Das Leben) im 2. Kapitel «Von dem Sitze der Seele» auf den Seiten 347, 349, 358.

60 *Eduard von Hartmann,* 1842–1906. «Die Philosophie des Unbewußten» 7. Aufl., 2. Bd., Berlin 1876, Schluß des 14. Kap.

61 *in meinen allerersten Schriften:* Siehe «Grundlinien einer Erkenntnistheorie der Goetheschen Weltanschauung» (1886), GA Bibl.-Nr. 2; «Wahrheit und Wissenschaft» (1892), GA Bibl.-Nr. 3; «Die Philosophie der Freiheit» (1894), GA Bibl.-Nr. 4.

65 *«Theosophie.* Einführung in übersinnliche Welterkenntnis und Menschenbestimmung», GA Bibl.-Nr. 9.

75 *Herbart:* Siehe Hinweis zu S. 30.

Anatol Wassiljewitsch Lunatscharsky, 1875–1933, russischer Schriftsteller und Politiker. 1917–1929 Volkskommissar für Volksaufklärung.

77 *Wenn Sie an das gestern Gesagte denken:* Siehe den gleichzeitig gehaltenen Kurs «Erziehungskunst. Methodisch-Didaktisches», GA Bibl.-Nr. 294, 3. Vortrag.

83 *Goethesche Farbenlehre:* Siehe «Goethes Naturwissenschaftliche Schriften», herausgegeben und kommentiert von Rudolf Steiner in Kürschners «Deutsche National-Literatur» (1883–1897), 5 Bände, Nachdruck Dornach 1975, GA Bibl.-Nr. 1 a–e, Band III.

88 *Franz Brentano,* 1838–1917. «Psychologie vom empirischen Standpunkt» (1874); «Vom Ursprung sittlicher Erkenntnis» (1889).

Christoph von Sigwart, 1830–1904. «Logik» (1873/1889–1893).

91 *Richard Wagner,* 1813–1883. «Die Meistersinger von Nürnberg», entstanden 1845–67, 1. Ausgabe Mainz 1862.

Eduard Hanslick, 1825–1904, Musikschriftsteller, «Vom musikalisch Schönen» (1854).

93 *Immanuel Kant,* 1742–1804, «Kritik der reinen Vernunft» (1781/1786); «Kritik der praktischen Vernunft» (1788); «Kritik der Urteilskraft» (1790).

105 *«Wie erlangt man Erkenntnisse der höheren Welten?»* (1904/05), GA Bibl.-Nr. 10.

112 *Karl Ludwig Michelet,* 1801–1893. Philosoph.

Eduard Zeller, 1814–1908. Theologe und Philosoph.

115 *Moriz Benedikt in seiner Psychologie:* Moriz Benedikt, 1835 bis 1920. «Die Seelenkunde des Menschen» (1895).

118 *Fritz Mauthner,* 1849–1923. «Beiträge zur Kritik der Sprache» (1901): «Die Sprache» (1907); siehe bes. «Wörterbuch der Philosophie», 1. Bd. (1910), Art. «Geist».

132 *in der neuen Auflage zur «Philosophie der Freiheit» nachlesen:* Siehe Anhang zur Auflage von 1918.

138 *Ich habe gestern die Kugelform für den Kopf, die Mondform für die Brust, die Linienform für die Gliedmaßen angewendet:* Siehe «Erziehungskunst. Methodisch-Didaktisches», GA Bibl.-Nr. 294, 7. Vortrag.

142 *Alle Menschen sind sterblich:* Siehe z. B. Theodor Elsenhans, «Psychologie und Logik», Berlin und Leipzig 1914, Kap. «Die Schlüsse», § 51, S. 103.

145 *Hermann Bahr,* 1863–1934, österr. Schriftsteller und Kritiker.

147 *wenn Sie nebeneinanderstellen Tintenfisch, Maus und Menschen:* Siehe «Erziehungskunst. Methodisch-Didaktisches», GA Bibl.-Nr. 294, 7. Vortrag, und «Erziehungskunst. Seminarbesprechungen und Lehrplanvorträge», GA Bibl.-Nr. 295, 8. Seminarbesprechung.

149 *Ich habe darauf Rücksicht genommen, indem ich Ihnen zwei Lesestücke vorgeführt habe:* Siehe «Erziehungskunst. Seminarbesprechungen und Lehrplanvorträge», GA Bibl.-Nr. 295, 6. Besprechung.

152 *Wir haben dann darauf aufmerksam gemacht:* Siehe «Erziehungskunst. Methodisch-Didaktisches», GA Bibl.-Nr. 294, 7. Vortrag.

154 *daß angesetzt sind an den Schädel die Knochen der hinteren und vorderen Kinnlade:* Diese Fassung geht auf den Wortlaut der Nachschrift zurück. Vom Gesichtspunkt der embryologischen Entwicklung aus betrachtet, zeigt sich, daß der Unterkiefer, der aus einem dem Kiemenbogen verwandten Teil entsteht, sich von vorne (unten) nach hinten (aufwärts) bildet; der Oberkiefer hat die Tendenz, von seitlich (hinten) nach vorne sich zu bilden.

157 *auch in den anderen Vorträgen:* Siehe «Erziehungskunst. Methodisch-Didaktisches», GA Bibl.-Nr. 294, 7. Vortrag.

165 *Ich habe Ihnen in anderem Zusammenhange gesagt:* Siehe «Erziehungskunst. Methodisch-Didaktisches», GA Bibl.-Nr. 294, 8. Vortrag.

173 *Ich habe das von anderen Gesichtspunkten aus schon ausgeführt:* Siehe «Erziehungskunst. Methodisch-Didaktisches», GA Bibl.-Nr. 294, 1. und 15. Vortrag.

175 *Rixen:* Dialektwort für einen lang und schmal aufschießenden Menschen.

185 *wie wir bei anderen Gelegenheiten ausgeführt haben:* Siehe 11. Seminarbesprechung in GA Bibl.-Nr. 295.

210 *wie wir es versucht haben im praktisch-didaktischen Teil:* Siehe «Erziehungskunst. Methodisch-Didaktisches», GA Bibl.-Nr. 294, 10. Vortrag und 10. Seminarbesprechung.

213 *Friedrich Wilhelm Schelling,* 1775–1854. «Vorlesungen über die Methode des akademischen Studiums» (1803/1830).

214 Die Ansprache wurde am Begrüßungsabend für die Teilnehmer der pädagogischen Kurse gehalten. Die Ansprache wurde nicht mitstenographiert. Der Text wurde auf Grund von Notizen einiger Teilnehmer durch Erich Gabert redigiert.
Der Wortlaut ist keinesfalls als authentisch zu betrachten.
Anwesend waren: Herr und Frau Molt, Herr Baumann, Pastor Geyer, Herbert Hahn, Fräulein Herrmann, Fräulein Dr. C. von Heydebrand, Frau Koegel, Herr Rudolf Meyer, Fräulein von Mirbach, Herr Oehlschlegel, Herr Stockmeyer und Herr R. Treichler.
Bei den Kursen waren außer den bereits erwähnten Persönlichkeiten anwesend:

Frau Marie Steiner, Fräulein Dollfus, Fräulein Lang, Dr. med. L. Noll und Fräulein Mieta Waller. (Evtl. Dr. Heisler?)
Als Gäste waren eingeladen und nahmen teil: Herr A. Körner aus Nürnberg, Fräulein Kieser aus Heilbronn, Herr Dr. W. J. Stein und Herr A. Strakosch aus Wien und Herr Wolfer, weil sie spezielles Interesse hatten und an anderen Orten ähnliches errichten wollten. (Drei der Genannten wurden dann Waldorflehrer.)

LITERATURHINWEIS

(GA = Rudolf Steiner Gesamtausgabe)

Zur Weiterführung und Vertiefung der Darstellungen des vorliegenden Bandes sei auf folgende Ausgaben von Rudolf Steiner verwiesen:

Schriften

Theosophie. Einführung in übersinnliche Welterkenntnis und Menschenbestimmung (1904). GA Bibl.-Nr. 9 (Taschenbuch tb 615).

Wie erlangt man Erkenntnisse der höheren Welten? (1904/08) GA Bibl.-Nr. 10 (Taschenbuch tb 600)

Von Seelenrätseln (1917). GA Bibl.-Nr. 21 (Taschenbuch tb 637)

Die Kernpunkte der sozialen Frage in den Lebensnotwendigkeiten der Gegenwart und Zukunft (1919). GA Bibl.-Nr. 23 (Taschenbuch tb 606)

Die Erziehung des Kindes vom Gesichtspunkte der Geisteswissenschaft. Sonderdruck 1978, innerhalb der GA in «Luzifer-Gnosis 1903–1908», GA Bibl.-Nr. 34.

Vorträge

Erziehungskunst. Methodisch-Didaktisches. Vierzehn Vorträge und ein Schlußwort. Stuttgart 21. August bis 5. September 1919. GA Bibl.-Nr. 294 (Taschenbuch tb 618)

Erziehungskunst. Seminarbesprechungen und Lehrplanvorträge. Fünfzehn Seminarbesprechungen und drei Lehrplanvorträge. Stuttgart 21. August bis 6. September 1919. GA Bibl.-Nr. 295 (Taschenbuch tb 639)

Geisteswissenschaftliche Menschenkunde. Neunzehn Vorträge, Berlin 19. Oktober 1908 bis 17. Juni 1909. GA Bibl.-Nr. 107

Anthroposophie – Psychosophie – Pneumatosophie. Zwölf Vorträge, Berlin 23.–27. Oktober 1909, 1.–4. November 1910, 12.–16. Dezember 1911. GA Bibl.-Nr. 115

Geisteswissenschaftliche Behandlung sozialer und pädagogischer Fragen. Siebzehn Vorträge, Stuttgart 21. April bis 28. September 1919. GA Bibl.-Nr. 192

Geistige Wirkenskräfte im Zusammenleben von alter und junger Generation. Pädagogischer Jugendkurs. Dreizehn Vorträge, Stuttgart 3.–15. Oktober 1922. GA Bib.-Nr. 217

Die Erziehungsfrage als soziale Frage. Sechs Vorträge, Dornach 9.–17. August 1919. GA Bibl.-Nr. 296

Die Erneuerung der pädagogisch-didaktischen Kunst durch Geisteswissenschaft. Vierzehn Vorträge, Basel 20. April bis 11. Mai 1920. GA Bibl.-Nr. 301

Menschenerkenntnis und Unterrichtsgestaltung. Acht Vorträge, Stuttgart 12.–19. Juni 1921. GA Bibl.-Nr. 302

Erziehung und Unterricht aus Menschenerkenntnis: Meditativ erarbeitete Menschenkunde. Vier Vorträge, Stuttgart 15.–22. September 1920 – Erziehungsfragen im Reifealter. Zur künstlerischen Gestaltung des Unterrichts. Zwei Vorträge, Stuttgart 21./22. Juni 1922 – Anregungen zur innerlichen Durchdringung des Lehr- und Erzieherberufes. Drei Vorträge, Stuttgart 15./16. Oktober 1923. GA Bibl.-Nr. 302a

Die gesunde Entwickelung des Menschenwesens. Sechzehn Vorträge und drei Fragenbeantwortungen. Dornach 23. Dezember 1921 bis 7. Januar 1922. GA Bibl.-Nr. 303 (Taschenbuch tb 648)

Die geistig-seelischen Grundkräfte der Erziehungskunst. Dreizehn Vorträge und zwei Ansprachen, Oxford 16.–29. August 1922. GA Bibl.-Nr. 305

Die pädagogische Praxis vom Gesichtspunkte geisteswissenschaftlicher Menschenerkenntnis. Die Erziehung des Kindes und jüngeren Menschen. Acht Vorträge, Fragenbeantwortungen und eine Ansprache, Dornach 15.–22. April 1923. GA Bibl.-Nr. 306

Gegenwärtiges Geistesleben und Erziehung. Vierzehn Vorträge, drei Diskussionen und zwei Ansprachen, Ilkley 5.–17. August 1923. GA Bibl.-Nr. 307

Die Methodik des Lehrens und die Lebensbedingungen des Erziehens. Fünf Vorträge, Stuttgart 8.–11. April 1924. GA Bibl.-Nr. 308

Anthroposophische Pädagogik und ihre Voraussetzungen. Fünf Vorträge, eine Ansprache und drei Fragenbeantwortungen, Bern 13.–17. April 1924. GA Bibl.-Nr. 309

Der pädagogische Wert der Menschenerkenntnis und der Kulturwert der Pädagogik. Neun Vorträge und ein Schlußwort, Arnheim 17.–24. Juli 1924. GA Bibl.-Nr. 310

Die Kunst des Erziehens aus dem Erfassen der Menschenwesenheit. Sieben Vorträge und eine Fragenbeantwortung, Torquay 12.–20. August 1924. GA Bibl.-Nr. 311

Heilpädagogischer Kursus. Zwölf Vorträge, Dornach 25. Juni bis 7. Juli 1924. GA Bibl.-Nr. 317

RUDOLF STEINER – LEBEN UND WERK

Das Lebenswerk, welches Rudolf Steiner der Nachwelt hinterlassen hat, dürfte nach Gehalt und Umfang innerhalb der Kulturwelt wohl ohne Beispiel dastehen. Seine Schriften – die Werke und Aufsätze – bilden die Grundlage für das, was er im Laufe seines Lebens in Vorträgen und Kursen seinen Zuhörern als «anthroposophisch orientierte Geisteswissenschaft» von immer neuen Aspekten aus darstellte und ausführte. Der größte Teil dieser rund sechstausend Vorträge ist in Nachschriften erhalten geblieben. Daneben entfaltete er auch auf künstlerischem Gebiet eine große Tätigkeit, welche ihren Höhepunkt in der Errichtung des ersten Goetheanumbaues in Dornach fand. So liegen eine große Anzahl malerischer, plastischer und architektonischer Arbeiten, Entwürfe und Skizzen von seiner Hand vor. Die durch ihn gegebenen Anregungen für die Erneuerung zahlreicher Lebensgebiete beginnen in der gegenwärtigen Zeit vermehrte Beachtung zu finden.

Seit dem Jahre 1956 wird durch die «Rudolf Steiner-Nachlaßverwaltung» an der Herausgabe der *«Rudolf Steiner Gesamtausgabe»* gearbeitet, die einen Umfang von etwa 330 Bänden erhalten wird. In den beiden ersten Abteilungen erscheinen die *Schriften* und das *Vortragswerk*, während in einer dritten Abteilung das *künstlerische Werk* in geeigneter Form zur Wiedergabe gelangt.

Einen systematischen Überblick über das Gesamtwerk gibt der Band «Bibliographische Übersicht. Das literarische und künstlerische Werk von Rudolf Steiner», auf welchen sich die im folgenden verwendete Bezeichnung «Bibl.-Nr.» bezieht. Über den jeweiligen Stand der erschienenen Bände orientieren die Bücherverzeichnisse und der Gesamtkatalog des Rudolf Steiner Verlages.

Chronologischer Lebensabriß
(zugleich Übersicht über die geschriebenen Werke)

1861 Am 27. Februar wird Rudolf Steiner in Kraljevec (damals Österreich-Ungarn, heute Jugoslawien) als Sohn eines Beamten der österreichischen Südbahn geboren. Seine Eltern stammen aus Niederösterreich. Er verlebt seine Kindheit und Jugend an verschiedenen Orten Österreichs.

1872 Besuch der Realschule in Wiener-Neustadt bis zum Abitur 1879.

1879	Studium an der Wiener Technischen Hochschule: Mathematik und Naturwissenschaft, zugleich Literatur, Philosophie und Geschichte. Grundlegendes Goethe-Studium.
1882	Erste schriftstellerische Tätigkeit.
1882–1897	Herausgabe von Goethes Naturwissenschaftlichen Schriften in Kürschners «Deutsche National-Litteratur», fünf Bände (Bibl.-Nr. 1 a–e). Eine selbständige Ausgabe der Einleitungen erschien 1925 unter dem Titel *Goethes Naturwissenschaftliche Schriften* (Bibl.-Nr. 1).
1884–1890	Privatlehrer bei einer Wiener Familie.
1886	Berufung zur Mitarbeit bei der Herausgabe der großen «Sophien-Ausgabe» von Goethes Werken. *Grundlinien einer Erkenntnistheorie der Goetheschen Weltanschauung mit besonderer Rücksicht auf Schiller* (Bibl.-Nr. 2).
1888	Herausgabe der «Deutschen Wochenschrift», Wien (Aufsätze daraus in Bibl.-Nr. 31). Vortrag im Wiener Goethe-Verein: *Goethe als Vater einer neuen Ästhetik* (in Bibl.-Nr. 30).
1890–1897	Weimar. Mitarbeit am Goethe- und Schiller-Archiv. Herausgeber von Goethes Naturwissenschaftlichen Schriften.
1891	Promotion zum Doktor der Philosophie an der Universität Rostock. 1892 erscheint die erweiterte Dissertation: *Wahrheit und Wissenschaft. Vorspiel einer «Philosophie der Freiheit»* (Bibl.-Nr. 3).
1894	*Die Philosophie der Freiheit. Grundzüge einer modernen Weltanschauung. Seelische Beobachtungsresultate nach naturwissenschaftlicher Methode* (Bibl.-Nr. 4).
1895	*Friedrich Nietzsche, ein Kämpfer gegen seine Zeit* (Bibl.-Nr. 5).
1897	*Goethes Weltanschauung* (Bibl.-Nr. 6) Übersiedlung nach Berlin. Herausgabe des «Magazin für Literatur» und der «Dramaturgischen Blätter» zusammen mit O. E. Hartleben. (Aufsätze daraus in Bibl.-Nrn. 29–32). Wirksamkeit in der «Freien literarischen Gesellschaft», der «Freien dramatischen Gesellschaft», im «Giordano Bruno-Bund», im Kreis der «Kommenden» u. a.
1899–1904	Lehrtätigkeit an der von W. Liebknecht gegründeten Berliner «Arbeiter-Bildungsschule».

1900/01 *Welt- und Lebensanschauungen im 19. Jahrhundert*, 1914 erweitert zu: *Die Rätsel der Philosophie* (Bibl.-Nr. 18).
Beginn der anthroposophischen Vortragstätigkeit auf Einladung der Theosophischen Gesellschaft in Berlin. *Die Mystik im Aufgange des neuzeitlichen Geisteslebens* (Bibl.-Nr. 7).

1902–1912 Aufbau der Anthroposophie. Regelmäßige öffentliche Vortragstätigkeit in Berlin und ausgedehnte Vortragsreisen in ganz Europa. Marie von Sivers (ab 1914 Marie Steiner) wird seine ständige Mitarbeiterin.

1902 *Das Christentum als mystische Tatsache und die Mysterien des Altertums* (Bibl.-Nr. 8).

1903 Begründung und Herausgabe der Zeitschrift «Luzifer», später *«Lucifer-Gnosis»* (Aufsätze in Bibl.-Nr. 34).

1904 *Theosophie. Einführung in übersinnliche Welterkenntnis und Menschenbestimmung* (Bibl.-Nr. 9).

1904/05 *Wie erlangt man Erkenntnisse der höheren Welten?* (Bibl.-Nr. 10). *Aus der Akasha-Chronik* (Bibl.-Nr. 11). *Die Stufen der höheren Erkenntnis* (Bibl.-Nr. 12).

1910 *Die Geheimwissenschaft im Umriß* (Bibl.-Nr. 13).

1910–1913 In München werden die *Vier Mysteriendramen* (Bibl.-Nr. 14) uraufgeführt.

1911 *Die geistige Führung des Menschen und der Menschheit* (Bibl.-Nr. 15).

1912 *Anthroposophischer Seelenkalender. Wochensprüche* (in Bibl.-Nr. 40, und selbständige Ausgaben). *Ein Weg zur Selbsterkenntnis des Menschen* (Bibl.-Nr. 16).

1913 Trennung von der Theosophischen und Begründung der Anthroposophischen Gesellschaft.
Die Schwelle der geistigen Welt (Bibl.-Nr. 17).

1913–1923 Errichtung des in Holz als Doppelkuppelbau gestalteten ersten Goetheanum in Dornach/Schweiz.

1914–1923 Dornach und Berlin. In Vorträgen und Kursen in ganz Europa gibt Rudolf Steiner Anregungen für eine Erneuerung auf vielen Lebensgebieten: Kunst, Pädagogik, Naturwissenschaften, soziales Leben, Medizin, Theologie. Weiterbildung der 1912 inaugurierten neuen Bewegungskunst «Eurythmie».

1914	*Die Rätsel der Philosophie in ihrer Geschichte als Umriß dargestellt* (Bibl.-Nr. 18).
1916–1918	*Vom Menschenrätsel* (Bibl.-Nr. 20). *Von Seelenrätseln* (Bibl.-Nr. 21). *Goethes Geistesart in ihrer Offenbarung durch seinen «Faust» und durch das «Märchen von der Schlange und der Lilie»* (Bibl.-Nr. 22).
1919	Rudolf Steiner vertritt den Gedanken einer «Dreigliederung des sozialen Organismus» in Aufsätzen und Vorträgen, vor allem im süddeutschen Raum. *Die Kernpunkte der sozialen Frage in den Lebensnotwendigkeiten der Gegenwart und Zukunft* (Bibl.-Nr. 23). *Aufsätze über die Dreigliederung des sozialen Organismus* (Bibl.-Nr. 24). Im Herbst wird in Stuttgart die «Freie Waldorfschule» begründet, die Rudolf Steiner bis zu seinem Tode leitet.
1920	Beginnend mit dem Ersten anthroposophischen Hochschulkurs finden im noch nicht vollendeten Goetheanum fortan regelmäßig künstlerische und Vortragsveranstaltungen statt.
1921	Begründung der Wochenschrift «Das Goetheanum» mit regelmäßigen Aufsätzen und Beiträgen Rudolf Steiners (in Bibl.-Nr. 36).
1922	*Kosmologie, Religion und Philosophie* (Bibl.-Nr. 25). In der Silvesternacht 1922/23 wird der Goetheanumbau durch Brand vernichtet. Für einen neuen in Beton konzipierten Bau kann Rudolf Steiner in der Folge nur noch ein erstes Außenmodell schaffen.
1923	Unausgesetzte Vortragstätigkeit, verbunden mit Reisen. Zu Weihnachten 1923 Neubegründung der «Anthroposophischen Gesellschaft» als «Allgemeine Anthroposophische Gesellschaft» unter der Leitung Rudolf Steiners.
1923–1925	Rudolf Steiner schreibt in wöchentlichen Folgen seine unvollendet gebliebene Selbstbiographie *Mein Lebensgang* (Bibl.-Nr. 28) sowie *Anthroposophische Leitsätze* (Bibl.-Nr. 26), und arbeitet mit Dr. Ita Wegman an dem Buch *Grundlegendes für eine Erweiterung der Heilkunst nach geisteswissenschaftlichen Erkenntnissen* (Bibl.-Nr. 27).
1924	Steigerung der Vortragstätigkeit. Daneben zahlreiche Fachkurse. Letzte Vortragsreisen in Europa. Am 28. September letzte Ansprache zu den Mitgliedern. Beginn des Krankenlagers.
1925	Am 30. März stirbt Rudolf Steiner in Dornach.

RUDOLF STEINER GESAMTAUSGABE

Überblick über das literarische und künstlerische Werk

Erste Abteilung: Die Schriften

I. Werke

Goethes Naturwissenschaftliche Schriften, eingeleitet und kommentiert von R. Steiner, 5 Bände (Bibl.-Nr. 1 a–e); separate Ausgabe der Einleitungen (Bibl.-Nr. 1)
Grundlinien einer Erkenntnistheorie der Goetheschen Weltanschauung (Bibl.-Nr. 2)
Wahrheit und Wissenschaft. Vorspiel einer «Philosophie der Freiheit» (Bibl.-Nr. 3)
Die Philosophie der Freiheit (Bibl.-Nr. 4)
Friedrich Nietzsche, ein Kämpfer gegen seine Zeit (Bibl.-Nr. 5)
Goethes Weltanschauung (Bibl.-Nr. 6)
Die Mystik im Aufgange des neuzeitlichen Geisteslebens und ihr Verhältnis zur modernen Weltanschauung (Bibl.-Nr. 7)
Das Christentum als mystische Tatsache und die Mysterien des Altertums (Bibl.-Nr. 8)
Theosophie. Einführung in übersinnliche Welterkenntnis und Menschenbestimmung (Bibl.-Nr. 9)
Wie erlangt man Erkenntnisse der höheren Welten? (Bibl.-Nr. 10)
Aus der Akasha-Chronik (Bibl.-Nr. 11)
Die Stufen der höheren Erkenntnis (Bibl.-Nr. 12)
Die Geheimwissenschaft im Umriß (Bibl.-Nr. 13)
Vier Mysteriendramen: Die Pforte der Einweihung – Die Prüfung der Seele – Der Hüter der Schwelle – Der Seelen Erwachen (Bibl.-Nr. 14)
Die geistige Führung des Menschen und der Menschheit (Bibl.-Nr. 15)
Anthroposophischer Seelenkalender (in Bibl.-Nr. 40)
Ein Weg zur Selbsterkenntnis des Menschen (Bibl.-Nr. 16)
Die Schwelle der geistigen Welt (Bibl.-Nr. 17)
Die Rätsel der Philosophie in ihrer Geschichte als Umriß dargestellt (Bibl.-Nr. 18)
Vom Menschenrätsel (Bibl.-Nr. 20)
Von Seelenrätseln (Bibl.-Nr. 21)
Goethes Geistesart in ihrer Offenbarung durch seinen «Faust» und durch das «Märchen von der Schlange und der Lilie» (Bibl.-Nr. 22)
Die Kernpunkte der sozialen Frage in den Lebensnotwendigkeiten der Gegenwart und Zukunft (Bibl.-Nr. 23)
Aufsätze über die Dreigliederung des sozialen Organismus und zur Zeitlage 1915–1921 (Bibl.-Nr. 24)
Kosmologie, Religion und Philosophie (Bibl.-Nr. 25)

Anthroposophische Leitsätze (Bibl.-Nr. 26)
Grundlegendes für eine Erweiterung der Heilkunst nach geisteswissenschaftlichen Erkenntnissen. Von Dr. Rudolf Steiner und Dr. Ita Wegman (Bibl.-Nr. 27)
Mein Lebensgang (Bibl.-Nr. 28)

II. Gesammelte Aufsätze

Gesammelte Aufsätze zur Dramaturgie 1889–1900 (Bibl.-Nr. 29)
Methodische Grundlagen der Anthroposophie. Gesammelte Aufsätze zur Philososophie, Naturwissenschaft, Ästhetik und Seelenkunde 1884–1901 (Bibl.-Nr. 30)
Gesammelte Aufsätze zur Kultur- und Zeitgeschichte 1887–1901 (Bibl.-Nr. 31)
Gesammelte Aufsätze zur Literatur 1886–1902 (Bibl.-Nr. 32)
Biographien und biographische Skizzen 1894–1905 (Bibl.-Nr. 33)
Luzifer-Gnosis. Grundlegende Aufsätze zur Anthroposophie und Berichte aus der Zeitschrift «Luzifer» und «Lucifer-Gnosis» 1903–1908 (Bibl.-Nr. 34)
Philosophie und Anthroposophie. Gesammelte Aufsätze 1904–1918 (Bibl.-Nr. 35)
Der Goetheanumgedanke inmitten der Kulturkrisis der Gegenwart. Gesammelte Aufsätze aus der Wochenschrift «Das Goetheanum» 1921–1925 (Bibl.-Nr. 36)

III. Veröffentlichungen aus dem Nachlaß

Briefe – Wahrspruchworte – Bühnenbearbeitungen – Entwürfe zu den Vier Mysteriendramen 1910–1913 – Anthroposophie. Ein Fragment aus dem Jahre 1910 – Gesammelte Skizzen und Fragmente – Aus Notizbüchern und -blättern (Bibl.-Nrn. 38–47)

Zweite Abteilung: Das Vortragswerk

I. Öffentliche Vorträge

Die Berliner öffentlichen Vortragsreihen («Architektenhaus-Vorträge») 1903/04 bis 1917/18 (Bibl.-Nrn. 51–67)

Öffentliche Vorträge, Vortragsreihen und Hochschulkurse an anderen Orten Europas 1906–1924 (Bibl.-Nrn. 68–84)

II. Vorträge vor Mitgliedern der Anthroposophischen Gesellschaft

Vorträge und Vortragszyklen allgemein-anthroposophischen Inhalts – Evangelien-Betrachungen – Christologie – Geisteswissenschaftliche Menschenkunde – Kosmische und menschliche Geschichte – Die geistigen Hintergründe der sozialen Frage – Der Mensch in seinem Zusammenhang mit dem Kosmos – Karma-Betrachtungen (Bibl.-Nrn. 91–244)

Vorträge und Schriften zur Geschichte der anthroposophischen Bewegung und der Anthroposophischen Gesellschaft (Bibl.-Nrn. 251–263)

III. Vorträge und Kurse zu einzelnen Lebensgebieten

Vorträge über Kunst: Allgemein-Künstlerisches – Eurythmie – Sprachgestaltung und Dramatische Kunst – Musik – Bildende Künste – Kunstgeschichte (Bibl.-Nrn. 271–292)

Vorträge über Erziehung (Bibl.-Nrn. 293–311)

Vorträge über Medizin (Bibl.-Nrn. 312–319)

Vorträge über Naturwissenschaft (Bibl.-Nrn. 320–327)

Vorträge über das soziale Leben und die Dreigliederung des sozialen Organismus (Bibl.-Nrn. 328–341)

Vorträge für die Arbeiter am Goetheanumbau (Bibl.-Nrn. 347–354)

Dritte Abteilung: Das künstlerische Werk

Reproduktionen und Veröffentlichungen aus dem künstlerischen Nachlaß

Originalgetreue Wiedergaben von malerischen und graphischen Entwürfen und Skizzen Rudolf Steiners in Kunstmappen oder als Einzelblätter; Entwürfe für die Malerei des Ersten Goetheanum – Schulungsskizzen für Maler – Programmbilder für Eurythmie-Aufführungen – Eurythmieformen – Entwürfe zu den Eurythmiefiguren, u. a.

Die Bände der Rudolf Steiner Gesamtausgabe sind innerhalb einzelner Gruppen einheitlich ausgestattet. Jeder Band ist einzeln erhältlich. Ausführliche Verzeichnisse können beim Verlag angefordert werden.